*The Middle Class
and the Transformation
of American Society*

中产阶级与美国社会转型研究

孔祥宝　等著

四川人民出版社

尔文

趣物博思 科学智识

图 1 田园牧歌般的惬意时光

威廉·西德尼·芒特 (William Sidney Mount, 1807—1868) 绘于 1840 年

图 2　圣诞节前的准备

弗朗西斯·威廉·埃德蒙兹（*Francis William Edmonds*，1806—1863）绘于 1851 年

图 3 一顶新帽子

弗朗西斯·威廉·埃德蒙兹（*Francis William Edmonds*，1806—1863）绘于 1858 年

图 4 热闹的家庭生活

西摩·约瑟夫·盖伊(Francis William Edmonds, 1824—1910) 绘于 1866 年

目 录

绪论 …………………………………………… 001
一、"中产阶级"概念与美国社会身份认同 ………… 002
二、美国的社会转型与中产阶级的变迁 …………… 014
三、中外学界相关成果概述 ………………………… 021

第一章 美国乡村老中产阶级的兴盛及其在社会转型中的困境 ……… 031
一、导言 ……………………………………………… 031
二、前工业化时期乡村老中产阶级的生产生活 …… 035
三、农业扩张、机械化与乡村老中产阶级的兴盛 … 070
四、衰落的乡村老中产阶级在社会转型中的困境 … 092
五、小结 ……………………………………………… 112

第二章　美国社会转型过程中兴起的新中产阶级 …… 115

一、导言 …… 115

二、知识阶层的兴衰 …… 118

三、文官群体的演绎 …… 163

四、经理阶层和推销人员的崛起 …… 195

五、小结 …… 208

第三章　美国城市中的劳动者 …… 211

一、导言 …… 211

二、工匠 …… 214

三、熟练工人的兴起 …… 233

四、承载美国梦的小企业家 …… 263

五、小结 …… 290

第四章　美国中产阶级女性 …… 293

一、导言 …… 293

二、美国女性的传统地位 …… 294

三、工业化浪潮中的新式中产阶级女性 …… 303

四、变化中的生活方式 …… 328

五、中产阶级妇女主导的女权运动 …… 357

六、小结 …… 389

结语 ·· 391

致谢 ·· 397

参考文献 ·· 399

    一、中文论文 ································ 399

    二、中文译著及著作 ························ 402

    三、英文专著 ································ 406

绪论

19世纪后半叶是美国历史上重要的转折时期，内战结束后，工业化和城市化兴起带来了巨大的社会进步。同时，工业化也带来了一系列的社会问题，而人口增长、环境污染等问题在城市化的背景下日益显现。在这样一个大变革时代中，中产阶级（middle class）更多地参与社会分工，职业选择更为多样，生活方式也脱离了原有的半农业生活，可以说是他们带给美国新的活力。

在社会贫富两极分化加剧、社会骚动和阶级冲突越来越激烈的情况下，中产阶级积极倡导改革，成为19世纪末20世纪初美国社会改革的动力。而在大企业、工会和强大的政治机器的发展将社会凝聚成一个大集体之时，尚无组织的中产阶级无疑被这些团体和利益集团拒之门外。因此，正如理查德·霍夫施塔特（Richard Hofstadter）指出的，"进步主义的中心主题就是以中产阶级为代表的群体对工业纪律的反抗，是无组织者对有组织后果的反抗"。可以说，中产阶级是美国社会的黏合剂，他们保证了美国社会和平而稳定地从无序向有序转型,它的形成在很大程度上标志着美国社会进入了现代社会。

因此,研究20世纪美国中产阶级社会阶层结构的变迁及其特征,对全面了解和阐释这一时期美国经济、政治、文化和社会的发展具有重要的历史意义和学术价值。同时,认真审视美国中产阶级的历史脉络,对理解中国中产阶级的发展和命运、建设社会主义和谐社会有着切实的理论和现实意义。

一、"中产阶级"概念与美国社会身份认同

"中产阶级"的概念早在古希腊时代就已经被提及,在之后不同的时期,它所代表的含义和包含的人群是有很大差异的。不过晚至18世纪,甚至连"阶级"一词的概念也尚未真正形成。直到19世纪中期,随着工业革命的开展,"中产阶级"一词逐渐成了伴随着工业革命而产生的商人、富裕农场主、工厂主及新兴资产阶级的代名词,他们处在土地贵族压迫之下,社会地位处于中间位置。

马克思和恩格斯虽然在论述资本主义社会的结构时,侧重于资产阶级和无产阶级这两大对立阶级,但是他们对中产阶级同样有许多重要论述。在《共产党宣言》中,他们指出:

> 中间阶级，即小工业家、小商人、手工业者、农民，他们同资产阶级作斗争，都是为了维护他这种中间等级的存在，以免于灭亡。所以，他们不是革命的，而是保守的。①
>
> 在现代文明已经发展的国家里，形成了一个新的小资产阶级，它摇摆于无产阶级和资产阶级之间，并且作为资产阶级社会的补充部分不断地重新组成……②

可以看到，马克思并不是简单地将资本主义划分为资产阶级和无产阶级两个对立阶级，其关于中间阶层的论述不计其数。马克思从阶级斗争的视角指出中间阶层具有摇摆性、投机性和两面性等特征，不能充当革命的领导阶级。同时，马克思也认为，争取和团结中间阶层，是无产阶级革命斗争策略的需要。

马克思、恩格斯所论述的中间阶层，不仅是他们从理论上解析资本主义发展的一个重要的阶级范畴和经济范畴，而且是从资本主义社会化商品经济运动发展的本质过程这一独特的角度或层面去阐释的理论。可以说，现代有关研

---

① 马克思、恩格斯：《共产党宣言》，北京：人民出版社，1963年，第34、48页。
② 同上书，第48页。

究资本主义社会结构演化的中产阶级论著,几乎都是对马恩理论研究进行的对话或延续。

19世纪末20世纪初,围绕着中产阶级的问题,曾在马克思主义者内部引发了一场大规模的争论。卡尔·考茨基(Karl Kautsky)等人坚持马克思关于资本主义社会阶级结构的观点,他们将无产阶级定义为所有通过工作获取工资或薪水的人,并认为这些人越来越多、正在成为社会的主体,"在所有的国家,人口的大多数都已经落入无产阶级的境地……无产阶级的境况正在成为越来越多的人口的境况"[1]。

而以爱德华·伯恩斯坦(Edward Bernstein)为代表的另一方则认为,应该将公务员、技术雇员、管理者、办公室人员和销售人员等薪金雇员阶层视为"新中产阶级"。这个"新中产阶级"的兴起,弥补了老中产阶级衰落带来的问题,结束了资本主义社会的不稳定。[2] 伯恩斯坦认为在现代资本主义社会,小资产阶级并不是一个正在消亡的阶级,而是一个"相对数和绝对数都在增长的阶级"。由此,他认为阶级的分化未必会引起革命的爆发,渐进主义的社

---

[1] Kautsky K., William E. Bohn trans., *The Class Struggle*, Chicago: Charles H. Kerr & Company, 1910, pp. 35-42.

[2] Arthur J. Vidich eds. *The New Middle Classes: Lifestyle, Status Claims and Political Orientation*, London: Macmillan Press Ltd, 1995, p. 25.

会改良策略才是可行的。德国社会学家埃米尔·莱德勒（Emil Lederer）的观点也与伯恩斯坦类似，他也将薪金雇员从无产阶级中排除出去。他认为，薪金雇员尤其是其中的技术人员和商业雇员，在资产阶级与无产阶级之间占据着一个"中间位置"（intermediate position），他们在自己的意识和群体评估中建立起了自己的社会性格。①

进入20世纪，特别是二战之后，欧美各国的社会结构都发生了很大的变化，中产阶级"白领"阶层明显扩大，这种变化，使得与中产阶级有关的研究成为西方学界的一个热门话题，同时各学者对中产阶级的定义也是五花八门。但是总的说来，这些观点主要的分歧还是在于对社会阶层划分的标准上。在马克思那里，社会阶层划分的标准是一元的，即人们对生产资料的占有关系。而马克斯·韦伯（Max Weber）那种由财富、声望和权力构成的所谓"三位一体"分层法②也对后来众多社会学家的社会分层研究产生了深远的影响。比如梅拉妮·阿彻（Melanie Archer）和朱迪思·布劳（Judith Blau）就将银行出纳员、办事员、簿记员、农民、技工和体力劳动者都归入白领阶层，其依据不仅仅是收入和职业，也与社会地位有关，这些人希望

---

① Emil Lederer, Edith C. Harvey trans., *Evolutionary Socialism: A Criticism and Affirmation*, New York: B. W. Huebsch, 1909, p. 48.
② M. Weber, *Essays in Sociology*, Gerth H. H, Millw, ed, London: Oxford University Press, 1946, p. 405.

改善他们的社会和经济状况,或至少为他们的孩子打下基础,使他们有机会不断提升地位。①

不过一般而言,对生产资料的占有状况或收入、财产等经济因素是人们用来划分中产阶级的常规标准之一。例如,早期人们将老式中产阶级称为"小资产阶级"(petty bourgeoisie),而现在中国人习惯将中产阶级称为"中等收入群体"(middle income group)。职业也是人们用来划分中产阶级,尤其是新中产阶级的另一常见标准之一。

美国学者C.赖特·米尔斯(C. Wright Mills)就认为,新老中产阶级的交替,就是"从财产到新的分层轴线——职业的转变"②。芭芭拉·埃伦里奇(Barbara Ehrenreich)在此基础上则进一步提出了一个新的概念——"职业中产阶级"(professional middle-class)。他们是由相对的精英阶层组成的:这些人受过良好的教育,收入合理,在社会和家庭关系上与至少处于中等水平的商界人士重叠,这个阶层可以略为抽象地定义为所有经济和社会地位以教育为基础,而不是以资本或财产所有权为基础的人。这一阶层包括大多数专业人士和白领经理,他们的职位要求至

---

① Melanie Archer and Judith R. Blau, "Class Formation in Nineteenth-Century America: The Case of the Middle Class," *Annual Review of Sociology*, Vol. 19, 1993, pp. 28-30.

② C. Wright Mills, *White Collar, The American Middle Classes*, New York: Oxford University Press, 1969, p. 65.

少有大学学位,甚至越来越多的位置还要求有研究生学位。这些人包括学校教师、工程师、教授、政府官员、企业中高管、科学家、广告人、治疗师、财务经理和建筑师,等等。个体很容易在一类和另一类之间转换。按照这样的定义,职业中产阶级是一个明显的少数群体,占人口的比例不超过 20%。①

丹尼斯·吉尔伯特(Dennis Gilbert)和约瑟夫·A. 卡尔(Joseph A. Kahl)对中产阶级的界定则更为宽泛,他们以职业、收入、财产、个人声望、交往、社会化、权力、阶级意识以及继承与流动性九个变量在内的变量系统为主线②,分析了美国分层研究的历史、现状、方法及评价,剖析了分层原因及九个变量的相互关系。他们认为大多数中产阶级的工作至少需要高中文凭。那些受过最好教育的人——大约占劳动力的 15%——最有可能成为半专业人员、技术人员和较低层的管理人员。他们成为被称为中产阶级的松散群体一员。这些人的工作相对稳定,即使在经济衰退时期,其中的年轻成员仍可能在一些有晋升机会的环境中工作。不少学者在研究美国中产阶级时,对其社会生活和文化价值观方面予以极大的关注。文化史学家的普

---

① Barbara Ehrenreich, *Fear of Falling: the Inner Life of the Middle Class*, New York: Pantheon Books, 1989, pp. 7-12.
② Dennis Gilbert, Joseph A. Kahl, *The American Class Structure: A New Synthesis*, Chicago: The Dorsey Press, 1987, pp. 12-14.

遍观点为：在内战后的美国，向上流动的高比率，加上中产阶级文化的可接受性，有助于形成共同的阶级认同。

用雷蒙德·威廉姆斯（Raymond Williams）的话说，19世纪一种新的"情感结构"（structure of feeling）的出现，既是中产阶级行为和理想的表达，也是其合法化，这是工业化和国家建设所必需的。在快速变化的条件下，这种"情感结构"对于社会控制来说也是必不可少的。① 彼得·N. 斯特恩斯（Peter N. Stearns）就认为，"中产阶级"是一个充满强烈文化价值观的阶级，它传达了启蒙与加尔文主义理想的个性化融合，并通过超越阶级本身的"社会控制"改变了社会的心态。② 我们可以选择把它看作是一系列产生中等收入的职业。珍妮弗·L. 戈洛伯伊（Jennifer L. Goloboy）也把中产阶级定义为一群相信"中产阶级价值观"的人。在她看来，"中产阶级"这个词主要描述的是一种文化，而不是收入水平。在定义中产阶级身份时，对文明礼节的了解、对文化资本的拥有、稳定的习惯和自我控制能力一起占据了非常重要的地位。③

---

① Melanie Archer and Judith R. Blau, "Class Formation in Nineteenth-Century America: The Case of the Middle Class," p. 30
② Peter N. Stearns, "The Middle Class: Toward a Precise Definition," *Comparative Studies in Society and History*, Vol. 21, No. 3, Jul., 1979, p. 377.
③ Jennifer L. Goloboy, "The Early American Middle Class," *Journal of the Early Republic*, Vol. 25, No. 4, Winter, 2005, pp. 540-544.

在 19 世纪末 20 世纪初，新兴的中产阶级越来越不满于他们被上流社会文化排斥，并愤怒于美国贵族对所有的欧洲事物毫无节制的热情，对阶级差别的失望使他们在进步运动中找到了进一步的表达。安德鲁·黑利（Andrew Haley）将新兴的城市中产阶级视为与在经济和文化上的贵族相对立的群体，他们主要由管理者、官僚、小规模企业家和专业人士组成。这些人一般在办公楼里工作，住在郊区，乘坐电车或后来的汽车去上班。许多人比他们的父母受过更好的教育，也更富有。因此，他们转向现代城市提供的公共娱乐来填补闲暇时间。他们种族多样、职业不同、居住杂乱，他们常常因为渴望享受城市的所有乐趣而团结在一起。[1]

此外，近几十年来美国学者更多地开始对中产阶级这一概念本身进行一系列的反思。对"中产阶级"一词的反对首先来自"共识学派"（consensus school）。对他们来说，这个词指的是遍布社会各阶层的资产阶级、企业家和私有制价值观——换句话说，是一种自由主义的民族文化——并不意味着美国社会中独特的社会形态。根据这种观点，在美国，欧洲与特定阶级（处于正式贵族的上层阶级和平

---

[1] Andrew Haley, *Turing the Tables: Restaurants and the Rise of the American Middle Class, 1880-1920*, Chapel Hill: The Universityof North Carolina Press, 2011

民的下层阶级之间的等级)相联系的文化打破了其阶级界限,提供了一个共同的信仰和行动体系,以及国家凝聚力的强大源泉。因此,中产阶级的形成最好不要被看作是阶级形成的一个类型或方面,而是作为一个整体文化中的资产阶级自由主义的发展。正如路易斯·哈茨(Louis Hartz)在《美国的自由传统》一书中指出,虽然美国人是全世界中产阶级生活方式的典范,但却缺乏充斥着欧洲自由思想热情的中产阶级意识。

相反,美国是资产阶级概念的国家化身,尽管他们很少在他们的社会思想中使用这个概念,因为这完全是一种自然状态。[1] 之后,以李·本森(Lee Benson)为代表的学者对"中产阶级"一词也提出了质疑。他承认美国存在深刻而持久的冲突,但他们将这些冲突,特别是当它们在政治上表现出来时,与种族和宗教分歧而不是阶级联系在一起。本森认为构成群体凝聚力和社会意识形态冲突的主要基础是种族文化和宗教属性,而不是经济属性。[2] 一些当代的马克思主义者对论证中间群体和资本主义形成的两个

---

[1] Louis Hartz, *The Liberal Tradition in America: An Interpretation of American Political Thought Since the Revolution*, New York: Harcourt, Brace & World, Inc, 1955, p. 51.

[2] Lee Benson, "Group Cohesion and Social and Ideological Conflict: A Critique of Some Marxian and Tocquevillian Theories," *American Behavioral Scientist*, Vol. 16, Iss. 5, May, 1973, pp. 741-767.

基本阶级，或中间阶层的矛盾的阶级地位（并因此而产生的无阶级地位）之间的本质区别的理论给予了相当大的关注，他们认为中产阶级的形成是阶级两极分化过程的表现，中产阶级远不是新秩序的先驱者，而是作为一个阶级逐渐解体。①

还有一些马克思主义历史学家和理论家在肯定社会凝聚力和冲突的阶级基础的同时，否认中间阶级作为社会群体的重要性，除了暂时的中间（最终占主导地位的）阶级，它代表着一种新的上升的生产方式。其他中间群体是暂时的和虚幻的，仅仅是统治阶级的附属物或代表以前生产方式残余的过渡阶级。②

因此，尽管马克思主义者承认任何特定时间、任何特定社会中都存在中间群体，但他们中间还是有许多人认为"中产阶级"的概念模糊了资本主义社会的基本两级结构，通过创造一个人造的社会群体扭曲了阶级的概念，这个社会群体与生产手段没有定义和本质的关系，也不包含真正的连贯性和意识的潜力，甚至成熟的资本主义社会中新的、明显强大的中间形态也以这种方式被排除在外。

---

① Nicos Poulantzas, *Classes in Contemporary Capitalism*, London: NLB, 1975, pp. 204-299; Erik Olin Wright, *Class, Crisis, and the State*, London: NLB, 1978, pp. 61-87.
② Anthony Giddens, *The Class Structure of the Advanced Societies*, New York: Barnes & Noble, 1973, pp. 23-40.

这些身份认同的问题让历史学家和其他人开始思考中产阶级的具体构成，是否重要到值得关注和讨论。丹尼尔·沃克维茨（Daniel J. Walkowitz）也认为，"中产阶级"一词的定义已经被那些为工资和薪水而工作的人所混淆，事实上，中产阶级占据着社会和政治空间中一个模糊而不断变化的中间地带，它的边界是模糊的、可渗透的、不断变化的。①

斯图尔特·布吕曼（Stuart Blumin）在这个基础上走得更远，他认为，从19世纪开始，几乎没有证据表明中产阶级是作为一个冲突群体，或作为一个坚持其阶级身份的自觉的社会群体而出现的。在19世纪的文献记录中，"中产阶级"一词和类似的词出现的频率远远低于人们的想象。然而，关于社会两极分化的讨论却越来越频繁地出现在这个世纪的下半叶。对于城市社会结构的描述和分析尤其如此，城市被认为是中产阶级形成的场所。至少从19世纪中期开始，美国城市就经常被描绘成一个只由富人和穷人组成的两级社会。即使到了19世纪末，也很少有美国作家明确指出他们或其他任何人所属的"中产阶级"，尽管这个词偶尔会被不加定义或解释地使用。

---

① Daniel J. Walkowitz, *Working With Class: Social Workers and the Politics of Middle-Class Identity*, Chapel Hill: University of North Carolina Press, 1999.

斯文·贝克特（Sven Beckert）在他最新的关于19世纪末纽约的研究中，选择使用"bourgeoisie"而不是"middle class"来表明他的研究重点是"一种特殊的精英阶层，他们的权力……来源于资本所有权而不是与生俱来的权利、地位或亲属关系"。贝克特将"中产阶级"的流行用法解释为"既不是非常富有也不是无家可归的所有美国人，也许是一个独特的社会群体，在某种程度上符合欧洲的'小资产阶级'概念"①。根据贝克特的说法，"中产阶级"这个词的混淆使用使得人们很难接受美国历史上的核心问题。他认为这个词令人困惑，因为它"包含了除非常富有和非常贫穷的人之外的所有人……很难把握"②。

不过，正如布伦达·杰克逊（Brenda K. Jackson）指出的，尽管这些疑问、忧虑至今仍然在困扰着当代的历史学家和研究人员，但似乎并没有困扰到19世纪的中产阶级。这些人清楚地知道自己是谁，更准确地说，也许他们知道自己不是谁。③ 在殖民时期的美国，"中等阶层"是通过商人和工匠等群体的努力发展起来的，这些人希望把自

---

① Sven Beckert, *Monied Metropolis: New York City and the Consolidation of the American Bourgeoisie,* 1850-1896, New York: Cambridge University Press, 2001, p. 6.

② Brenda K. Jackson, *Domesticating the West: The Re-creation of the Nineteenth-Century American Middle Class*, Lincoln & London: University of Nebraska Press, 2005, p. 3.

③ Brenda K. Jackson, *Domesticating the West*, p. 4.

己与由无产者、穷人和赤贫者组成的下层阶级或普通阶级区分开来。到了19世纪，随着"等级（rank）"这个概念的失宠，中等阶级成了"中产阶级"，在美国社会更是成了一种生活方式。伯顿·布莱德斯坦（Burton Bledstein）认为，"中产阶级"的概念对19世纪的美国人很有吸引力，因为与马克思的"资产阶级"和"无产阶级"不同，"美国的中产阶级拥有一种后天获得的技能或培养出来的才能"，而不被视为"一种商品，一种外部资源，就像生产资料或体力劳动一样"。[①]

总之，在19世纪中后期的美国，任何人都可以向往成为"中产阶级"，因为中产阶级不是对个人进行分类，而是"做事的方式、选择性特征的展示……以及一个辨别重点和注意力的问题"。[②]

二、美国的社会转型与中产阶级的变迁

谈论中产阶级不可能不讨论美国，虽然今天大多数美国人都认为自己是中产阶级，但学者们却一直在争论美国中产阶级的存在和出现。在革命后的几十年里，美国精英

---

① Burton Bledstein, *The Culture of Professionalism: The Middle Class and the Development of Higher Education in America*, New York: W. W. Norton & Company, Inc., 1976, p.4.
② Jackson, *Domesticating the West*, p.4.

和中产阶级之间形成了改善和融合的状态。那些在社会秩序中崛起的美国人，通过他们的优雅举止和工艺品来向旧的精英们致敬。改革的进程并非历史学家曾经设想的那样，由日渐衰微、流离失所的精英阶层推动。相反，建立社会秩序的努力主要来自中等和较高社会地位的人，他们中的许多人享受着新挣来的财富。①

在19世纪早期，老中产阶级曾占总人口的80%。他们由小企业家组成，包括农民、店主、自营职业者，等等。这个阶层的标志是其独立性，基础是企业家对其事业的所有权。② 这一方面是由于美国广袤的领土为大多数老移民提供了足够的资源，另一方面也是因为美国没有经历封建时代，在工业化之前缺乏一个暴敛社会财富的上层贵族阶级。19世纪早期的交通运输革命，又给美国带来了新技术、制造业产品和企业数量的激增。所有这些都是对其新兴的国内和国际市场的反应，这些市场需要大量的商品和服务以满足迅速扩大的消费人口的需求。市场革命极大地颠覆了传统的阶级结构，因为它引入了向上流动的概念：个人可以通过勤奋和努力工作在社会阶梯上爬得更高。③

---

① Rodney Hessinger, *Seduced, Abandoned, and Reborn: Visions of Youth in Middle-Class America*, 1780-1850, Philadelphia: University of Pennsylvania Press, 2005, p. 18.
② Gilbert, Kahl, *The American Class Structure*, p. 65.
③ Jackson, *Domesticating the West*, p. 1.

19世纪三四十年代，前所未有的城市机遇为年轻人打开了大门。市场革命使许多男性青年脱离了家庭。随着商业和工业的扩张，一些学徒转入工人阶级。尽管如此，更多其他年轻人在城市街道两旁不断扩大的店面和商店里当起店员和簿记员，找到了就业机会。

可以说，市场革命加剧了资本主义对美国人的影响，职业上的变化被视为内战前东北大城市中心中产阶级崛起的主要原因。在像纽约和费城这样的城市，越来越多的工作从家里转移出去，在更大的企业中，非体力劳动者和体力劳动者的分离越来越明显，拉大了工人和新中产阶级成员之间的差距。结果，19世纪时，工人阶级和上层阶级出现了，并与新兴的中产阶级日益分化。内战前的上层社会精英们越来越疏远不断壮大的中产阶级，同时，不断壮大的中产阶级发现自己在社会和经济上也越来越脱离上层和下层阶级。

在19世纪的最后几十年里，中产阶级工作最明显的变化就是文书工作的扩大和专业化，这与各种复杂的、部门化的商业公司的增加相关联。办公室工作人员的数量在那个世纪的最后30年里增加了8倍，从不足7万到超过60万。与"白领"劳动力的扩张相关的是文员工作的性质和环境的某些变化，其中一些变化在1870年以前很明显，特别是在较大的城市。批发商，甚至一些零售商，都在学习把办公室工作与处理商品分开。

与此同时,商品销售方面也发生了类似的变化。销售人员的专业化发生在多个层次上,从大型百货商店建立到越来越多的专业零售商和批发商出现,还有制造商们越来越频繁地在远离工厂的地方建立批发或零售网点,都说明这一点。① 可以说,是市场革命造就了美国的中产阶级。起源于19世纪初的工业资本主义制度创造了一种管理阶层的需求,而这种管理阶层在美国社会中一直是缺失的。

总的说来,在进入工业化之后,由于新移民的大量拥入和部分农民及小企业主的破产,工人阶级逐渐占了总人口的大多数。美国工业化的早期历史,在一定程度上印证了马克思关于资本主义早期社会日益分化为工人和资本家两个对立阶级的看法。不过,到19世纪末20世纪初时,中产阶级人数突飞猛涨。1870年,经理、带薪水的专业技术人员、推销员和办公室职员的人数大约有75万,到1910年时,每5个人中就有1个人担任这些工作。② 新中产阶级的人数,不论是绝对数还是相对数都在快速增长。1870—1910年间,美国总人口增长2倍多,其中工人阶级增长3倍,农民增长1倍,旧中产阶级只增长了2倍,但新中产阶级约增长到原先的7.4倍,人数从75.6万增至560.9

---

① Stuart M. Blumin, "The Hypothesis of Middle-Class Formation in Nineteenth-Century America: A Critique and Some Proposals," p. 313.
② Steven J. Diner, *A Very Different Age: Americans of the Progressive Age*, New York: Hill and Wang, 1998, p. 156.

万，成为中产阶级中的多数，占 63%。①

19 世纪末 20 世纪初的美国正处于资本主义自由竞争阶段向垄断阶段的过渡时期，社会转变引发了一系列问题，导致深刻的社会矛盾和危机，激起了民众强烈的不满和困惑，工人运动、农民运动此起彼伏，大企业与中小企业之间也存在着尖锐的矛盾。这时处在"夹缝"中的中产阶级，在这一时期表现出了两面性。一方面，他们支持工农运动，反对生产资本过分集中；另一方面，他们又担心过激的工农运动会推翻现行美国体制。② 他们在共同的"社会良心"和"忧患意识"下，纷纷起来在政治、经济等领域里支持和领导一场声势浩大的全国性改革浪潮——进步主义运动，而在这一运动中，"中产阶级的大部分都成了改革家"。

这场改革运动抑制和消除了美国社会发展中的一些不合理、不公正现象，对生产关系作了较大幅度调整，为美国进一步发展奠定了基础。③ 当时的文官制度改革、义务教育的实施、反托拉斯运动、市政改革等社会改革，都是中产阶级推动的结果。可以说，中产阶级正是 20 世纪初美

---

① Richard Hofstadter, *The Age of Reform: From Bryan to F. D. R.*, New York: Vintage Books, 1955, p. 218.
② 沈瑞英：《西方中产阶级与社会稳定研究》，博士学位论文，上海大学，2008 年，第 74 页。
③ 王春来：《转型、困惑与出路——美国"进步主义运动"略论》，《华东师范大学学报》2003 年第 5 期，第 71—78 页。

国进步派的主体,是当时改革的主要倡导者和推动者,是改革的重心和支点。①

在19世纪与20世纪之交,面对正在转变中的生产和消费世界的工人们与他们19世纪的先辈们相比,有三个非常不同的特点:她们更多是女性;他们大多是白领,而不是蓝领;他们中的很多人在公共部门工作。一些历史学家认为这种转变发生在19世纪中叶,但事实上,在相当晚的时候,女性在白领工作队伍中的总人数仍然很小,而且女性只在20世纪占主要地位。② 1900年时,女性仅占工人总数的29.2%,直到1960年,女性才在白领工人中占多数(而蓝领工人中仅占15%)③。1870年,办事员仅占全体劳动力的0.6%,尽管这一比例有所上升,但到1900年仍仅有2.5%;到1940年,从事榨取和生产商品的传统工人阶级已减少到美国就业劳动力的一半以下,他们的位置被从事服务、分配和协调工作的领薪白领大军所取代,这就是米尔斯所说的"新中产阶级"。1957年,白领工人的数量

---

① Charles Forcey, *The Crossroads of Liberalism:Craly, Weyl, Lippmann, and the Progressive Era, 1900-1925*, New York:Oxford University Press, 1961, p. 145.
② Walkowitz, *Working With Class*, p. 2.
③ Mills, Everett M. Kassalow, "White Collar Unionism in the United States," in Adolf Fox Sturmthal ed., *White-Collar Trade Unions: Contemporary Developments in the Industrialized Societies,* Urbana, Chicago and London:University of Ilinois Press, 1967, pp. 306-309.

首次超过了蓝领工人。他们通常受过一定的教育,享有少量的特权,收入略高于蓝领工人,而且他们还期望有更多的工作保障。①

中产阶级的崛起意味着成千上万的家庭可以自由地支配时间和金钱。这些增加的选择引发了一系列广泛的经济变化,比如大学入学人数增加、郊区生活方式兴起、律师供过于求,以及假期空中旅行的推广——这些变化只有在一个有大量的人可享受假期和金钱消费的奢侈社会中才有可能发生。② 由于广大中等收入阶层广泛获得了消费品,这反而进一步加深了其含义的模糊性。中产阶级的概念反映了20世纪中期阶级的语言和意义的根本转变,即从一个主要的社会经济类别日益成为一个政治标签。③ 这对白领工人理解和应对这次经济重组的能力产生了深远的影响,由此进一步加深了大众对"中产阶级"一词的困惑。正如朱迪思·斯泰西(Judith Stacey)指出的,"中产阶级"一词的广泛使用掩盖了其意义和物质条件的根本差异:"在后工业化社会中,白人工薪家庭的职业、经济和社会地位是

---

① Jürgen Kocka, Maura Kealey trans., *White Collar Workers in America, 1890-1940: A Social-Political History in International Perspective*, Beverly Hills, Calif.: Sage Publications, 1980, p. 13.
② Scott Derks, *Working Americans, 1880-1999: The Middle Class*, Millerton, New York: Grey House Publishing, 2001, pp. xv-xvi.
③ Walkowitz, *Working With Class*, p. xvi.

如此多变和复杂,以至于很少有人能被一个单一的社会阶级类别所囊括。"①

三、 中外学界相关成果概述

美国中产阶级的产生是一个相对被忽视的话题。传统的学术研究,要么将大部分注意力集中在历史上"伟人"的成就上,要么专注于劳工中的穷人和少数族裔等弱势群体。所以,"中产阶级"是19世纪美国社会中被研究得最少的部分。②

不过近年来,中产阶级问题逐渐成为一个比较热门的话题,相关研究不断涌现。肖恩·威伦茨(Sean Wilentz)说过,"没有一项针对纽约工人的研究,尤其是那些试图分析工人阶级信仰和行为的研究,可以把这些人排除在外",因此他坚持认为"中产阶级值得尊重地研究"。③

总体上,对18世纪和19世纪美国中产阶级的研究比对20世纪的要做得更好一些,在传统马克思主义的生产范

---

① Judith Stacey, *Brave New Families: Stories of Domestic Upheaval in Late Twentieth Century America*, New York: Basic Books, 1990, pp. 34-35.
② Jackson, *Domesticating the West*, p. 2.
③ Sean Wilentz, *Chants Democratic: New York City and the Rise of the American Working, 1788-1850*, New York: Oxford University Press, 2004, pp. 11-12.

畴中，它更容易被定位为城市商人、店主、小企业家和专业人士（即有产阶级）以及该阶级的物质装备。一些最重要的研究出自女权主义历史学家的笔下，她们在将讨论范围从生产和工作场所扩展到家庭和社区。在玛丽·瑞安（Mary Ryan）的著作中，对私有化中产阶级家庭的描述最为深刻，其特征是出生率较低，孩子享有特权，母亲高高在上监督着道德秩序。①

此外，其他研究这一时期美国中产阶级状况的著作也非常多。如理查德·帕克（Richard Parker）在其《中产阶级的神话》一书中就对中产阶级的基本情况进行了介绍，并探讨了中产阶级的收入问题。② 还有丹尼斯·吉尔伯特和约瑟夫·A. 卡尔的《美国阶级结构》，其中花了大量篇幅对中产阶级进行了分析，特别是中产阶级的划分标准以及新中产阶级的基本情况等。③ 米尔斯的《白领：美国的中产阶级》也是一部具有代表性的著作，在该书中米尔斯以职业作为中产阶级的划分标准，他认为老中产阶级是占有生产资料的阶级，而新中产阶级更多是雇佣劳动者，其

---

① Mary P. Ryan, *Cradle of the Middle Class: The Family in Oneida County, New York, 1790-1865*, Cambridge and New York: Cambridge University Press, 1981, p. 14.

② Richard Parker, *The Myth of the Middle Class: Notes on Affluence and Equality*, New York: Liveright Press, 1972.

③ Dennis Gilbert, Joseph A. Kahl, *The American Class Structure: A New Synthesis*, Chicago, Illinois: The Dorsey Press, 1987.

中白领是新中产阶级的代表。① 斯图尔特·布鲁明的《美国中产阶级的兴起：美国城市中的社会体验（1760—1900)》在很大程度上跟随了研究工人阶级的历史学家的脚步，对中产阶级的出现进行了唯物主义解读。布鲁明将资产阶级身份与具体的物质实践、工艺品和空间联系在一起，对布鲁明来说，正是这些东西造就了中产阶级。②

19世纪晚期的工业化和专业化产生了一批新的经理、律师和医生，他们寻求阶级身份感和在社会等级制度中的地位。与他们的前辈相比，新一代的职业人士薪水丰厚，有更多的闲暇时间，处于有利的社会地位，可以享受现代城市生活的乐趣。由于缺乏美国最富有家庭的经济和文化资本，新生的中产阶级最终发现，要成功模仿精英的贵族生活方式是不可能的。新生的中产阶级因此受到刺激并做出相应的反应，安德鲁·黑利就从这方面对当时新兴的中产阶级进行了剖析。类似的研究成果还有琳达·扬（Linda Young）的《19世纪的中产阶级文化：美国、澳大利亚和英国》③、约翰·斯梅尔（John Smail）的《中产阶级文化

---

① C. Wright Mills, *White Collar: The American Middle Classes*, New York: Oxford University Press, 1969.
② Haley, *Turing the Tabless, 1880-1920*.
③ Linda Young, *Middle-Class Culture in the Nineteenth Century: America, Australia and Britain*, New York: Palgrave Macmillan, 2003.

的起源》、斯科特·德科斯（Scott Derks）的《美国工薪阶层——中产阶级：1880—1999》、克里斯蒂娜·霍奇（Christina J. Hodge）的《消费主义和殖民时代美国中产阶级的兴起》、阿瑟·J. 维迪奇（Arthur J. Vidich）的《新中产阶级：生活方式、地位要求及政治倾向》、罗德尼·赫辛格（Rodney Hessinger）的《诱惑、抛弃和重生：1780—1850年间美国中产阶级青年的愿景》、布伦达·杰克逊（Brenda Jackson）的《驯服西部：19世纪美国中产阶级的再创造》等。① 除此之外，还有一些成果是针对20世纪中后期以来美国中产阶级的研究，也是针对近期美国社会的现实问题和危机所进行的研究。

例如凯文·莱希特（Kevin Leicht）的《后工业农民：中产阶级繁荣的假象》就关注的是当前美国中产阶级面临

---

① John Smail, *The Origins of Middle-Class Culture: Halifax, Yorkshire, 1660-1780*, Ithaca: Cornell University Press, 1994; Scott Derks, *Working Americans, 1880-1999: The Middle Class*, Millerton, New York: Grey House Publishing, 2001; Christina J. Hodge, *Consumerism and the Emergence of the Middle Class in Colonial America*, New York: Cambridge University Press, 2014; Arthur J. Vidich eds., *The New Middle Classes: Life-Styles, Status Claims and Political Orientations*, London: Palgrave Macmillan Ltd, 1995; Rodney Hessinger, *Seduced, Abandoned, and Reborn: Visions of Youth in Middle-Class America, 1780-1850*, Philadelphia: University of Pennsylvania Press, 2005; Brenda K. Jackson, *Domesticating the West*, 2005.

的困境,他认为20世纪末和21世纪初的中产阶级繁荣是一种错觉,经济活力的综合指标隐藏着一个不断扩大的群体,这个群体只是为了保持偿债能力而苦苦挣扎;更糟糕的是,与战后50年代和60年代的经济繁荣相比,现在似乎没有一种制度化的方法来解释变化,也没有一套新的连贯的规则来解决困境,几乎所有的传统规则都不再适用,繁荣似乎是虚幻的,或者是由于运气和在正确的时间出现在正确的地方。①

其他相关的研究成果还包括:罗伯特·S. 林德(Robert S. Lynd)和海伦·梅里尔·林德(Helen Merrell Lynd)的《米德尔敦:当代美国文化研究》②、杰夫·福克斯(Jeff Faux)的《美国的精英阶层把中产阶级送进了服务型经济》③、塔马·克雷默-萨德里克(Tamar Kremer-Sadlik)与埃莉诺·奥克斯(Elinor Ochs)的《快进的家庭:美国中产阶级的家庭、工作和关系》④、威廉·多姆霍夫

---

① Kevin T. Leicht, *Postindustrial Peasants: the Illusion of Middle-Class Prosperity*, New York: Worth Publishers, 2007, p. 4.
② [美]罗伯特·S. 林德,[美]海伦·梅里尔·林德:《米德尔敦:当代美国文化研究》,盛学文译,北京:商务印书馆,1999年。
③ Jeff Faux, *The Servant Economy Where America's Elite Is Sending the Middle Class*, Hoboken, New Jersey: John Wiley & Sons, Inc, 2012.
④ Tamar Kremer-Sadlik, Elinor Ochs, *Fast-Forward Family: Home, Work, and Relationships in Middle-Class America*, Berkeley and Los Angeles, California: University of California Press, 2013.

(William Domhoff)的《当今谁统治美国》[①]、阿里安娜·赫芬顿（Arianna Huffington）的《美国的第三世界：我们的政治家如何抛弃了中产阶级并背叛了美国梦》[②]、罗伯特·格雷格（Robert Gregg）的《新非裔美国人中产阶级》[③]和利拉·伯曼（Lila Berman）的《美国犹太人与中产阶级的矛盾心理》[④]等。这些著作从不同角度分析了20世纪美国中产阶级的收入、住房、社会状况、家庭生活、经济地位，以及政治影响等问题。

相较而言，国内的研究稍显不足。不过近年来对中产阶级的研究已逐渐成为国内学术领域日趋高度重视的问题，这显然同转型期中国社会正在迅速成长的中产阶层有着密切联系。在此背景下，关于美国中产阶级等问题的研究成果也逐渐多了起来。在专著方面，尽管这些成果大多不是专门研究中产阶级的，而是聚焦于当时美国的社会转型城市化等更宏观的问题，但是其中对于中产阶级多多少少都

---

① ［美］威廉·多姆霍夫：《当今谁统治美国》，郑须弥译，北京：中国对外翻译出版社，1985年。
② Arianna Huffington, *Third World America: How Our Politicians Are Abandoning the Middle Class and Betraying the American Dream*, New York: Crown Publishers, 2010.
③ Robert Gregg, "The New African American Middle Class," *Economic and Political Weekly*, Vol. 33, No. 46 (Nov. 14-20, 1998), pp. 2933-2938.
④ Lila Berman, "American Jews and the Ambivalence of Middle-Classness," *American Jewish History*, Vol. 93, No. 4 (December 2007), pp. 409-434.

有一些涉及，例如梁茂信的《都市化时代：20世纪美国人口流动与城市社会问题》①、李剑鸣的《大转折的年代——美国进步主义运动研究》②、原祖杰的《进步与公正：美国早期的共和实验及其在工业化时代遭遇的挑战》等。③

相比之下，专门研究美国中产阶级的论文则要多得多，其中以石庆环为代表，在其《20世纪美国中产阶级的结构变迁及其特征》一文从中产阶级的概念界定、中产阶级的结构变迁及中产阶级的基本特征等几个方面，探究20世纪美国中产阶级的发展轨迹及演变趋势。④ 之后她又发表了

---

① 梁茂信：《都市化时代：20世纪美国人口流动与城市社会问题》，长春：东北师范大学出版社，2002年。
② 李剑鸣：《大转折的年代——美国进步主义运动研究》，天津：天津教育出版社，1992年。
③ 原祖杰：《进步与公正：美国早期的共和实验及其在工业化时代遭遇的挑战》，北京：中国社会科学出版社，2020年。其他还有：黄安年：《美国的崛起：17—19世纪的美国》，北京：中国社会科学出版社，1992年；李庆余、周桂银：《美国现代化道路》，北京：人民出版社，1994年；孙群郎：《美国城市郊区化研究》，北京：商务印书馆，2005年；王旭：《美国城市史》，北京：中国社会科学出版社，2000年；王锦瑭等：《美国现代大企业与美国社会》，武汉：武汉大学出版社，1995年；张友伦、肖军、张聪：《美国社会的悖论——民主、平等与性别、种族歧视》，北京：中国社会科学出版社，1999年；王恩铭：《20世纪美国妇女研究》，上海：上海外语教育出版社，2002年；周莉萍：《美国妇女与妇女运动（1920—1939）》，北京：中国社会科学出版社，2009年。
④ 石庆环：《20世纪美国中产阶级的结构变迁及其特征》，《辽宁大学学报》（哲学社会科学版）2010年第4期，第90—95页。

数篇文章，分别从文官制度①、妇女和黑人等方面对美国的中产阶级做了进一步的研究。② 其他如孙燕的《美国新兴城市中产阶级的职业特点和家庭生活》③、张聪的《十九世纪末二十世纪初美国中产阶级妇女走向社会的动因和问题》④、许荣的《新中产阶级：概念及其特征》等文章⑤，以及部分硕博士学位论文⑥都从美国中产阶级的概念、发展、变迁等方面对美国的中产阶级进行了研究。

---

① 石庆环：《19 世纪末和 20 世纪初美国新式中产阶级形成时期的文官群体》，《史学集刊》2011 年第 1 期，第 90—97 页；《美国中产阶级的"政治异化"现象与文官"政治中立"原则》，《辽宁大学学报》（哲学社会科学版）2011 年第 4 期，第 50—54 页。
② 《20 世纪美国黑人中产阶级的构成及其社会地位》，《求是学刊》2012 年第 4 期，第 138—144 页；《战后美国女性中产阶级地位变化解析（1960—1980）》，《史学集刊》2015 年第 2 期，第 71—78 页。
③ 孙燕：《美国新兴城市中产阶级的职业特点和家庭生活》，《浙江学刊》2004 年第 3 期，第 39—44 页。
④ 张聪：《十九世纪末二十世纪初美国中产阶级妇女走向社会的动因和问题》，《美国研究》1993 年第 3 期，第 130—147 页。
⑤ 许荣：《新中产阶级：概念及其特征》，《浙江学刊》2004 年第 3 期，第 44—47 页。
⑥ 例如，沈瑞英：《西方中产阶级与社会稳定研究》，上海大学博士学位论文，2008 年；景德龙：《19 世纪末和 20 世纪初美国城乡中产阶级比较研究》，辽宁大学硕士学位论文，2015 年；叶莹：《19 世纪末 20 世纪初美国白领阶层的形成》，东北师范大学硕士学位论文，2006 年；陶漫漫：《二战后美国黑人女性中产阶级的构成及其地位变化》，辽宁大学硕士学位论文，2013 年；等。

美洲的土壤与领主贵族制度格格不入。……土地自然被分成许多小块,由所有者自己耕种。

——亚历克西·德·托克维尔,《论美国的民主》①

在凯利的构想中,格兰其是乡村社区的社交中心,提供教育和娱乐项目。

——大卫·B. 丹博,《20世纪30年代的法戈乡村女孩》②

---

① [法]亚历克西·德·托克维尔:《论美国的民主》,董果良译,北京:商务印书馆,1988年,第5页。
② David B. Danbom, "Rural Girls in Fargo during the 1930s," *Agricultural History*, Vol. 76, No. 4, Autumn, 2002, pp. 663-664.

第一章
美国乡村老中产阶级的兴盛及其在社会转型中的困境

一、导 言

法国政治学家夏尔·亚历克西·德·托克维尔（Charle Alexis de Tocqueville）曾于1831年游历处于幼年时期的美利坚合众国。经过数月探访，他认为殖民地时期以来的美国人民依恋乡镇，也从来没有等级的区分，从而产生了乡镇自治传统、个人主义精神、追求公民身份平等的思想。①

这些深刻影响了美国社会的传统、精神、思想，很大程度上是建立在拥有财产的自耕农②（yeoman）和小农场

---

① ［法］亚历克西·德·托克维尔：《论美国的民主》，董果良译，北京：商务印书馆，1989年，第4、73—76、625—626页。
② 自耕农（yeoman）是指倾向于自给自足，并在商业性农业的发展上有所不足的农民。在殖民地早期，新英格兰地区存在大量自耕农。美国建国后，西进运动也产生了大量的自耕农。

主①（farmer）的利益和诉求上的。美国历史学家理查德·霍夫施塔特也认为美国的民主传统是在农场和小村庄中形成的，民主的中心思想是建立在乡村情感和乡村隐喻上的。②

殖民地初期，土地不易开发且农产品产量低，"美洲的土壤与领主贵族制度格格不入。……土地自然被分成许多小块，由所有者自己耕种"③。及至1775年，英属北美殖民地基本废除了长子继承制和限定继承制，土地和财产因此被不断分割，大土地所有者逐渐消失。④ 由于土地所有者耕种土地和存在大量的小块土地，殖民地产生了大量自耕农和小农场主。

---

① 美国的农场主（farmer）是指拥有土地，并进行商业性农业生产的农业企业家。小农场主的土地面积和生产规模相对较小，小农场主和自耕农在商业性农业的生产上有一定的差异，但是他们都是乡村老中产阶级的重要组成部分。本文所指的美国农民是既包括具有人身自由，拥有土地并进行自给自足的农业生产的自耕农，也包括进行商业性农业生产，出售农副产品的小农场主，本文的农民如有特殊含义会另行标注。在工业革命前，欧洲的农民多为peasant或paysan，具有等级性和封建人身依附的特性，这与美国的农民差距较大。美国乡村里的大农场主、大种植园主属于社会上层阶级，不属于乡村老中产阶级，而且随着城市化的推进，他们多在城市中居住。
② Richard Hofstadter, *The Age of Reform: From Bryan to F. D. R.*, New York: Vintage Books, 1955, p. 7.
③ 托克维尔：《论美国的民主》，第33页。
④ 同上书，第57页。

在这一时期,"农业在殖民地占有优势,小农习惯成为全体人民的特点"①。"美国社会是两个互相矛盾的体制——民主制和市场——的结合"②,这些特征也生动地体现在中产阶级身上。中产阶级具有追逐商业利益、崇尚个人自由、保障公民权利和推动社会改革等多重特点。在工业化时代之前,由于中产阶级更多地依赖土地和小企业来创造财富,具有经济独立性,其社会地位也由传统的财产来界定,因此被视为"老中产阶级"。

工业化时代以来,社会中出现了大量受雇用、领薪水的白领阶层,他们是新中产阶级的组成部分。查尔斯·赖特·米尔斯(Charles Wright Mills)将老中产阶级定义为拥有财产和生产资料,并根据这些财产独立自主地生活的小企业家。③ 自耕农和小农场主是美国乡村老中产阶级的主要代表,小农场主是美国的农业企业家。④ 在北美殖民地时期,南部地区存在一部分种植经济作物、进行商业性农业生产的小农场主;北部地区存在为数众多的、自给自

---

① G. 汉毕吉:"农业技术变革的性质与规模,美国的农业——开始的300年",[美]理查德·D. 罗德菲尔德等主编:《美国的农业与农村》,安子平、陈淑华等译,北京:农业出版社,1983年,第8页。
② 王希:《美国公民权利的历史演变》,《读书》2003年4月,第31页。
③ C. 赖特·米尔斯:《白领》,杨小东等译,杭州:浙江大学出版社,1987年,第23页。
④ 同上书,第20页。

足的自耕农。18世纪下半叶,部分自耕农也逐渐参与到商业性农业生产中去。自耕农和小农场主对美国社会的历史发展进程起了重要作用,他们的生产生活体现出民主性和市场性的特征。一方面,作为乡村老中产阶级,自耕农和小农场主形成公民意识,争取殖民地独立,参与构建政治制度,并在推动社会改革等方面开展了许多行动。另一方面,作为乡村小企业家,小农场主开展商业性农业生产,投身农业革命,反对大资本主义企业垄断等行为。可以说,从殖民地时期至19世纪末,自耕农和小农场主的政治、经济、文化对美国社会的发展方向具有举足轻重的作用。

铁匠、木匠等乡村工匠①,乡村商店中的小商人和流动商贩,也是乡村老中产阶级的一部分,但在乡村中的人数占比较小。在独立战争期间,随着新技术和新的劳动分工方式蓬勃发展,国内制造业(home manufactures)促使城市与乡村、商人与农民之间建立新的联系。独立的乡村工匠拥有自己的工具和原料,主要为需求相对稳定的本地市场工作,不需要进行复杂的商品销售或信贷业务。② 在

---

① 乡村工匠,包括木匠、铁匠等,这些工匠多由起源于欧洲的学徒制度培育。在乡村中,工匠虽人数较少,但与农业生产和乡村建设有较为紧密的联系。
② Cathy Matson, "The Revolution, the Constitution, and the New Nation," in Stanley L. Engerman and Robert E. Gallman, eds., *The Cambridge Economic History of the United States*, Volume 1: *The Colonial Era*, New York: Cambridge University Press, 1996, p. 370.

工业化的影响下,乡村商人和工匠往往在乡镇聚居,削弱了与农民的联系。① 本章主要考察乡村的自耕农和小农场主阶层,分析这一群体兴盛的原因,以及在工业化和城市化影响下,他们在社会转型中面临的困境。

二、前工业化时期乡村老中产阶级的生产生活

考察一个群体的盛衰,"应当追溯他的过去,应当考察他在母亲怀抱中的婴儿时期"②。殖民地时期至18世纪末,小农场主和自耕农在殖民地发展过程中逐渐壮大,并因受到"大觉醒运动"(Great Awakening)中所倡导的宗教信仰自由的影响,以及独立战争的波及,他们或直接或间接地参与了独立战争以及合众国的构建。

(一)小土地制③初步建立和商业性农业的兴起

1. 殖民地时期小土地制的初步建立

15世纪至17世纪的地理大发现掀起了欧洲国家对北美的征服欲;重商主义(Mercantilism)刺激了欧洲国家注

---

① [法]亚历克西·德·托克维尔:《美国游记》,倪玉珍译,上海:生活·读书·新知三联书店,2010年,第3页。
② 托克维尔:《论美国的民主》,第30页。
③ 在本文中,小土地制指的是由土地所有者耕种土地,自给自足,农业商业化程度低,且土地面积与大庄园相比相对较小的土地制度。

重金银等贵金属的积累。随着商业资本主义的发展、重商主义的广泛传播以及统治阶级的奢侈享乐,以英格兰①为代表的欧洲国家,对金银等贵金属的需求日益增加,"美洲的财富和奢侈品刺激了英格兰人的感官,也刺激了贪欲"②。

欧洲人口自然增长和劳动力频繁流动,意图掠夺北美大陆的金银、木材和毛皮资源和缓解国内人地矛盾等因素,促使以英格兰为代表的欧洲国家纷纷将目光投向北美洲。17世纪初是西欧人向北美大规模、永久殖民转变的开始(图1.1)。③ 在1607年英格兰建立的弗吉尼亚殖民地上,首批探险者中除了一些士兵,还有不少的工匠和矿工。这些探险者的首要目标便是寻找和攫取北美的金银贵金属,

---

① 英国在不同历史阶段由于国家组成不同,所以有不同称谓。包括英格兰王国(England,927—1707);大不列颠王国(Great Britain,1707—1801);大不列颠及爱尔兰联合王国(1801—1922);大不列颠及北爱尔兰联合王国(1922年至今),简称联合王国。为了避免称谓混乱,除了英格兰王国时期外,本文都使用英国一词。

② David B. Danbom, *Born in the Country: A History of Rural America*, second edition, Baltimore: The Johns Hopkins University Press, 2006, p. 23.

③ Neal Salsbury, "The History of Native Americans from before the Arrival of the Europeans and Africans until the American Civil War," in Stanley L. Engerman and Robert E. Gallman, eds., *The Cambridge Economic History of the United States*, Volume 1: *The Colonial Era*, New York: Cambridge University Press, 1996, p. 15.

图 1.1　穿越平原的移民

由弗朗西斯·帕尔默创作于 1866 年

但他们的希望最终落空了。英格兰遂转而决定改良弗吉尼亚土地，通过殖民地商业公司强制运输白人契约工(Indentured Servants)① 对殖民地进行开垦拓殖。后来，由于弗吉尼亚殖民地的烟草种植有利可图，殖民地商业公司便着手安置移民，授予每个辛勤劳作的殖民者② 50 英亩

---

① 本文采用梁茂信教授在《美国移民史新论》中的说法，将"Indentured Servants"译为契约工，注重契约工的雇佣性质。梁茂信：《美国移民史新论》，北京：社会科学文献出版社，2019 年，第 1—26 页。
② 殖民者（colonist）指的是美国建国前的欧洲移民群体，他们在殖民地进行开垦拓殖，是美国的奠基者之一，与建国后的移民群体在政治、文化地位，和群体来源上有着不同。

（1 英亩约等于 666.6 平方米，后文皆同）土地。① 弗吉尼亚殖民地的土地分配初步形成了土地授予制度，也称"人丁制"（Headright System），有助于殖民地小土地制的形成。英属北美殖民地主要有三种土地分配方式：

第一，将大片土地授予英王的朋友和支持者，使他们成为殖民地的大片土地所有者。但这些大片土地所有者为了吸引殖民者前往殖民地定居和农业耕作，往往低价出售土地或将土地作为礼物馈赠给殖民者。②

第二，南部和中部殖民地③则纷纷效仿弗吉尼亚殖民地，实行土地授予制度，分配给移民人均 50 英亩土地。南部和中部殖民地的土地制度，更倾向于将授予土地的权力放置在州一级。

第三，"在新英格兰④的制度中，城镇授地的方法是把土地从州转移到个人"⑤，将土地授予当地教会和公司团

---

① Hansen, *The Atlantic Migration*, 1607-1860, pp. 28-30.
② Willard W. Cochrane, *The Development of American Agriculture: A Historical Analysis*, Minneapolis: the University of Minnesota Press, 1979, pp. 24-25.
③ 南部殖民地包括弗吉尼亚、马里兰、南卡罗来纳、北卡罗来纳和佐治亚。中部殖民地包括纽约、新泽西、宾夕法尼亚以及特拉华。
④ 新英格兰地区殖民地位于英属北美殖民地北部，包括罗得岛、马萨诸塞、康涅狄格和新罕布什尔殖民地。
⑤ [美] J. T. 施莱贝克尔：《美国农业史（1607—1972 年）——我们是怎样兴旺起来的》，高田等译，北京：农业出版社，1981 年，第 9 页。

体。① 在新英格兰,没有庄园制,也没有世袭的土地贵族制度。②

南部和中部殖民地的"垦殖点比较分散,而且较早依靠经济作物",经济作物的种植促进了商业性农业和农场主的形成,而以马萨诸塞殖民地为代表的东北部的新英格兰地区,"建立了小地产,村垦殖点较小,农业多样化,着重畜牧业"。③ 在农场面积上,"一个典型的北方农场一般拥有100英亩到200英亩土地"④。新英格兰地区的居民点紧密围绕在村子中心,农民土地较少且分散,一定程度上遏制了当地的土地投机,保障了小土地所有者的利益,"发展了集体活动,密切了社会组织,发扬了民主风尚"⑤。新英格兰地区形成了小土地制和自给自足的自耕农阶层,土地授予权转移到个人和团体,也有助于培育民主精神。

北美殖民地时期的农业史和土地制度史,是由印第安人、欧洲殖民者和被贩运而来的黑人奴隶等群体共同编织

---

① Cochrane, *The development of American Agriculture*, p. 24.
② E. L. Jones, "The European Background," in Stanley L. Engerman and Robert E. Gallman, eds., *The Cambridge Economic History of the United States,* Volume 1:*The Colonial Era*, p. 103.
③ 施莱贝克尔:《美国农业史(1607—1972年)》,第5页。
④ 原祖杰:《在工业化的阴影里:19世纪后期美国农民的困境与抗议》,《北大史学》2010年,第307页。
⑤ G. 汉毕吉:"农业技术变革的性质与规模,美国的农业——开始的300年",[美]罗德菲尔德等主编:《美国的农业与农村》,第8页。

而成的。美洲的原住民是印第安人,"所谓的'新大陆'却是他们祖祖辈辈生活的家园"①。印第安人多以渔猎为生并培育了玉米、土豆等高产农作物,他们的农业是美洲农业的萌芽。印第安人引进了欧洲的马匹,殖民者也曾种植美洲作物并采用印第安人的耕种方式。哈瓦苏族人"后来又种植从邻近的印第安部族那传来的一些欧洲作物——杏子、无花果、李子和苜蓿"②。"山与山之间的广大地区是白人和当地印第安人之间的主要贸易和交通通道。"③但是,印第安人的土地不断受到殖民者侵蚀。

"第一批殖民者基本上不是农民",他们多是来自英格兰城镇,缺乏务农经验的一个多元化的群体。④ 早期的欧洲殖民者多水土不服,时常与印第安部落发生冲突。1609年到1610年的冬天被称为"饥饿时期",饥饿、疾病和波瓦坦印第安人(Powhatan Indian)杀死了1607年至1622年间被送到詹姆斯敦的3/4的殖民者。殖民者早期的农业生产非常艰难,必须求助于亲友、移民团体、殖民地商业公司和母国政府,有时甚至需要印第安人的帮助,并靠种

---

① 张津瑞、林广:《地图上的美国史》,北京:东方出版社,2016年,第3页。
② [美]威尔科姆·E. 沃什伯恩:《美国印第安人》,陆毅译,北京:商务印书馆,1997年,第34—35页。
③ 同上书,第85页。
④ Cochrane, *The Development of American Agriculture*, p. 21.

植玉米、土豆等美洲作物来维持生活（图1.2）。

图1.2　第一个感恩节

由让·莱昂·杰罗姆·费里斯（1863—1930）创作，创作年份不详

至1640年，英属殖民地上的白人可能不超过25 000人。[①] 到1660年，北美大约有75 000名英格兰殖民者，其中约33 000人居住在新英格兰地区，大约36 000人居住在马里兰、弗吉尼亚，以及后来的北卡罗来纳殖民地，但是这些殖民者大多挤在海边定居。[②] 1660年到1780年，英属北美殖民地的人口每30年翻一番，1780年时人口总数超

---

① Cochrane, *The Development of American Agriculture*, p. 7.
② Cochrane, *The Development of American Agriculture*, p. 20.

过270万。① 英国在18世纪还向殖民地输送了大约5万名囚犯。② 从殖民地建立时期到17世纪末,来自英格兰的移民契约工大约共有12.7万人。③ 种植园主和农场主可以得到契约工提供的劳动力,交换条件是支付契约工的身价以及工作期间的生活费。④ 所有的殖民地雇主都在抱怨劳动力的稀缺和高成本,并为英格兰曾经温顺、卑躬屈膝的劳动阶级获得新的独立而悲叹。⑤ 于是,黑人奴隶似乎成为殖民地雇主们更好的选择。压迫性的白人契约工制度,为奴役黑人提供了大背景。⑥ 大多数被运到美洲的黑人,在非洲便遭受奴役,包括司法奴役、绑架、私人抢劫和军事奴役。⑦ 自1619年起,黑人被迫迁移到美洲成为土地上的

---

① Cochrane, *The Development of American Agriculture*, pp. 26-28.
② Roger Daniels, *Coming to America: A History of Immigration and Ethnicity in American Life*, New York: Haper Collins, 1990, p. 35.
③ 梁茂信:《现代欧美移民与民族多元化研究》,北京:商务印书馆,2011年,第6页。
④ Cochrane, *The Development of American Agriculture*, p. 23.
⑤ David W. Galenson, "The Settlement and Growth of the Colonies: Population, Labor, and Economic Development," in Stanley L. Engerman and Robert E. Gallman, eds., *The Cambridge Economic History of the United States*, Volume 1: *The Colonial Era*, New York: Cambridge University Press, 1996, p. 137.
⑥ 高春常:《文化的断裂——美国黑人问题与南方重建》,北京:中国社会科学出版社,2000年,第29页。
⑦ John K. Thornton, *The Cambridge Economic History of the United States*, Volume 1: *The Colonial Era*, New York: Cambridge University Press, 1996, p. 84.

奴隶劳动者。在殖民地早期，黑人奴隶较少，奴隶制度也并不稳固。1650年后，黑人奴隶制度变得根深蒂固，黑人奴隶成为终身奴隶。① "1787年召开制宪大会时，美国大约有70万奴隶。"② 黑人奴隶的血汗劳作促进了殖民地时期大庄园和大农场的建立，使大土地制度③有所发展。黑人奴隶和印第安人虽然有差异，但同样身处有形和无形的枷锁之中。

虽然《独立宣言》（The Declaration of Independence）中公开宣称"人人生而平等"，但在很长一段时间内，黑人和印第安人并未获得公民权利，他们在人身自由上受到束缚，也缺少获得土地和开办农场的权利。

随着更多的欧洲殖民者涌入北美大陆从事农业，他们迫切需要更多印第安人的土地，从而激化了与印第安人的矛盾。1622年，印第安人大规模攻击殖民地，在一天内造成350人死亡。④ "随着英国人的要求和期望越来越高……印第安人的土地成了谋取的目标。"⑤

---

① Cochrane, *The Development of American Agriculture*, p. 23.
② ［美］埃里克·方纳：《第二次建国：内战与重建如何重铸了美国宪法》，于留振译，北京：商务印书馆，2020年，第11页。
③ 本文中，大土地制度指的是大农场主和大庄园主占有大片土地，并在土地上大规模使用奴隶劳动和契约劳动，农业商业化程度较高的制度。
④ Cochrane, *The Development of American Agriculture*, p. 14.
⑤ 沃什伯恩：《美国印第安人》，第142页。

1660年之后的半个世纪里,欧洲国家对北美的控制权及其资源的争夺日趋激烈:"到17世纪末,沿大西洋海岸大部分地区的部族已被毁灭、驱散或直接受欧洲人的控制。"① 占有土地的欲望驱使欧洲殖民者不断越过阿巴拉契亚山脉。

在18世纪,"南部殖民地的大部分农民,向业主、英王或其他地主购买而得到了土地。……买主们通常必须购买不小于50英亩的地块"②。17世纪至18世纪,欧洲殖民者主要通过土地授予制和土地售卖制等方式,逐渐建立起大量小型农场,乡村老中产阶级逐渐发展壮大,乡村小土地制得以确立。伴随着小土地制的确立以及合众国的建立,自耕农和小农场主的经济、政治地位得到保障,商业性农业的发展也促使部分自耕农转变为小农场主,进一步增强了乡村老中产阶级的经济力量和政治影响力。

2. 殖民地自给自足农业的建立与商业性农业兴起

自耕农在经济上相对独立,自行生产日常所需的衣食。殖民地时期的小土地制、农副产品产量较低、农业技术水平落后、农产品市场较为狭窄、交通不便等因素,在一定程度上限制了商业性农业和大土地制度的发展,为自给自足的农业提供了广阔的发展天地。1750年,占总人口85%

---

① 沃什伯恩:《美国印第安人》,第153页。
② 施莱贝克尔:《美国农业史(1607—1972年)》,第6页。

的殖民地农场家庭,专注于生产他们自己所需要的食物。但是,自给自足的农业越来越无法覆盖农场家庭的生活开支,农民靠捕鱼、伐木、狩猎,尤其是为邻居打工来增加收入。① 自耕农在相对独立自主、自给自足的农业经营和参与殖民地公共事务的过程中,逐渐产生了追求公正、平等、独立和自主的自耕农精神,形成了乡镇自治的民主经验。

自给自足的农业养育了大量的殖民家庭,人数众多的自耕农成为殖民地社会和合众国的重要统治基础,自耕农的经济活动、政治参与和文化活动也影响了政府对人们私有财产、政治参与的保障。自耕农精神则成为人们追求经济独立、社会公正、反抗英国殖民统治的精神来源之一。自耕农精神在合众国建立后仍发挥着重要作用,这一农业精神成为美利坚民族性格的一部分,即在工业化的过程中重视农业经济协调发展、反对垄断企业、关照弱势群体、追求社会公正。

在乡村老中产阶级中,除自耕农外,还有人数不断增长并从事商业性农业生产的小农场主。商业性是美国重要的国家特征之一。殖民地的商业性有诸多具体表现,包括殖民地多由获得特许状的民间商业公司建立,殖民地的发展也与商品经济密不可分,"个人主义""自由竞争"等思想也体现了商业精神。商业性也是殖民地时期的小农场主

---

① Danbom, *Born in the Country*, p.56.

及其农业生产的重要特性之一。在殖民地小土地制下,拥有土地的小农场主在土地上辛勤劳作,促进商业性农业的兴起——"美国的农场主始终是创业型的企业家,他努力工作是为了增加其资本规模。"[1] 殖民地商业性农业的兴起有诸多因素,具体如下:

第一,农耕方式和农业生产多样化。17世纪的欧洲殖民者多为缺乏农耕经验的城镇移民,他们携带了少量派不上用场的专门技术工具。[2] "他们在海滨平原建立了农场,那里土地平坦,平缓的河流、小溪和沼泽易于开发和利用。"[3] 为了适应北美的自然环境,欧洲殖民者逐渐采用印第安人以及黑人的传统农耕方式。烟草塑造了切萨皮克[4](Chesapeake)的人和空间组织,大多数切萨皮克人都住在农场里,很少有人住在城镇里。[5] 除了切萨皮克地区外,南部地区的其他殖民地很早就发展起了以烟草和棉花等经济作物为主的商业性农业。在中部地区,到了1680年宾夕法尼亚殖民地建立时,农业商业化得到了极大发展,当地的贵格会教徒像农业资本家一样思考和行动,他们的目标

---

[1] 米尔斯:《白领》,第20页。
[2] 施莱贝克尔:《美国农业史(1607—1972年)》,高田等译,第3、27页。
[3] [美]马丁·道尔:《大国与大河》,刘小鸥译,北京:北京大学出版社,2021年,第iii页。
[4] 殖民地时期的切萨皮克地区包括弗吉尼亚殖民地和马里兰殖民地。
[5] Danbom, *Born in the Country*, p. 28.

是个人成功。① 混合农业在北部殖民地几乎是普遍存在的。② 1700年的新英格兰地区，出现了专业化的作物种植和动物养殖，表现为种植玉米、牧草、果树、小麦，培植草地、改良畜牧业。③

第二，在农耕器具方面，殖民者带来了多种金属农具，包括锄头、铲子、铁锹、铁犁等，17、18世纪"出现了扩大使用犁和其他耕作农具以及牲畜头数增加的情况"。独立战争也刺激了美国炼铁业的开展，促进铁制农具的改进。④ 改进铁制农具，增加用于农耕的牲畜数量，是劳动工具和劳动力进步的标志，有助于扩大农业生产。但是，殖民地农业是一种粗放的手工农业，农业生产劳动中可以替代手工劳动的高效工具和机器还没有被发明出来，更别说发展起来了。⑤

第三，在农业劳动力方面，欧洲的移民和黑人奴隶补充了农场和种植园中的劳动力。欧洲移民逐渐成为拥有土地财产的自耕农和小农场主，他们及其家庭成员大多会在农场和种植园里劳作，有的还拥有奴隶或雇用农业工人。

---

① Danbom, *Born in the Country*, p. 38.
② Daniel Vickers, *The Cambridge Economic History of the United States*, Volume 1:*The Colonial Era*, p. 219.
③ Cochrane, *The Development of American Agriculture*, p. 30.
④ 施莱贝克尔：《美国农业史（1607—1972年）》，第30页。
⑤ Cochrane, *The Development of American Agriculture*, p. 29.

在大型农场和种植园中血汗劳作的,还有自1619年起被贩卖到北美的黑人奴隶。

第四,农作物装载、运输工具的使用,以及较大的市场需求也促进了商业性农业的发展。"农场主既是不动产投机家又是农民"①,他们购买土地、投资土地上的农作物,并积极参与商业活动。美国农史学家施莱贝克尔指出,自17世纪起,殖民地的商业化农业,就已经在弗吉尼亚、马里兰等地的农场和种植园中产生。② 在独立战争期间,"农民们为了对付通货膨胀,就采取按时价一点点出售农产品的办法"③。在谷物装载和运输方面,木桶、木箱和编织袋被用来装运谷物等农产品;双轮和四轮马车等交通工具,也被用于远距离运输谷物等农产品到市场上售卖。在农产品的市场需求方面,欧洲市场一直对殖民地种植的烟草、棉花、小麦和黑麦等农产品,以及毛皮、渔获等产品有较大的需求。

第五,原材料进出口和殖民地的对外贸易促进了商业性农业发展。殖民地发展了同西印度群岛的贸易,进口群岛上生产的甘蔗等原材料用于制糖,并向其出口面粉和小麦等初级农产品。新英格兰地区成为"商业和转运中心,

---

① 米尔斯:《白领》,第21页。
② 施莱贝克尔:《美国农业史(1607—1972年)》,第37页。
③ 同上书,第33页。

特别是发展了同西印度群岛和沿海的贸易",中部地区以谷物和毛皮贸易为主,南部地区则以烟草贸易为主。① 新英格兰殖民地和中部殖民地的对外贸易形成"三角"模式——用来自波士顿、纽波特、纽约和费城港口的鱼、木材和小麦面粉,换取由西印度群岛生产的朗姆酒、糖浆和糖。17世纪至18世纪,殖民地同非洲和欧洲发展了跨大西洋的"三角贸易"(a triangular form of trade)。在殖民地"三角"模式经济和跨大洋"三角贸易"中,殖民地的贸易增长,劳动力得到补充,市场也扩大了。但是"三角贸易"也巩固了压迫剥削黑人的奴隶制,加强了劳动力的人身依附关系,阻碍了劳动力的自由流动,不利于工业资本主义发展(图1.3)。

图 1.3 烟草种植园的奴隶(1670)

① G. 汉毕吉:"农业技术变革的性质与规模,美国的农业——开始的300年",罗德菲尔德等主编:《美国的农业与农村》,第9页。

虽然烟草等经济作物的种植使商业性农业有所发展，但是大多数农民的生活依旧比较困苦。在 17 世纪的切萨皮克地区，被称为"种植园主"的农民的生活十分简朴。他们住在只有一个房间的棚屋中，除了床外，其他器具非常简单。而穷人的情况更糟，他们甚至缺少床架和桌子。①

殖民地商业性农业受到英格兰政策的制约，经济结构并不平衡。自 17 世纪 20 年代起，英格兰便规定，"一切弗吉尼亚烟草输往欧洲其他国家以前都必须先运到英国"，并由英格兰和殖民地船只转运烟草。② 自 1651 年后的数年内，英格兰出台了一系列的《航海条例》(*The Navigation Acts*)。1660 年和 1663 年的《航海条例》从重商主义的角度处理殖民贸易，损害了殖民地的经济利益。③

英格兰还限制殖民地生产与母国竞争的纺织品等产品，影响了殖民地建立均衡的经济结构。18 世纪是不太商业化的时代，许多农民没有良好的环境来利用已存在的市场机会。北美独立战争后，大量自耕农和小农场主愈加频繁地参与商业性农业生产，也愈加和工业化的命运相联系。

---

① Danbom, *Born in the Country*, pp. 28-29.
② 施莱贝克尔：《美国农业史 (1607—1972 年)》，第 52 页。
③ John J. McCusker, "British Mercantilist Policies and the American Colonies," in Stanley L. Engerman and Robert E. Gallman, eds., *The Cambridge Economic History of the United States*, Volume 1: *The Colonial Era*, New York: Cambridge University Press, 1996, p. 349.

(二)乡村老中产阶级的差异性与美利坚民族的初步形成

1. 乡村老中产阶级的差异性

17世纪初至18世纪末,大多数英属北美殖民者及其后裔都是农民,他们是乡村老中产阶级的重要组成部分。这些殖民者具有母国实力存在差异、民族来源不同、宗教信仰和文化传统多样、所在各殖民地经济状况参差不齐、各殖民地历史互相交织等特点。具体来说,这些特点表现如下:

第一,在国家来源上,殖民地早期的农民主要来自英格兰、法国、西班牙、荷兰等国(图1.4),这些国家的政治、经济实力相对较强,能够在殖民者的安全保护和土地垦殖方面发挥较强的干预作用,这些国家的农民也与母国保持较为紧密的关系。18世纪初至18世纪末,大部分移民并非来自英格兰,具有英格兰血统的移民不到总人口的一半。① 在这一时期,农业移民还有来自瑞士、爱尔兰和德意志等经济相对落后的国家。这些来自相对落后的农业国的移民,早期也常常定居在经济、文化相对封闭的定居点中,形成移民聚居的社区,母国对他们生产生活的直接影响力和干预力相对较小。

---

① Jon Gjerde, ed., *Major Problems in American Immigration and Ethnic History*, Boston: Houghton Mifflin Company, 1998, p.1.

图 1.4 朝圣者从荷兰代尔夫海文登船

由罗伯特·W. 韦尔创作于 1843 年

第二,乡村老中产阶级在民族来源上,包括盎格鲁-撒克逊人(Anglo-Saxon)、凯尔特人(Celt)、诺曼人(Norman)和高卢人(Gaul)、犹太人(Jew)和斯拉夫人(Slavs)等。民族的多样化和差异性既带来了身材、肤色、毛发颜色等外部特征的不同,也带来了族群语言、传统、宗教信仰等内部文化特征的不同。有的学者认为不同的移民族群之间存在着政治上的对立、区域经济间的竞争以及文化冲突。科林·伍达德(Colin Woodard)根据不同族群主要生活的区域和文化差异,将北美殖民地划分为新英格兰、新尼德兰、内陆地区、沿海低地、大阿巴拉契亚以及南方腹地等。①

---

① [美]科林·伍达德:《美利坚:一部北美地区文化史》,邓德东译,北京:社会科学文献出版社,2021年,"序言"第5—23页。

第三,在英属北美殖民地的建立方式上,英国授予殖民地特许状,通过将土地分封给王公贵族,用殖民地土地偿还王室债务,武力攻占其他欧洲国家的殖民地等方式,逐渐形成了英属北美十三个殖民地。殖民地共有三种类型,包括王家殖民地、业主殖民地和自治殖民地,这些殖民地的政治状况由于建立方式的差异而存在不同之处。其中,王家殖民地在统治上受到英国干预和影响最大,业主殖民地次之,自治殖民地最小。

第四,在殖民地内部的宗教信仰上,新英格兰地区的自耕农多为清教徒(Puritan),弗吉尼亚殖民地聚集了许多英国国教徒(Anglican),马里兰殖民地则是许多天主教徒(Catholic)的聚居地。宾夕法尼亚殖民地的首任总督威廉·佩恩(William Penn,图1.5)是贵格会(Quaker)教徒,在他的治理下,当地土地售价低廉且形成了崇尚宗教宽容的文化氛围,吸引了许多想要逃离政治、宗教迫害的再洗礼派教徒(Anabaptist)来此定居并从事农业。[1]

图1.5 威廉·佩恩

摘自1833年《肖像画册》(*The Book Gallery of Portraits*)

---

[1] Cochrane, *The Development of American Agriculture*, p.19.

第五,在经济思想上,重农主义(Physiocracy)、重商主义也影响了母国对殖民地的经济政策。重农主义思想认为农业是财富的唯一来源和社会的保障,这一思想促进了母国对殖民地农业的开发——"重商主义是16世纪中叶到17世纪中叶遍及欧洲各国的主流思想和基本国策,是西方市场经济理论的萌芽。"① 重商主义强调对金银的占有,非常注重贸易的顺差,强调多出口少进口。英国重商主义者托马斯·孟(Thomas Mun)主张保护耕地、开垦荒地、减少外国产品的进口,"而且还可以通过限制这些货物的进口来减少我国的损失"②;"重商主义的经济理论认为,殖民地应该通过帮助母国实现自给自足和富裕而造福母国。"③

第六,各殖民地的自然环境具有差异,这些差异对区域化农业经济和劳动制度产生了重要影响。以弗吉尼亚为代表的南部殖民地气候炎热,土壤肥力较强,适合种植烟草、靛蓝植物等经济作物以及水稻等农作物。以宾夕法尼亚为代表的中部殖民地,土壤较为肥沃,建立了大量农场和牧场,小麦等谷物产量很高,大型牲畜的饲养也提供了肉制品和奶制品。以马萨诸塞为代表的新英格兰地区,地

---

① 王丽庆:《试析近代英国重商主义的兴衰及其影响》,山西大学硕士学位论文,2006年,第1页。
② [英]托马斯·孟:《英国得自对外贸易的财富》,李琼译,北京:华夏出版社,2013年,第9页。
③ Danbom, *Born in the Country*, p. 43.

形较为崎岖，土地贫瘠，难以开展大规模的农作物种植，但畜牧业和渔业却较为发达。

具有差异但联系愈加密切的农业经济区域，形成了农业区域利益集团，并在潜移默化中塑造了乡村老中产阶级的文化习惯和生产生活方式，形成了商业精神。在劳动制度上，南部劳动密集型农业和大农场、大种植园的发展为奴隶劳动提供了土壤。奴隶在南方经济中扮演着关键的角色，并为自由人生活水平的提高做出了巨大贡献。① 而北部新英格兰地区则存在大量的自耕农，并形成了自耕农聚居的乡村社区，"家庭劳动占主导地位"②，主张实行自由劳动制度。

美国移民史家奥斯卡·汉德林（Oscar Handlin）将移民行为视为"连根拔起"（uprooted），认为"移民是欧洲农民（peasant）生活的终结；这也是美国生活的开始"。③ 但是，这些在北美扎根的欧洲农民（其中包括欧洲殖民者

---

① Russell R. Menard, "Economic and Social Development of the South," in Stanley L. Engerman and Robert E. Gallman, eds., *The Cambridge Economic History of the United States*, Volume 1: *The Colonial Era*, p. 260.
② Richard Lyman Bushman, *The American Farmer in the Eighteenth Century: A Social and Cultural History*, New Haven: Yale University Press, 2018, p. xi.
③ Oscar Handlin, *The Uprooted: The Epic Story of the Great Migrations That Made the American People*, second edition, Philadelphia: University of Pennsylvania Press, 1973, p. 34.

及其后代)并未像汉德林所说的那样,完全斩断了与母国的经济、文化联系。在建立社区、开展学校教育、参与政治、坚持宗教信仰、开展文化生活以及选择农业生产模式等方面,殖民者无不受到沿袭自母国的传统的影响;殖民者的政治、经济状况和文化交往也受到当地具有差异性的自然、人文环境的形塑,乡村老中产阶级在各方面的差异性以及在殖民地长久而频繁的交往行为,影响了他们成为美利坚民族的过程。

2. 乡村老中产阶级初步形成美利坚民族

北美大西洋沿岸是旧世界的新边疆,边疆促进了美国化[1],拥有小块土地使移民有机会成为自耕农或小农场主。虽然以乡村老中产阶级为主的殖民者在民族、文化、宗教上不统一,殖民地也缺乏"历史悠久的实体边界",传统的建国基础并不稳固。[2] 但是各殖民地的乡村老中产阶级交往日益频繁,形成了相互交织的殖民地经济、文化画卷。现代民族这一"想象的共同体"是"资本主义、印刷科技与人类语言宿命的多样性这三者的重合"。[3]

在经济发展方面,商业资本主义促进了殖民地商业性

---

[1] [美]弗雷德里克·杰克逊·特纳:《美国边疆论》,董敏、胡晓凯译,北京:中译出版社,2012年,第3页。
[2] 方纳:《第二次建国》,第14页。
[3] [美]本尼迪克特·安德森:《想象的共同体:民族主义的起源与散布》,吴叡人译,上海:上海人民出版社,2011年,第45页。

农业的发展。多样性的农副产品的生产、制造业和工商业的发展、内陆交通运输和海运业的发展，促进了资源互补且竞争加剧的国内市场形成，并开辟了国际市场："到美国革命的时候，弗吉尼亚州和马里兰州的百分之八十出口最后都输往欧洲大陆。"① 在商业资本主义影响下，自耕农和小农场主的实力增强和国内外市场的逐渐形成，为美利坚民族的形成提供了人口组成和经济基础。

在文化交流方面，英语的通用，第一次"大觉醒运动"在宗教信仰和文化交流上的影响力，以及印刷科技的发展，共同促进了美利坚民族的兴起。起源于文化的民族认同，渗透着共同的价值观和广泛的社区归属感②：

首先，英语成为英属北美殖民地人民的主要语言和文字。语言是文化交流与传播的重要载体，影响了人们思维习惯的形成。殖民地时期，以英语为母语的英国移民人数众多，殖民地教会和政府也建立了一些乡村初级学校和学院，英语的使用率大为提升，遂成为殖民地的官方语言。英语的大量使用为美利坚民族的形成提供了语言交流基础。

其次，在争取殖民地独立的斗争上，北美基督教各派经历了大觉醒，促使信徒参与北美独立战争并提供了宗教

---

① 施莱贝克尔：《美国农业史（1607—1972年）》，第54页。
② Shannon Latkin Anderson, *Immigration, Assimilation, and the Cultural Construction of American National Identity*, New York: Taylor & Francis Group, 2016, p.7.

上的独立理由。第一次"大觉醒运动"(图1.6)为殖民地的社会稳定、商业发展、独立斗争创造了良好的文化氛围,并为美利坚民族的形成提供了宗教文化基础。

图1.6 第一次"大觉醒运动"

由艾尔·克劳创作于1865年

最后,殖民地印刷科技的发展,有助于统一民族的兴起。殖民地引进印刷机器、改进印刷技术、降低纸张成本,促进了出版业的兴旺繁荣。印刷出版行业的兴旺使各殖民地人们之间的了解愈加深入、交往愈加频繁,并且人们通过阅读大量小册子、报纸杂志和书籍等出版物,还拉近了各殖民地居民间的时空距离,有助于在文化传播方面形成美利坚民族。乡村中的小农场主和自耕农也受印刷科技发展的影响,许多报纸和杂志都致力于满足他们的品位、适应他们的文化、贴近他们的乡村生活,并刊载一些有助于农场和种植园事业发展的经济消息。

这一时期跨大西洋的启蒙思想传播,不仅将个人作为知识传播的载体,也将出版印刷的书籍作为知识传播媒介。卢梭、洛克等欧洲启蒙思想家的著作和观点,在这一时期通过书籍逐渐流入殖民地,这影响了北美独立战争以及美利坚合众国政体的试验。少部分大农场主、种植园主,与为数众多的小农场主、自耕农一道,受跨大西洋知识传播的影响,共同形成了北美殖民地的启蒙思潮,并逐渐形成了美利坚民族的文化认同。

(三) 乡村老中产阶级的公民意识兴起与参加独立战争

1. 自耕农和小农场主的公民意识兴起

"在英国法律中,美洲殖民者就像在大不列颠的人一样,是英王的'臣民',他们有权得到保护并效忠于英王。"① 独立战争后,乡村老中产阶级从"臣民"(subject)到"公民"(citizen)的转变,不仅是身份的转变,也是思想的转变,体现了乡村老中产阶级追求身份的平等、注重个人权利和个体发展、倡导平等和民主的个人主义精神。公民意识既建立在理性思维的基础上,又建立在参与公共事务的基础上。

---

① 方纳:《第二次建国》,第13页。

殖民地商业公司的经营模式、新英格兰地区殖民者的清教思想、英国的政治制度、古希腊-罗马的政治哲学和法学思想,共同促进了新英格兰乡镇自治制度的建立,培养了小农场主和自耕农的公民独立意识,为独立后的制度建设提供了组织基础和民主政治试验。为了进行商业冒险和垦殖北美土地,英国政府先后授权建立了一批具有政治、经济特权的殖民地民间商业公司。"在16世纪末和17世纪初,大约有不少于34家公司获得了特许状"[1],这些商业公司设有股东大会,其日常管理则交给由公司成员选举产生的总督和助理。[2]

新英格兰地区、南部和中部殖民地都建立了包括总督、参事会和殖民地议会的政治结构(图1.7)。拥有土地、参与农业生产和承担纳税义务的小农场主和自耕农,通过参与殖民地议会保障了自己的政治、经济权利,并逐渐培养了公民意识。清教思想也影响了新英格兰地区政治秩序的建立、追求社会公正的努力[3]和公民意识的形成。1620年,在一群清教徒殖民者的主导下,"五月花号"船上的清教徒、商人和冒险家,在科德角附近共同订立了《五月花号公约》(*Mayflower Compact*),用于建立新英格兰地区第

---

[1] 李剑鸣:《美国的奠基时代(1585—1775)》,北京:中国人民大学出版社,2011年,第87页。

[2] 同上。

[3] 原祖杰:《进步与公正》,第9页。

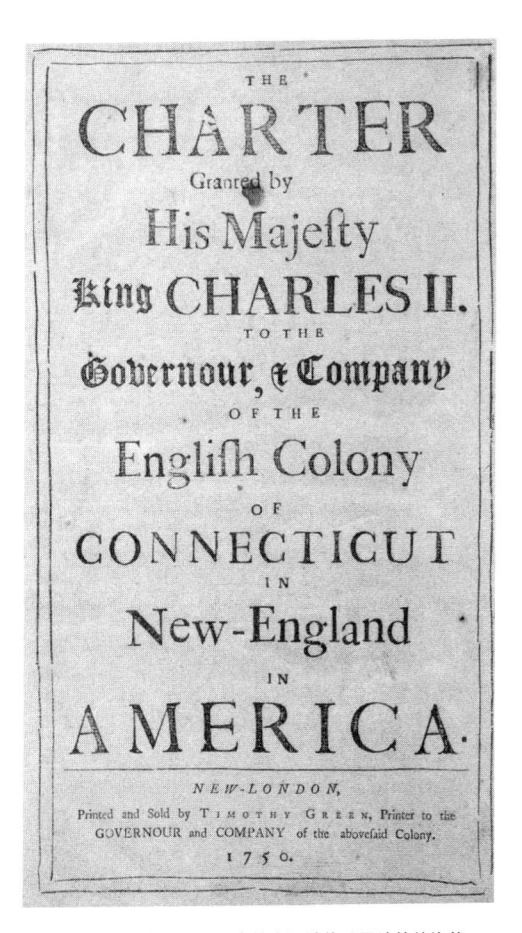

图 1.7 查理二世颁发给康涅狄格殖民地的特许状

该特许状赋予康涅狄格殖民地普选总督的权利，
图为 1750 年印刷的复制品

一块清教徒殖民地——普利茅斯殖民地——的政治和社会秩序。公约规定：

> 我们在上帝面前一起庄严盟誓签约，自愿结成公民政治团体。为了使上述目的得以顺利实施、维护和发展，也为了将来能随时依此而制定和颁布有益于殖民地全体民众利益的公正法律、法规、条令、宪章和公职，我们全体都将保证遵守和服从（图1.8）。①

《五月花号公约》是北美殖民地历史上第一份政治契约性文件，是殖民地人民建立相互关系的第一份社会契约。"这是一个基于全体人民共识的制度安排"②，协议的签订者——"本着契约精神，自愿同意在上岸后组成一个'实行公民治理的政治团体'，制定公正平等的法律，服从合法的权威，以推进殖民地的共同利益。"③

---

① "The May Flower Compact (1620)," in James T. Baker, ed., *Religion in America: Primary Sources in U.S. History Series*, *Volume* 1, Belmont: Thomson Wadsworth Press, 2006, p. 25.

② 原祖杰：《从上帝选民到社区公民：新英格兰早期公民意识的形成》，《中国社会科学》2012年第1期，第185页。

③ ［美］R.C.西蒙斯：《美国早期史——从殖民地建立到独立》，朱绛等译，北京：商务印书馆1994年，第21页。《新普利斯定居者之间的协议》，［美］索普编：《美国联邦和各州宪法、殖民地特许状和其他基本法汇编》，第3卷，第1811页。转引自李剑鸣：《美国的奠基时代（1585—1775）》，第105页。

图 1.8　订立《五月花号公约》

由琼·利昂·费里斯创作于 1899 年

罗得岛和康涅狄格等殖民地也受清教思想影响，纷纷效仿《五月花号公约》，签订契约组建政治团体，建立乡镇自治制度。"清教徒在新英格兰建立起来的殖民地以城镇为基层的行政单位"，他们在城镇里，"实行《五月花号公约》式的直接的民主管理"[①]。在新英格兰地区，"农业制度的确定、官员的选拔和土地的分配，使城镇形成了直接和通过选举人员进行自我管理的习惯"[②]。

新英格兰的乡镇自治制度和清教思想，影响了人们公

[①] 张友伦、肖军等：《美国社会的悖论——民主、平等与性别、种族歧视》，北京：中国社会科学出版社，1999年，第6页。

[②] Danbom, *Born in the Country*, p. 34.

民意识的形成和独立战争的开展。英国的政治制度直接影响了殖民地的政治制度,也影响了自耕农和小农场主们公民意识的形成。美国"公民权利的建立……深受英国传统权利的影响"①、而英国传统民权而包括人身自由权、财产保障权、言论自由权等,殖民地自然也继承了这些传统公民权利。光荣革命后,英国通过了《权利法案》(*The Bill of Rights*),确认了议会的立法权、财政权、行政监督权等权力。在英国商业资产阶级实力增强的条件下,包含贵族和平民的两院制议会趋于相互制衡。大多数殖民地也建立了两院制议会,在总督、参事会、殖民地议会之间形成了一定程度的制衡。18世纪的英国议会实行实质性代表权制,议会中代表选民利益的议员可能并不是由选民选出的。英国要向殖民地征税,但殖民者认为在实质性代表权制下,殖民地的利益并不能在英国议会中得到直接代表,殖民地的人们石破天惊地提出了"无代表不纳税"的口号。英国议会中殖民地代表权之争,成为殖民地人们争取政治独立的有力话语武器,也是人们公民意识觉醒的表征。

古希腊-罗马的政治哲学和法学思想,也影响了自耕农和小农场主的公民意识的形成。古希腊关于城邦政治、民主、自由民权利的政治哲学思想,以及罗马的法学思想对后世影响深远:"以柏拉图与亚里士多德为代表的古希腊政

---

① 王希:《美国公民权利的历史演变》,第25页。

治哲学思想发展到欧洲启蒙运动时期,演变为一种理性主义的政治哲学。"① 启蒙运动时期的理性主义政治哲学以"天赋人权""分权学说""人民主权说""社会契约论"等思想为代表。这些政治哲学思想深刻地影响了殖民者的民主、平等意识和公民权思想,并影响了美国政治制度的建构;而一系列罗马成文法典则为殖民地制订宪法和界定公民权利奠定了法律基础。

自殖民地时期起,美国公民权的内涵不断扩大,公民权所覆盖的群体范围也扩大了。王希教授在《美国公民权利的历史演变》一文中指出,美国公民权的内容在不断增加,包括政治参与权、经济权、劳工集体签约谈判权、社会保障权、个人隐私权、平等受教育权等。② 可以说,美国公民权不断完善的过程,也是社会公正理念发展演变的过程。原祖杰教授从社会公正理念出发,指出:

> 从北美殖民地创立到美利坚合众国成立,美国的建国之父们总是将建立一个公正社会作为号召大众、凝聚人心的政治理想。……社会公正至少包含以下几个方面:第一是政治公正,……第二是经济公正,……第三

---

① 袁兆霆、徐荣:《种族歧视对美国国家认同的影响》,北京:中国社会科学出版社,2019年,第29页。
② 王希:《美国公民权利的历史演变》,第24—32页。

是法律公正,……第四是教育公正,……第五是媒体的公正……①

美国公民权的完善和公正理念的演变过程,是追求社会公正的试验。这一试验正是建立在乡村老中产阶级等群体对民主的不懈追求、对个人自由的保障,以及对和谐的社会秩序的渴望上的。

2. 自耕农和小农场主参与独立战争

自耕农和小农场主是独立战争的主要参与者:"小农、林地居民、城镇劳动者和机械工人是发动革命战争的主要力量。……他们反抗的是各殖民地政府中代表英国大土地所有者和大商人的利益。"②"新英格兰、沿海低地、大阿巴拉契亚以及南方腹地"掀起了对英国殖民统治的反叛,而"内陆地区、新尼德兰以及新法兰西——根本没有反叛"。③虽然各殖民地在争取独立还是保王的选择上最初并不一致,但是乡村老中产阶级都主张保障自身的土地和财产。促使自耕农和小农场主参与独立战争的原因具体如下:

第一,民族上,各殖民地人民通过频繁交流交往和长期共同生活,初步形成了美利坚民族,也为自耕农和小农

---

① 原祖杰:《进步与公正》,第7—8页。
② G. 汉毕吉:"农业技术变革的性质与规模,美国的农业——开始的300年",罗德菲尔德等主编:《美国的农业与农村》,第9页。
③ 伍达德:《美利坚》,第111页。

场主摆脱英国的殖民统治、实现民族独立、建立合众国奠定了坚实的基础。第二，文化上，印刷科技的改进和欧洲启蒙思想的传播，形成了崇尚个人自由、提倡政治民主的殖民地文化。这些具有殖民地特色的文化，为实现美利坚民族独立提供了文化基础。第三，经济上，殖民地的对外贸易、区域性经济和商业性农业为独立战争提供了物质基础。殖民地经济长期受重商主义影响和英国政府制定的殖民地经济政策的制约，"在北美洲，重商主义的做法受到当地居民的憎恶，很少得到成功"①。第四，政治上，新英格兰地区的乡镇自治制度和殖民地议会制度的建立，培养了自耕农和小农场主参与公共事务、保障自身权利的公民独立意识。第五，税收政策上，英国自18世纪60年代以来，陆续制定了关于殖民地的税收政策，引起了殖民地人民的不满。殖民者掀起了一系列反抗活动，包括反《印花税法》(*Stamp Act*，1765，图1.9)、坚持"无代表不纳税"原则、抵制英货等。第六，土地政策上，英国政府拒绝了自耕农和小农场主对西部②土地的需求。革命前夕，成千上

---

① 施莱贝克尔：《美国农业史（1607—1972年）》，第51页。
② 这里的西部指的是美国历史上的老西部，是北美大西洋沿岸13个殖民地以西的阿巴拉契亚山区，不同于今天美国的西部定义。张友伦先生认为"这时美国西部的地域概念还只局限在瀑布线以西，阿巴拉契亚山以东的狭长地带"，见张友伦：《美国西进运动探要》，北京：人民出版社，2005年，第94页。

图 1.9 反《印花税法》(1913)

万的马萨诸塞农民所拥有的土地不到 40 英亩。英国颁布的《1763 年公告》划定了殖民者的西部土地边界,殖民地边界上的自耕农、小农场主因占有西部土地问题而与英国政府发生了激烈的冲突。

在上述因素的共同影响下,为了捍卫自身的经济利益和维护独立的政治地位,大量小农场主和自耕农开展了对英国殖民统治的武力反抗,寻求殖民地独立:

> 大批青年拿起了武器,……他们平时是工人和农民,战时拿起枪,一分钟就能集结起来,因此又号称"一分钟人"(图 1.10)。①

---

① 张津瑞、林广:《地图上的美国史》,第 30 页。

图 1.10 独立战争中的"一分钟人"

由 Currier & Ives 出版于 1876 年

大部分各种车辆和马匹都被军队征用。……一名弗吉尼亚种植园主拿他的全部财产打赌要使独立运动取胜,然后他就像总司令一样参加战斗取得胜利。①

独立战争后,北美建立了共和国,这些小农场主和自耕农由此从英国臣民转变为共和国公民。② 自耕农和小农场主对自己的新地位感到高兴。在《一个美国农民的来信》(*Letters from an American Farmer*)中,作者以美国农民

---

① 施莱贝克尔:《美国农业史(1607—1972 年)》,第 58—59 页。
② 方纳:《第二次建国》,第 13 页。

的口吻表现出了对战争结果的欣喜和思想的转变:

> 我在新的地位上感到很幸福。与拥有行动自由和思想自由、受到要求很少的政府模式所统治的美国农民相比,还有哪儿的地位能给人提供更坚实的幸福体系呢?①

三、 农业扩张、机械化与乡村老中产阶级的兴盛

(一) 西进运动与乡村老中产阶级的土地开垦和扩张

1. 边疆的拓荒者与西进运动的开展

"边疆"(Frontier)是一个动态的历史概念。美国历史学家伊曼纽尔·M. 沃勒斯坦(Immanuel M. Wallerstein)提出了由中心、半边缘和边缘地区共同构成现代世界体系的理论。边疆相当于世界体系中的边缘地区,受到中心地区的辐射影响,并向中心靠拢。地理大发现之后,英属北美13个殖民地成为欧洲的新边疆。"最开始,边疆指的是大西洋沿岸。"②

---

① J. Hector St. John de Crèvecoeur, *Letters from an American Farmer and Sketches of Eighteenth-Century America*, New York: Penguin Books, 1981, p.52.
② 特纳:《美国边疆论》,第4页。

随着殖民地的开发，北美的边疆逐渐由北美人民自己定义，他们将广阔的西部地区作为边疆。"边疆的开拓就意味着逐渐摆脱欧洲的影响，和逐渐增强美国的特征"①，在边疆开拓的过程中，拓荒者逐渐强化了美利坚民族的特性。

西部边疆的拓荒者既包括殖民地时期的早期拓荒者，也包括建国后西进运动中的移民②拓荒者，大部分拓荒者后来成为小农场主和自耕农群体中的一部分，增加了乡村老中产阶级的人数。西进不仅是向阿巴拉契亚山脉以西推进，而且到达密西西比河以西，直至推进到北美太平洋沿岸地区。西进运动是拓荒者不断拓展合众国边疆界限的运动。美国"边疆学派"史学家弗雷德里克·杰克逊·特纳（Frederick Jackson Turner）在《美国边疆论》中，将西部边疆划分为"商人的边疆、牧场主的边疆、矿工的边疆和农民的边疆"③。这些拓荒者，在合众国建立前，便与西部发生了频繁的经济、社会联系，并逐渐将生活的重心转移到阿巴拉契亚山脉以西的边疆地区。殖民地时期的拓荒者为边疆开拓提供了先例。哈德逊海湾公司出于盈利目的，在西部建立了商路和贸易站点，用于开展毛皮贸易活动，对早期拓荒者向西部前进产生了重要影响。④

---

① 特纳：《美国边疆论》，第 4 页。
② 这里的移民，既包括国内迁徙的移民，也包括国家间迁徙的移民。
③ 特纳：《美国边疆论》，第 10 页。
④ 张友伦：《美国西进运动探要》，第 114 页。

殖民地时期的拓荒者多在阿巴拉契亚山区附近从事零星的农业、畜牧业活动,生活条件恶劣,并与印第安人在河谷和平原地区交换资源。早期的拓荒者"要适应印第安人开辟出来的地方,循着印第安人辟出的小路前进"①,并逐步改造了荒野。

殖民地时期的拓荒行为为西进运动提供了可资借鉴的发展路径。合众国建立后,美国政府就着手废除了《1763年公告》,正式拉开了西进运动的帷幕。到 1783 年《巴黎条约》结束了独立战争时,已有 10 万人居住在阿巴拉契亚山区外。② 随着西进运动的推进,1790 年至 1850 年,从美国东部向西迁移的人大约共有 650 万。③ 原来定居在东部的自耕农、小农场主、商人和土地投机者等,还有来自德意志、爱尔兰等的农业移民也加入了西进运动(图 1.11)。其中 1820 年至 1860 年,爱尔兰和德意志移民占这一时期的美国总移民的 69%。④ 建国后的拓荒者群体,开始大规模地越过阿巴拉契亚山脉,在西部土地上定居并开展农业和商业活动。他们将西部土地上的粮食、肉类、毛皮、木

---

① 特纳:《美国边疆论》,第 3 页。
② Danbom, *Born in the Country*, p. 63.
③ 何顺果:《美国边疆史——西部开发模式研究》,北京:北京大学出版社,1992 年,第 101 页。
④ Raymond L. Cohn, *Mass Migration Under Sail: European Immigration to the Antebellum United States*, New York: Cambridge University Press, 2009, p. 25.

图 1.11 西部土地上的农民房屋

由 Currier & Ives 出版于 1871 年

材等运往东部沿海地区,并将东部的纺织品、酒精饮料、农具和种子等拓荒者的生产生活资料运往西部。拓荒者们开辟了新的农场、牧场,又将它们转卖给新来的农业移民。拓荒者还完善了水陆交通路线,清理了林间小路。拓荒群体的农业和商业活动不断侵占着原属印第安人的土地,也不断更新着边疆的界限:

> 17世纪标记边疆界限的是"瀑布线",18世纪是阿勒格尼山脉,19世纪头25年是密西西比河,19世纪中期是密苏里河。①

---

① 特纳:《美国边疆论》,第7页。

随着西进运动的不断开展，19世纪40年代至60年代还掀起了向远西部移民的浪潮。① 开展西进运动和拓展美国边疆界限的重要活动包括以下内容：

第一，东西部之间水陆交通的发展，为西进运动的迅速推进提供了交通运输条件。陆路交通方面，在18世纪，"修路工程仍然主要是拓宽小道"②；建国后，"美国出现了修筑收费公路的热潮。……1811年，政府拨款修筑了一条通往西部的国家公路'坎特伯兰大道'……改善了美国东西部交通运输的条件，成为西进的重要通道"③；1818年至1865年，东西部之间的大路是运输牲畜的通道。④ "此外，自19世纪30年代起，美国政府便开始拨赠土地给铁路公司。工业化通过铁路这一关键工具而对西部起作用。"⑤ 内战时期，太平洋铁路（the Pacific Road）的修建连接了东西部（图1.12）。19世纪60年代后，铁路公司获得大量公共土地："到1865年，已有102 272 573英亩土地拨赠给铁

---

① Dean L. May, *Three Frontiers: Family, Land, and Society in the American West, 1850-1900*, Cambridge: Cambridge University Press, 1994, p. 15.
② 施莱贝克尔：《美国农业史（1607—1972年）》，第47页。
③ 张津瑞、林广：《地图上的美国史》，第49—51页。
④ 施莱贝克尔：《美国农业史（1607—1972年）》，第96页。
⑤ Johnathan Rees, *Industrialization and the Transformation of American Life: A Brief Introduction*, New York: Taylor & Francis Group, 2013, p. 57.

图1.12 穿越大陆,西进之路

由弗朗西斯·帕尔默创作于1868年

路……到第一次世界大战末了,铁路从各方面又得到12 900万英亩的土地。"①

在水路交通方面,密西西比河流域的航运业日益发展,通过水路连接了中西部、东部和南部地区。蒸汽轮船(steam boat)的使用缩短了水上航运时间,"运河刺激了向西移民并鼓励西部农场主取得更多的土地和提高生产"②。1825年,伊利运河(Erie Canal)通航,开辟了东部的纽约州与西部地区之间的水上交通。1815年以前,美国只修建了不到100英里(1英里约等于1.61千米,后文皆同)的运河,而在接下来的25年里,修建了3000多英里的运河。③

---

① 施莱贝克尔:《美国农业史(1607—1972年)》,第145页。
② 同上书,第98页。
③ Danbom, *Born in the Country*, p.76.

第二，有关西部公共土地的土地法令，刺激了拓荒者的迁移欲望，"今天美国境内所有土地所有权的合法性，都来自革命产生的政府"。在土地分配上，革命政府消除了封建产权制度的基本要素，向个人出售小块土地，用于偿还战争债务、建立农业区、刺激私人企业发展。① 为了处置西部的公共土地，1784 年，邦联国会颁布了《土地法令》，规定西部土地的公有性质。1785 年，邦联国会颁布了第二部《土地法令》，规定出售西部土地，并通过科学的测量方法来划分土地。1787 年，邦联国会通过了《西北法令》，规定了西北地区的组织机构，并由国会任命的州长和法官管理西部。②

> 美国历史在很大程度上是对于大西部的拓殖史。一片自由的土地的存在，它的持续萎缩，以及美国拓殖的不断推进，解释了美国的发展进程。③

购买土地是垦荒者成为自耕农和小农场主的必经之路。在 1784 年至 1800 年《土地法》的实际实施中，土地投机行为非常频繁。（表 1）虽然每英亩公共土地的起拍价非常

---

① Cochrane, *The Development of American Agriculture*, p. 38.
② Cochrane, *The Development of American Agriculture*, p. 41.
③ 特纳：《美国边疆论》，第 1 页。

表1:1784—1862年主要《土地法》中的土地处置措施[①]

土地法	最低售价	销售或处置方式	(每人购买的)土地大小	交易方式
1784、1785年	1美元1英亩	拍卖	半数城镇供应完整地块,另一半城镇提供640英亩	1787年前用现金,之后1/3用现金剩余3个月内付清
1796年	2美元1英亩	拍卖	半数城镇供应5760英亩,另一半城镇提供640英亩	1/20用现金,30天内付一半贷款,一年内付另一半贷款
1800年	2美元1英亩	拍卖	最少320英亩	现金支付减8%创立自由信用系统
1820年	1.25美元1英亩	拍卖	160英亩或80英亩	现金支付
1841年	1.25美元1英亩	挑选和定居后,以最低价出售	最多160英亩	现金支付
1854年	价格递减	以最低价格出售		现金支付
1862年	160英亩免费宅地只付26至34美元费用	定居和"证明条件"	不超过160英亩	只是象征性收费,其他条件必须满足

低,但由于要购买的地块较大,穷人无力购买,土地投机者则大量购入土地,试图高价倒卖。1796年的《土地法》将每英亩土地的起拍价格提高到2美元。1800年,在时任西北地区部长的威廉·H.哈里森的提议下通过了一部新的《土地法》,这一土地法仍然规定每英亩土地的最低起拍价

[①] Harold D. Guither, *Heritage of Plenty*, 2nd ed., Ganville, Ill: Interstate Printers and Publishers, 1972, p. 38. 转引自 Cochrane, *The Development of American Agriculture*, p. 44.

格为2美元。哈里森的"意图一部分为的是刺激土地标卖，一部分为的是继续保护土地投机商的利益"。"到1800年只售出了48 566英亩"，联邦政府的售地数量和收入达不到预期，西部土地的开发也受到影响。此外，"边疆农场主在国会里没有代表，直到那些新的州开始加入合众国"①。18世纪末以来，西部诸州如田纳西州、俄亥俄州等纷纷加入合众国，西部农民的利益才在国会中有了代表，他们急于改变获得西部公共土地的条件和降低购地费用。

1800年至1820年间，联邦政府出售了近2000万英亩的公有土地。但是"由于植棉业的繁荣，亚拉巴马州和密西西比州产生了最大的土地投机"，无力购买土地的拓荒者以及难以偿还贷款的投机者、种植园主、农场主的数量增多。无力以任何价格购买土地的拓荒者，只能直接占用闲置的土地，然后呼吁政府承认他们实际占有的土地，或成立保护性的协会用武力赶走土地的潜在或实际买家。② 农民们降低西部土地地价的呼吁和实际行动逐渐产生了效果：1820年的《土地法》规定每英亩土地的起拍价，从每英亩2美元降至每英亩1.25美元；想成为自耕农和小农场主的农业垦殖者，需要购买的地块面积也缩小了，还可以选择现金支付或贷款支付。这些改变有助于农业垦殖者更容易

---

① 施莱贝克尔：《美国农业史（1607—1972年）》，第61页。
② Cochrane, *The Development of American Agriculture*, p.45.

地获得土地和开办农场，但也带来了信贷风险。

1841年联邦政府颁布了《优先购买权法案》(*Preemption Act of 1841*)，即农场主在实际购买土地前，可以先对土地进行垦殖。1854年联邦政府颁布了《土地价格递减法案》(*The Graduation Act of 1854*)，法令规定未能售出的土地地价在数年内递减。1841年至1854年的《土地法》，虽然规定了较低的每英亩土地价格和小块土地售卖面积，但是很多土地实际上流入了土地投机者之手。两名调查员对中西部地区的定居点进行了仔细的研究，他们得出结论：1860年在该地区建造一个80英亩的农场需要1700多美元。[①]

西部土地上的奴隶制问题，引起了自耕农、小农场主与大种植园主、大农场主之间关于劳动方式和西部土地占有问题的激烈碰撞，最终引发了南北战争。1862年，为了维护国家统一、推动西部土地开发，联邦总统亚伯拉罕·林肯正式签署了《宅地法》(*Homestead Act of 1862*)，规定了西部公共土地的购买者条件、低廉的购买费用、更小的土地面积和连续耕种年限。大量农业移民因此较为容易地

---

① Jeremy Atack and Fred Bateman, "Was There Ever an 'Agrarian Democracy' in America? The American Middle West in 1860," in Frederick V. Carstensen, Morton Rothstein, and Joseph A. Swanson, eds., *Outstanding in His Fields: Perspectives on American Agriculture in Honor of Wayne D. Rasmussen*, Ames: Iowa State University Press, 1993, pp. 69-89. 转引自 Danbom, *Born in the Country*, p. 71.

获得了西部公共土地，巩固并促进了小土地制（图 1.13），"在 1865 年至 1914 年之间，可能有 1.5 亿－3 亿英亩联邦土地转到了农场主之手"①。

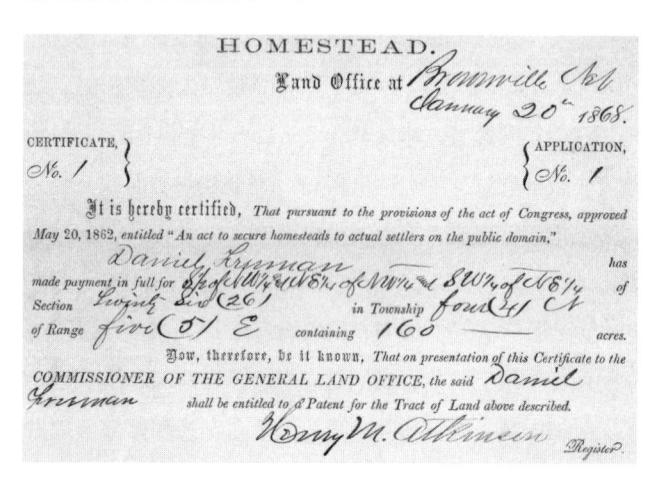

图 1.13 第一份根据《宅地法》开出的土地所有权证书

1863 年内布拉斯加州比阿特丽斯颁发给丹尼尔·弗里曼的第一个宅基地证书

第三，国土面积的扩大。19 世纪，美国通过吞并俄勒冈、西属佛罗里达、得克萨斯和夏威夷，以及掀起美墨战争并侵占加利福尼亚等地区，从法国购得路易斯安那、从沙俄购得阿拉斯加等方式，逐渐扩大了国土面积。美国的边界向东扩展到太平洋沿岸，向南拓展到墨西哥湾，向东北拓展到五大湖地区（图 1.14）。大量移民拓荒者涌入新

---

① 施莱贝克尔：《美国农业史（1607—1972 年）》，第 155 页。

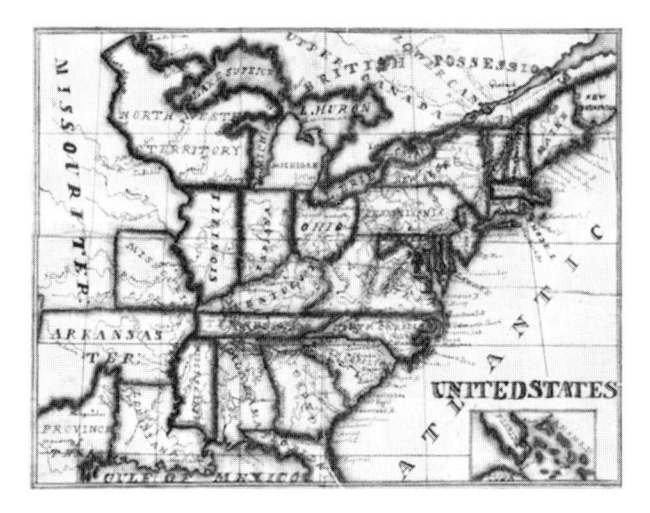

图 1.14　19 世纪的手绘美国地图

由玛丽·约翰诺特创作于 1828 年

获得的土地并形成了中西部大平原的种植业、林业和畜牧业，东北部五大湖地区的畜牧业，太平洋沿岸的种植业和林业，以及南部地区的种植业等。

第四，驱赶西部土地上的印第安人。"独立战争结束后，根据《巴黎条约》，英国把阿巴拉契亚山以西，密西西比河以东的土地划归美国。"① 随着西进运动的正式开启，大批拓荒者进入以往印第安人繁衍生息的土地，拓荒者常在印第安人土地和附近的土地上建立军事堡垒。② 美国政

---

① 张友伦：《美国西进运动探要》，第 141 页。
② 沃什伯恩：《美国印第安人》，第 99 页。

府也通过挑起印第安部落间的矛盾冲突,采用各种方式使印第安部落与美国政府谈判签约来获得原属印第安人繁衍生息的土地。这些条约包括"和平友好条约、承认美国主权条约、割让条约、迁移条约和划分土地条约",印第安人被迫走上了充满血泪的西迁之路。

总之,在水陆交通的改进、土地法的实施、扩大国土面积、驱赶印第安人等因素的影响下,西进运动不断推进,美国边疆继续拓展。

2. 西进运动对乡村老中产阶级的影响

"美国社会的发展不断在边疆从头反复进行。"① 作为美国的新边疆,西部土地成为工业化、民主制度的重要试验场。西进运动在中部、西部边疆建立类似于东部地区的资本主义经济制度和民主政治制度,在工业资本主义的影响下,西进运动对自耕农和小农场主的生产、生活产生了独特的历史影响,逐渐改变了西部土地的概念,拓展了自耕农和小农场主的活动范围。

首先,西进运动在中部、西部建立了类似东部的资本主义经济制度。"平分财产的法律不断地摧毁着大地产并更新着财富的形式。……土地以难以置信的速度频繁易手"②,西部土地和财产继承法共同保障了小农群体的经济

---

① 特纳:《美国边疆论》,第2页。
② 托克维尔:《美国游记》,第1—2页。

地位。西进运动完善了美国的农业区域化经济,复制了东部的资本主义经济制度。建立起来的"密西西比河流域三大农业专业区",包括中西部的小麦王国、南部的棉花王国和中部的牧牛王国。①

其次,西进运动在中部、西部建立类似东部的政治制度。美国早期的国家制度建立在东部殖民地重视契约精神、新英格兰乡镇自治制度、议会民主、保护自耕农和小农场主的政治利益的基础上。在西进运动中,《西北法令》为西部设置了与东部相同的官职、组织机构、选举条件。西进运动中农民的农业成就及改革呼求,也促进了西部民主制度和个人主义精神的发展。

最后,西进运动拓展了自耕农和小农场主的活动范围,逐渐改变了西部的概念。自耕农和小农场主逐渐将西部的范围扩展到密西西比河以西地区,直至北美太平洋沿岸,形成了阿巴拉契亚山脉以西至落基山脉以东的中西部大平原地区和落基山脉以西的西部地区。

老西部,即阿巴拉契亚山区以西地区,逐渐不能代表整个西部地区。新的西部概念的形成,不仅标志着西部疆域的拓展,还标志着西部的地理环境、区域经济和文化的动态变化。"美国的西进运动是美国资本主义发展的必然产

---

① 李其荣:《移民与近代美国》,北京:中国华侨出版社,1991年,第91页。

物,同时也必然受资本主义发展的规律所制约。"[①] 工业资本主义促进了西部土地的开垦,形成了西部农业经济区。资本对利益的追求使西部的土地投机现象严重。由于受到资本主义市场经济的裹挟,自耕农和小农场主难以合理地安排农业生产,他们盲目开展竞争和投资。工业资本主义经济要求建立自由市场、进行自由竞争、资源合理优化配置、减少政府对市场的干预,这对发展相对滞后的西部农业以及西部经济结构产生了不利影响。西进运动中的乡村老中产阶级以及农业经济,在工业资本主义的席卷下受到自由主义市场经济和自由主义管理逻辑的伤害。

(二)农业机械化、农业革命与农业生产繁荣

1. 两次工业革命影响下的农业机械化

农业机械化(Mechanization)是指用工业革命中产生的现代机器设备取代传统农业工具,用机器动力如蒸汽动力、内燃机取代人力、畜力等的过程。农业机械化既是美国农业从传统走向现代的重要标志之一,也是美国自耕农和小农场主阶层走向农业繁荣和现代化转型的重要标志之一。第一次工业革命促进美国农业走向半机械化,第二次工业革命则促进美国农业由半机械化走向机械化。

[①] 邓蜀生:《世代悲欢"美国梦"——美国的移民历程及种族矛盾(1607—2000)》,北京:中国社会科学出版社,2001年,第92页。

18世纪末,第一次工业革命在美国正式拉开帷幕。在第一次工业革命的影响下,部分农民开始使用农业机械,虽增加了机器成本,但提高了劳动生产率和农产品商品化率。美国的传统农业逐渐走向使用现代机械工具、蒸汽动力的半机械化农业。19世纪上半叶的农业机械化,既表现为由水力和蒸汽动力驱动下的纺纱机、轧棉机、棉花压包机、播种机、收割机、脱粒机、捆轧机、谷物装载机等农业生产和装卸工具的使用,又体现为农业机械的标准化和农产品运输工具的机械化。具体如下:

首先,农业生产和装卸工具机械化。第一次工业革命开启后,美国陆续从英国进口了新型纺纱机,刺激了自耕农和小农场主大量种植棉花和养羊。在清除棉花籽方面,农民开始使用惠特尼轧棉机,提高了清除棉花籽的效率,也促进了南部种植园中的植棉业繁荣和棉纺织业的专业化、机械化发展。"1796年,代客加工的轧棉机在南方广为流行,主要是小农场主使用的。"[1] 在棉花打包上,"用驴或马牵引支杆的螺旋压包机大约在1801年普遍取代了杠杆压包机"[2],"美棉的数量在欧洲贸易中占重要位置,到1805年它占到美国农产品出口的30%"[3]。棉花和其他农产品市

---

[1] 施莱贝克尔:《美国农业史(1607—1972年)》,第83页。
[2] 同上。
[3] 同上书,第77—78页。

场的扩大导致了农业定居点的空前扩张,扩张范围主要集中在阿巴拉契亚山脉以西和密西西比河沿岸。[①] 19世纪上半叶,自耕农和小农场主们逐渐在土地上使用了谷物播种机。在农产品的收割方面,19世纪30年代以来,收割机不断改进。赫西收割机、麦考密克收割机、联合收割机等兼具了收割谷物、割草、谷物卸载和脱粒等方面的功能,节省了人力,提高了谷物收割效率(图1.15)。在谷物脱粒方面,19世纪40年代,小麦、玉米脱粒机大量生产并投入使用。谷物脱粒之后,再用捆轧机将谷物打包、捆轧,这也有助于谷物运输业的发展。在谷物装载和搬卸上,

图 1.15 马拉联合收割机

由哈里斯和尤因拍摄于1936年

---

① David B. Danbom, *Born in the Country: A History of Rural America*, second edition, p. 74.

"1841年,纽约州布法罗市的约瑟夫·达特开始用谷物装卸机在运河货船或湖泊货船上卸货"①。农民在装载和搬运小麦、玉米、棉花和烟草等农产品方面,使用了农作物装卸机,极大地节省了人力。

其次,农业机械的标准化也有所发展。19世纪上半叶,美国钢铁业迅速发展,铁犁逐渐取代了木犁并和其他农具的零部件一起实现了标准化。"1830年至1845年之间,从马萨诸塞州到印第安纳州,从缅因州到亚拉巴马州,铁犁已经几乎到处都接受了。铁犁开创了一场耕作革命"②,南部种植园中也逐渐用铁犁替换了木犁。铁质农具的大量使用和农业机械零部件的标准化,提高了农业生产率。

最后,19世纪上半叶农产品运输工具机械化。在水上运输工具上,蒸汽轮船的使用有助于运输大宗农产品和农业机械。19世纪40年代,"几乎有1200艘汽船在内陆河流里运输了1000万吨货物。……到1860年,整个广泛的密西西比体系都已有汽船通航了"③。19世纪四五十年代"新型的、更快的飞剪船(即快速帆船)……增加了农产品出口"④。在陆路运输上,19世纪上半叶,美国铸铁业的发展促进了铁轨的大量生产,火车被用于运输大宗农副产品。

---

① 施莱贝克尔:《美国农业史(1607—1972年)》,第85—86页。
② 同上书,第107页。
③ 同上书,第99页。
④ 同上书,第81页。

1830—1860年，美国营运的铁路，从23英里增加到30 626英里。但19世纪上半叶美国的农业机械化程度较低，农业机械使用的范围较小、频率相对较低。

19世纪60年代以来，美国开启了第二次工业革命。第二次工业革命促进美国农业由半机械化走向机械化，推动了西部土地开发和美国农业的现代化。拖拉机的使用、农产品冷藏和保鲜技术的提升、交通运输机械化程度的加深，标志着美国农业从半机械化走向机械化。具体表现如下：

首先，拖拉机的引进和使用是19世纪下半叶美国农业革命的重要标志之一，也标志着农业动力的机械化。美国农业史学家施莱贝克尔认为，装有内燃机的拖拉机（图1.16）是农业真正工业化的"动因、标志和方法"[①]。其次，

图1.16　19世纪的蒸汽拖拉机和脱粒机（1862）

---

① 施莱贝克尔：《美国农业史（1607—1972年）》，第209页。

农副产品的冷藏和保鲜技术得到推广。19世纪60年代以来，城市对新鲜牛奶、蔬菜、肉类的消耗量增多，远距离的农产品获得了更大的销售市场。冰冻冷藏车、冷藏罐、罐头的使用，让农民更好地保障肉制品、乳制品、蔬菜、水果的品质和新鲜度。最后，19世纪下半叶以来，交通运输机械化程度加深："到1860年，联邦政府已向铁路公司拨了27 876 772英亩的土地，到1865年已经又直接、间接地拨了74 395 801英亩。"①

纵横交错的铁路网，将第二次工业革命的影响迅速传播到乡村和遥远的边疆。卡车等带有轮胎的运货机械的大量使用，促进了公路交通的发展，乡村小道被拓宽、延长，泥泞土路铺满了碎石和沙砾。"1910—1914年间卡车和小汽车使用数量急剧增长"②，水路航道的完善、运输船只的数量增加、船只吨位提升，也有助于减少农产品运费。

2. 农业革命与乡村老中产阶级的农业生产繁荣

"19世纪上半期是美国农业第一次大突破的酝酿和准备时期。在这个时期的农业改良、农业机械制造以及技术革新和农业教育都为接踵而来的农业大发展奠定了坚实的基础。"③ 农业革命运用了大量工业化的技术成果，为自耕

---

① 施莱贝克尔：《美国农业史（1607—1972年）》，第71—72页。
② 同上书，第177页。
③ 张友伦：《美国西进运动探要》，第259页。

农和乡村小农场主提供了巨大的发展契机。美国农业革命兴起于19世纪上半叶,伴随着第二次工业革命的兴起逐渐走向高潮。美国农业革命的主要内容具体包括八个方面:

第一,农业器具和运输工具逐渐从传统式的走向半机械化和机械化,具体表现为农业生产、装载和运输工具的机械化。

第二,种植业和畜牧业的发展。由于东北部五大湖地区的开发和伊利运河的开通,五大湖区的畜牧业有所发展,为东部沿海提供了大量农副产品。

第三,农业耕作方式的改进、灌溉系统的建设。各式各样的铁质、钢制农具的改进和使用,使深耕土地更为容易。作物轮作制和土地休耕方式的采用,提升了土地的承载力。部分自耕农和小农场主排干沼泽,并用砖石砌成水渠建造灌溉系统,改良了大量良田。

第四,化学肥料和化学农药的使用。19世纪末20世纪初,化学肥料和化学农药被用于改良土壤、施肥、消灭害虫和治疗植物疾病。这是现代化学、生物科技对农业生产的科学干预。

第五,乡村水陆交通运输的完善和交通工具的发展。许多乡村小路被拓宽为大路,政府和私人公司还修建了一些连接东部和西部地区的公路和铁路,陆续开辟运河。汽船、快速帆船、火车、汽车等新型交通工具的使用也促进了农业革命的发展。

第六，农业区域的形成。东北部的五大湖区和西部、中部的农牧业，以及南部的经济作物种植园逐渐发展，并与东部的农业形成竞争态势，农业区域逐渐成形。

第七，农产品贸易市场的建立和新的销售途径出现。乡村和城镇存在定期的农产品和牲畜交易集市，在城市中还产生了一些大型的农产品交易所。传统的中间商人、新型的农业经销合作社开辟了农产品销售的新途径，报纸和杂志上的农产品广告则拓展了农产品销售市场。19世纪早期见证了农业新闻的诞生和迅速发展，大量的农业报纸开始出现，并随之产生了狂热的读者。①

第八，美国农业部（United States Department of Agriculture，简称USDA）、农业赠地学院、农业实验站的建立。1862年联邦农业局正式成立，它是美国农业部的前身，为美国的农业现代化、小农场主的农业经营提供了指导。同年，联邦政府颁布了《莫里尔赠地法案》（*Morrill Land-Grant Colleges* Act），划拨公共土地给各州建立农业学院，开设有关农业生产和操作农业机械的课程，培养农业人才。1887年，联邦政府颁布了《哈奇法案》（*Hatch Act*），资助各州建立农业试验站，并将一些农业知识整理成册。

在农业机械化、农业革命和国内外农产品市场扩大等因素的共同影响下，美国的自耕农和小农场主的农业生产

---

① Danbom, *Born in the Country*, p. 69.

逐渐走向繁荣。19世纪,美国农产品出口快速上升。①1870年至1900年是美国农村急剧扩张的时期,在这一时期,农业规模增长了约一倍:农场数量从266万个增加到574万个,耕地面积从40 773.5万英亩增加到84 120.2万英亩,农业资产总值从94亿美元增加到204亿美元。

四、衰落的乡村老中产阶级在社会转型中的困境

(一)工业化和城市化冲击下乡村人口流失

1. 第一次工业革命时期城乡人口的增长和流动

"19世纪70年代之前的美国基本上还是一个农业国家。"② 18世纪末至19世纪上半叶,在西进运动、农业机械化和农业革命的共同推动下,农业得到进一步开发。美国的"农村和农业人口从1820年的894.5万人上升到1859年的1964.8万人"③,乡村仍然是大量劳动人口的居住地。西部乡村容纳了大量农业移民,农业也依旧是大多数人安身立命的行业。第一次工业革命和部分农业人口进入城市,共同推进了美国的城市化进程。1790年,只有5%的美国

---

① 施莱贝克尔:《美国农业史(1607—1972年)》,第80页。
② 欧阳惠:《伟大的平民——威廉·詹宁斯·布赖恩研究》,长沙:湖南人民出版社,2012年,第1页。
③ 施莱贝克尔:《美国农业史(1607—1972年)》,第88页。

人住在城市。"在1812年战争以后，城市的发展大大增强，主要是由于农村人口流入城镇。"① 从1820年开始的每次人口普查中，相对于城市居民而言，乡村居民所占的比例都有所下降。② 从1820年到1850年，美国城市人口从约70万人增长到约350万人。③ 一部分迁移到城市中的农民开办了小企业和商店，通过经营私有财产来盈利；另一部分农民则成为城市中的白领和非熟练工人。总的来说，18世纪末至19世纪上半叶，美国的城市人口仍少于乡村人口，城市化的进程也相对缓慢。

2. 第二次工业革命以来乡村人口的流失

19世纪50年代以来，战争冲突冲击着农业生产和农场经营。南北战争使大量农场受到战火波及，但是在战争期间，农业机械的使用以及大量妇女、儿童参与农业劳动，也使人们累积了应对农业劳动力短缺的经验，促进了战后农业的恢复。"1870年至1900年间，农业总产量增加了135%。"④ 1870年至1900年间，农田面积也增加了一倍多。⑤ 从1870年到1895年，美国生产的主要农产品，如小

---

① 施莱贝克尔：《美国农业史（1607—1972年）》，第88页。
② John L. Shover, *First Majority, Last Minority: The Transforming of Rural Life in America*, Dekalb: Northern Illinois University Press, 1976, p. 4.
③ 施莱贝克尔：《美国农业史（1607—1972年）》，第88页。
④ Cochrane, *The Development of American Agriculture*, p. 92.
⑤ Cochrane, *The Development of American Agriculture*, p. 89.

麦和玉米的产量大约分别增长了一倍。① 虽然农业机械极大地促进了农业生产,但是机械农具和动力的使用也减少了农场所需的劳动力,部分农业人口不得不到别处谋生。"1860—1910年期间役马普遍取代了人力",此后,"动力机械代替了役马"。② 此外,农产品价格一跌再跌,农业经营成本提高,土地投机频繁发生,使得部分农民负债累累并最终远离了农业生产。

19世纪下半叶以来,工业发展吸引了大量农业人口涌入城市,农业也遭到重创。这一时期的工业生产总值增长较快,钢铁、煤炭行业有了巨大发展,对外贸易额扩大,大量乡村人口因此在城市中谋生。19世纪70年代至19世纪90年代,美国的工业生产总值在世界上所占的比重从17%增加到31%,位居世界第一。③ 1870年至1898年,美国煤炭和生铁产量约增长了5.7倍和6.1倍,钢产量增长得更快,约增长了130倍。④ 钢、铁和煤炭等资源产量的

---

① Edward Whitney, compiled, *Statistical Abstract of the United States*, 1921, Washington: Government Printing Office, 1922, pp. 863-864.

② G. 汉毕吉:"美国的农业——开始的300年",罗得菲尔德:《美国的农业与农村》,第11页。

③ 中国科学院经济研究所:《主要资本主义国家经济统计集(1848—1960)》,北京:世界知识出版社,1962年,第2页。转引自杨生茂等编,《美西战争资料选辑》,上海:上海人民出版社,1981年,第2页。

④ Whitney, compiled, *Statistical Abstract of the United States*, pp. 865-866.

增长，促进了机械化大生产和工业企业的迅速发展。工业革命和公司资本主义（Corporate Capitalism）的兴起，削弱了工匠和小业主（包括小企业家和自耕农、小农场主）的队伍，同时扩大了缺乏技能和拥有大量移民的工人阶级。①

1870年至1898年，美国对外贸易中的出口贸易额，从45 100万美元增长到130 200万美元，进口的贸易额从46 200万美元增长到76 700万美元，贸易居于出超地位，贸易额保持着逐年增长趋势。② 在工业化、城市化、对外贸易的冲击下，传统农业很难吸引新来的移民。乡村年轻人流向城市，以及城市对媒体的控制让城市越来越多地定义品位、价值观和文化标准，形成了城市日益提升的文化主导地位。

（二）乡村老中产阶级地位下降

1. 乡村老中产阶级地位下降的外部因素

在工业资本主义影响下，经济危机、企业管理革

---

① Erik and Loomis and Stephen Attewell, "The Origins of the Middle Class," in Robert S. Rycroft, ed., *The American Middle Class: An Economic Encyclopedia of Progress and Poverty*, Volume 1, Santa Barbara: ABC-CLIO, LLC, 2017, p.14.

② U. S. Bureau of the Census, *Historical Statistics of the United States, Colonial Times to 1957*, Washington D. C.: U. S. Government Printing Office, 1960, pp.537-538. 转引自杨生茂等编，《美西战争资料选辑》，第5页。

命、产能过剩、垄断出现等是导致乡村老中产阶级地位下降的外部因素:

第一,在经济危机方面,1857年的世界经济危机使美国的钢铁业、铁路公司、银行、农业等受到巨大的冲击。19世纪60年代至19世纪80年代的几次经济危机,直接冲击了乡村老中产阶级的农业生产和农场经营。19世纪90年代,波及美国的世界经济危机,激化了国内消费疲软与工业产能过剩的矛盾。危机蔓延到多个部门,导致生产集中、企业兼并和垄断、对外扩张加剧,威胁了乡村老中产阶级正常的生产和经营秩序。

第二,在企业管理革命方面,19世纪下半叶,为了适应第二次工业革命的技术革新以及不断增长的消费需求,美国运输业、通信业,以及(工业生产的)分配和生产过程产生了革命并出现了现代工业企业的管理机构。① 现代企业"建立管理层级制,以便管理几个经营单位并协调和监督它们的活动"②。企业管理革命促进了大企业的诞生和现代企业管理机构的形成,影响了传统的小农场主家庭经营模式。

第三,工业产能过剩,一方面浪费了大量的资源和人

---

① [美]小阿尔弗雷德·D.钱德勒:《看得见的手——美国企业的管理革命》,重武译,北京:商务印书馆,1987年,第12页。
② 钱德勒:《看得见的手》,第573页。

力，不利于农业技术的提升，工业企业和铁路公司也占据了大量耕地（图 1.17）；另一方面，自耕农和小农场主不能完全消耗这些过剩产能，加剧了工业与农业、工业资产阶级与乡村老中产阶级之间的矛盾。

图 1.17 农民与铁路公司抗争的政治漫画

由马蒂·爱德华兹·休伊特创作于 1873 年

1880 年，美国铁路的总长度已经达到 115 647 英里，到 1898 年，这一数字增长到 245 334 英里。[①] 铁路市场的

---

① 见 U. S. Bureau of the Census, *Historical Statistics of the United States, Colonial Times to 1957*, pp. 427-428. 转引自杨生茂等编，《美西战争资料选辑》，第 4 页。

钢铁需求已经饱和，国内的工业品特别是钢铁制品产能过剩。此外，托拉斯垄断资本主义出于倾销剩余产品的欲望，逐渐使美国走向战争和对外殖民扩张之路。产能过剩表现出19世纪后期以来在自由主义经济思想影响下，社会生产的盲目和市场秩序的混乱。

第四，工业、服务业以及农业纷纷出现垄断。机械制造业中出现了大型垄断企业，铁路垄断公司也相继出现。1879年，美孚石油公司的建立，是美国托拉斯垄断企业兴起的标志之一。19世纪80年代起，"托拉斯组织在榨油、制糖、火柴、烟草、屠宰、采煤、制酒、炼铝等部门"，19世纪90年代至20世纪初，"企业兼并达到高潮，垄断组织急剧增加"。[1] 1895年至1898年，共有441家制造业与采矿业企业合并。[2] 1898年，美国大垄断资本家的核心组织——全国制造商协会，在年会中多次要求扩大对外贸易。19世纪下半叶以来，乡村老中产阶级越来越受到垄断企业的影响。"与农业发展息息相关的货币、关税、运输、市场等因素，又完全操纵在工业资本家手中。"[3] 人数众多却分散经营、缺乏组织性的自耕农和小农场主，难以同垄断企

---

[1] 杨生茂等编，《美西战争资料选辑》，第18页。
[2] U.S. Bureau of the Census, *Historical Statistics of the United States, Colonial Times to 1957*, p.572. 转引自杨生茂等编，《美西战争资料选辑》，第19页。
[3] 李剑鸣：《大转折的年代》，第13页。

业和垄断组织分庭抗礼，无疑加剧了乡村老中产阶级地位下降的趋势。

2. 乡村老中产阶级地位下降的内部因素

19世纪下半叶至20世纪初，"农业生产的技术进步，使农产品价格下跌，但农场价格却不断上涨，再生资金发生困难"①。农业人口的大量外流、农场集中化、农民的消费需求和农业生产成本增加等因素，是导致乡村老中产阶级的农场经营困境、农业生产危机和地位下降的内在因素：

首先，在农业人口大量外流方面。19世纪下半叶以来，大量农业人口从国内的乡村地区迁移到城市，减少了农业人口在总人口中的比例。此外，在这一时期，外国移民很少投身农业生产，而是纷纷进入城市，在服务业和工业中谋生，进一步降低了农业人口比例。农业人口的外流在政治上的直接反应，是农业人口的利益在共和党和民主党中的重要性有所降低，乡村老中产阶级的政治、经济诉求遭遇更大的阻力。

其次，在农场集中化方面，19世纪下半叶以来，农业机械化扩大了大种植园和大农场的农业生产。社会中弥漫的追逐更大利益的资本主义精神，使坚持自给自足的传统农业经营逐渐不合时宜，小农场主的小型农业企业也难以抵抗实力雄厚的资本侵袭，农场集中化趋势进一步加剧。

---

① 李剑鸣：《大转折的年代》，第13页。

此外,土地投机也促进了农场的集中化,使大量小型农场频繁易手,小块土地渐渐连成一片。

最后,农民的消费需求和农业生产成本日益增长,而农产品价格却很低,他们也很难从银行贷款。"农民家庭可以在当地城镇购买或邮购大量在工厂中生产的产品。"① 在农业生产成本方面,农民既要花费大量资金购买农业机械和支付农产品运输费用,又缺乏与机械制造工厂和铁路公司等大企业和垄断资本议价的能力,成本负担较重。19世纪初"必要农具的价值是15或20美元,到了世纪中则值到400或500美元"②。农民购买土地、化学肥料和农药的费用也逐年增加。由于无法获得价格低廉的土地,许多农民为了继续从事农业,接受了租佃制成为佃农。③ 许多自耕农和小农场主的农场经营不堪重负,欠下债务。1890年,大约一半的农场主拥有用于债务抵押的农场。④

经济危机、工业产能过剩、企业兼并和垄断组织等外部因素,与乡村中的农业人口大量外流、农场集中化、农场破产、农民的消费需求和农业生产成本增加等内部因素,

---

① Danbom, *Born in the Country*, p. 133.
② 米尔斯:《白领》,第24页。
③ Donald L. Winters, *Farmers without Farms: Agricultural Tenancy in Nineteenth-Century Iowa*, Westport: Greenwood Press, 1978, pp. 3-4.
④ 米尔斯:《白领》,第33页。

共同造成了乡村老中产阶级的农场经营困境和农业生产危机。为了保障经济利益，追求社会公正，乡村老中产阶级建立农民组织，开展农民运动。

（三）追求公正：乡村老中产阶级在社会转型中的困境和抗争

1. 从分散走向联合：农民组织的建立和抗争

19世纪下半叶以来，乡村老中产阶级主动联合起来，建立农民组织，开展农民运动，进行旨在维护农民群体利益的抗争。"内战后，美国农场主的联合应该追溯到格兰其的建立。"[①] 1867年，明尼苏达州的农场主奥利弗·H. 凯利（Oliver H. Kelley）等人建立的农民协进会（The National Grange of the Order of Patrons of Husbandry），也被称为"格兰其"（Grange），格兰其是在内战后的社会混乱和危机中发展起来的。[②] 该组织起初是农场主和庄园主的互助组织，"在凯利的构想中，格兰其是乡村社区的社交中心，提供教育和娱乐项目"[③]。

19世纪70年代，格兰其呼吁政府出面管制铁路公司，调整铁路运费，反对交通运输方面的企业垄断。19世纪80

---

① 原祖杰：《在工业化的阴影里》，第325页。
② Lowry Nelson, *American Farm Life*, Cambridge: Harvard University Press, 1954, p. 117.
③ Danbom, *Born in the Country*, p. 154.

年代，格兰其运动逐渐走向高潮，不仅会员人数增加，各地的格兰其组织数量增长，而且他们的呼吁也得到了回应，联邦政府相继出台了管理州际铁路运费、限制垄断的法案。格兰其农民组织还主张建立农业购销合作社和合作社商店（图1.18）。这种农业经济合作社的尝试虽取得一定成效，但是受到各种旧时的承包商、经销商和铁路公司阻挠。再加上农民群体自身的分散性、个人主义等影响，格兰其运动在80年代后渐渐走向低潮。格兰其运动是建立农民组织的初步尝试，也是农民组织主张扩大政府的经济职能、改

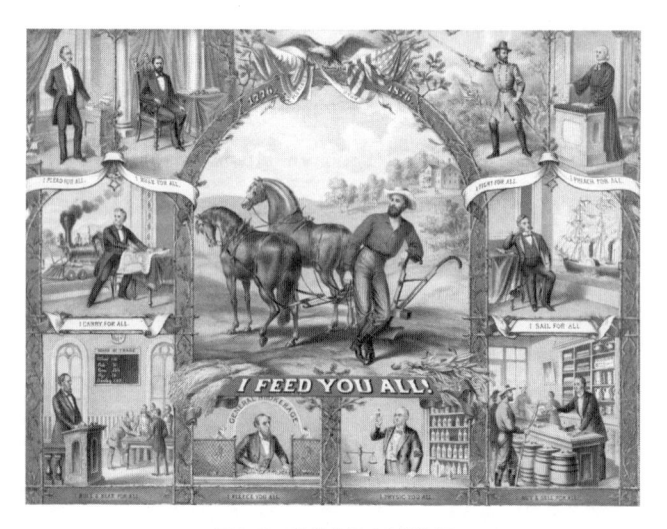

图1.18 格兰其运动宣传海报

图中标语"我养活你们所有人"（I FEED YOU ALL），
为格兰其运动口号"I Pay for All"的变体。
由位于密尔沃基的美国油画公司（American Oleograph Co.）出版于1875年

变自由主义经济政策、反对托拉斯的不法行为和企业垄断的一次改革行动。

19世纪70年代，农民运动还逐渐关注货币币值和农业经济安全问题，开展了绿背纸币运动（Greenback Campaign），并形成了绿背纸币党（Greenback Party），还主张"自由白银铸币"（Free Sliver）。绿背纸币党是指那些坚持使用通货膨胀的绿背纸币偿清所欠债务，获得足够现金的农民群体。内战后的南方重建时期，联邦政府主张提升币值，实行紧缩的货币政策，并用通货膨胀的绿背纸币按比例兑换新币，这随即引起了拥有大量绿背纸币和债务的自耕农与小农场主的强烈不满。1874年，绿背纸币运动兴起。但是一年后，联邦政府颁布的《恢复硬币支付法》（*Resumption Act*）实施，绿背纸币运动逐渐走向低潮。在《恢复硬币支付法》实施后，自由白银铸币运动也随之兴起。自由白银铸币是农民运动的重要经济改革主张之一，即主张取消私人铸造银币的限制，增加流通领域的银币数量，支持在日常生活中使用银币。自由白银铸币运动受到了银矿主、负有债务和需要大量货币的乡村老中产阶级的支持。但是在1900年，国会颁布了《金本位制法案》（*Gold Standard Act*），确立了金本位制，使自由白银铸币运动走向衰落。

除格兰其外，在19世纪下半叶的农民运动中还产生了北方农民联盟（Northern Farmers' Alliance）、有色人种农民联盟及合作社（Colored Farmers' Alliance and Co-operative

Union)和南方农民联盟(Southern Farmers' Alliance)等规模较大的农民组织,农民联盟的数量和会员人数大增。1880年4月,芝加哥农业编辑米尔顿·乔治(Milton George,图1.19)成立的北方农民联盟与格兰其有许多相似之处。北方农民联盟也被称为"全国农民联盟"(National Farmers' Alliance),该联盟的成员包括北部和中西部的部分自耕农和小农场主,他们关注土地、交通运输、税收等与农民生活息息相关的经济问题。

图1.19 米尔顿·乔治
(1833—1909)

19世纪80年代后期,不同的农民联盟之间寻求交流与协作。1886年,全国有色人种农民联盟及合作社成立。其成员包括大量黑人农民,他们主张有色人种农民群体间实现团结协助,建立合作社,通过联盟提升农业技术水平,实现经济诉求等。"19世纪后期,美国农民发起了一场名为'平民主义'的抗议和改革运动。南方农民联盟是其主要载体和组织依托。"[①]

---

① 许镇梅:《19世纪末美国平民主义运动中的反政党文化——基于南方农民联盟兴衰史的分析》,《四川大学学报》(哲社版)2021年第2期,第104页。

1887年，南方农民联盟在得克萨斯州正式成立。南方农民联盟的全称为"全国农民联盟和工业联合会"（National Farmers' Alliance and Industrial Union），其成员包括南部、中西部地区的部分农民群体。南方农民联盟主张农民在经济上进行互助合作、建立合作社、开展区域性商业合作、抵制农业领域的垄断企业等。1889年，南方农民联盟和北方农民联盟的领导人在密苏里州的圣路易斯城开会，寻求联盟间的合作，并讨论了农民密切关注的土地问题、"货币问题、税收问题和垄断企业的国有化问题"①。合作社的建立使农民群体的互助得到了实践："乳品农场主办起了合作社去批发和零售他们的商品。各合作社还曾试图为自己的准备投入全国或地区市场的货物拟定商标名称。"② 农民合作社往往因农民组织不成熟、农民的分散性和个人主义、大企业的瓦解策略等因素，最终走向衰落。农民组织在美国的两党政治中也处于被动和相对弱势的地位，缺乏实质的领袖和代理人，其纲领和口号的影响力也因此大打折扣。

2. 农民运动的高潮和衰落：平民党运动

平民党（Populist Party）也被称为"人民党"（People's

---

① 王禹：《19世纪晚期美国农民对"乔治主义"的接受与扬弃》，《四川大学学报》（哲社版）2021年第2期，第96页。
② 施莱贝克尔：《美国农业史（1607—1972年）》，第177页。

Party),它的成立及其开展的活动标志着农民运动走向高潮。德国学者扬-维尔纳·米勒(Jan-Werner Müller)在《什么是民粹主义》一书中指出——"除了反对精英之外,民粹主义者通常反对多元主义。民粹主义者宣称,他们且唯有他们才代表人民。"①

美国的平民主义与"民粹主义"思想共存,它们都根植于农业传统和农业文化,以及农民群体的不满。平民主义一直萦绕在人们的心中,美国的平民主义与美国的自给自足、独立自主的自耕农精神、农民的"生产者主义"②(producerism)密切相关,平民主义精神深刻影响了农民运动的开展和平民党的建立。

19世纪90年代,在农民运动的滚滚洪流中,平民党应运而生。平民党是在美国两党政治框架下建立第三党的重要尝试。1892年7月4日,平民党在内布拉斯加州的奥马哈成立,并颁布了《奥马哈纲领》(*Omaha Platform*)。《奥马哈纲领》反对土地投机和企业垄断,呼吁铁路设施国有化、自由铸造银币和实施国库分库计划等。《奥马哈纲

---

① [德]扬-维尔纳·米勒:《什么是民粹主义》,钱静远译,南京:译林出版社,2020年,第4页。
② 生产者主义是产生于合众国初期自耕农和农场主的生产生活中的一种思想体系,即认可物质财富的生产者——特别是从事农业耕作的生产者的重要性,认为生产者维护国家安全,创造物质财富,是道德和文化的代表。

领》的经济内容，基本上继承并发展了农民运动的诉求。平民主义者认为，自己是在为所有受工业资本主义压迫的人说话。① 平党运动在政治上的主要代表人物是伊利诺伊州人威廉·詹宁斯·布赖恩（William Jennings Bryan）：

> 在布赖恩早年生活的传统农业王国里早已涌动着奔向工业社会的湍急的暗流，而当布赖恩成年之时，他所看到的则是世纪之交推动美国社会彻底转型为工业王国的滔天巨浪。②

布赖恩于1890年当选为国会众议院议员，他也是美国乡村社会转型的见证者，为农民群体发声的平民党人。1896年7月9日，布赖恩在芝加哥举行的民主党全国大会上发表了《黄金十字架》（*Cross of Gold*）演讲，抨击了"黄金是货币唯一可靠的后盾的观点"（图1.20）。以布赖恩为代表的平民党人，主张废除金本位制，呼吁自由白银铸币。平民党人呼吁的自由白银铸币，正如布赖恩的《黄金十字架》的演讲一样，是对当时单一的金本位制度的抨击，也是对金银复本位制（Bimetallism）的呼唤。平民党人还反对高额关税，主张建立国家银行和联邦储备体系，实行累

---

① Danbom, *Born in the Country*, p. 157.
② 欧阳惠：《伟大的平民》，第3页。

图 1.20 威廉·詹宁斯·布赖恩的竞选海报

由未知作者创作于 1900 年

进所得税制,并主张将一些与大众生产生活息息相关的行业和基础设施交由政府管理并国有化。1896年,民主党与平民党结合,前者吸收了平民党人的政治、经济纲领,逐渐重视农民的改革诉求。

平民党的纲领受到农民的欢迎,平民党也积累了一定的选民基础。作为平民党的政治领袖,布赖恩曾于1896年至1908年三次参与总统竞选,但最终都宣告失败。总统竞选失败给平民党运动当头棒喝。平民党运动走向失败有内外两大方面因素。从内部看,初生的政党和农民运动自身有很多弱点和不足;从外部看,20世纪初的农业繁荣使乡村老中产阶级与工业资产阶级、垄断企业、大商人之间的矛盾表面上趋于缓和。19世纪末以来联邦政府进行的反垄断改革、推动公平交易,以及对外经济扩张和殖民扩张等行动,在一定程度上缓和、转移了国内矛盾。在工业资本主义的自我调整和强大的影响力之下,这些因素最终使平民党运动逐渐走向低潮。

平民党运动标志着乡村老中产阶级的改革活动从经济领域走向政治领域。20世纪初,平民党运动虽然走向低潮,但是更多的人开始关注平民主义及乡村老中产阶级在社会转型过程中的困境。在19世纪末20世纪初的进步主义时期(Progressive Era),以及20世纪三四十年代的罗斯福新政(The New Deal)时期的政府改革和社会改革中,农民运动的部分吁求最终得以实现。

3. 追求公正的艰难之路：乡村老中产阶级的社会转型

长期以来，乡村老中产阶级是乡村农业生活的主导者。19世纪60年代以前，乡村是大多数人生活繁衍之处，农业是大多数人维持生计之业，乡村老中产阶级是农业生产的主导者和乡村社会生活的稳定器。19世纪60年代至20世纪初，是传统农业社会转向现代工业社会的现代化转型时期，是城市化和工业化发展的关键时期，是乡村老中产阶级日益受到冲击和挑战的时期。

为了应对社会转型时期的各种挑战，部分农民建立了农民组织、开展改革运动、成立农民政党，标志着美国农民运动由分散走向联合。农民群体借助政治舞台，将他们的改革思想从一望无际的乡野传播到了高楼林立的城市、议会和报纸杂志上。农民运动的改革纲领和互助实践展现出了乡村老中产阶级捍卫农民利益、遏制资本无序扩张的吁求，对政府改革的思考，对社会公正的追求。对于农民的改革要求，不同的群体由于利益和立场的差异，产生了不同的反应。

首先，银行、垄断企业、大公司等对农民运动的呼吁多持反对意见。银行、垄断企业等反对农民用通货膨胀后的绿背纸币偿还债务，大型铁路公司也反对调整铁路运费，由州际贸易委员会管制铁路等提议。其次，民主党对平民党人及其改革纲领的接纳和吸收，表明了传统政治势力对农民运动的接纳。再次，包括农民群体在内的许多选民支持农民运动,并给参与总统竞选的平民党人布赖恩投票。最后,联邦政府对农民运动的改革要求做出了回应,逐渐实施了政治经济改革。政府改革的具体内容如下:

第一,成立农业部门、农业组织。政府成立了农业部以指导农业发展,拨款建立了许多赠地学院用于培养农业专业人才,还建立了农业试验站,各州县还纷纷成立农业局和农业协会(图 1.21)。1907 年西奥多·罗斯福派遣的乡村生活委员会(The Country Life Commission)深入乡村地区,关注农业经济发展、乡村教育改革等问题。

第二,回应农民的货币改革要求。在自由白银铸币问题上,1878 年的《布兰德-阿利森法》(*Bland Allison Act*)

图 1.21　1865 年在费城召开的美国农业协会 USAS 博览会

由费城版画家詹姆斯·富勒·奎因创作于 1856 年

规定财政部每月购买银锭并用于铸造银币,这是对农民运动提出的"自由白银铸币"倡议的直接回应。1890年《谢尔曼购银法》(*Sherman Sliver Purchase Act*)则增加了财政部每月购买的白银量。

第三,反对企业垄断,打击托拉斯的不法行为。1887年,国会通过了《州际商业法》(*Interstate Commerce Act*),设置了州际商务委员会,授权委员会监管铁路运费,打击铁路公司的不法行为。1906年,国会通过了《赫伯恩法案》(*Hepburn Act*),扩大了州际商务委员会的管理权力,规定由委员会确定铁路的最高运费。1890年,《谢尔曼反托拉斯法案》(*Sherman Anti-Trust Act*)正式出台,旨在反对托拉斯的不法行为,限制垄断。

五、 小结

在工业资本主义影响下,进行农业生产的乡村老中产阶级踏上了追求社会公正的艰难之路。对社会公正的追求不仅是一场改革运动,也是农民群体对社会公正观念和涵盖范围认识的转变。乡村老中产阶级追求的社会公正不仅包括经济公正,还包括政治公正、文化公正等,体现了美国社会的民主和商业性特征。

美国农业从传统走向现代化的过程,深受两次工业革命影响。乡村老中产阶级的生活生产方式的变化和乡村社会秩序的改变,是现代化力量同传统秩序交锋的结果。在工业化时期,乡村老中产阶级试图摆脱困境的过程,是农民群体争取实现政治、经济等方面的现代化的过程,也是联邦政府扩大经济职能和社会保障职能、加强干预私人事务、着手调节社会秩序的过程,还是改革家追求社会公正、保障弱势群体利益的过程,更是人们对工业资本主义的反思和改革的过程。

知识分子并不是一种独立的社会团体,它由分散的各个群体组成,要从职能、主观特征而非社会地位对其进行界定:与专门研究文化符号系统的人一样,知识分子创造、传播并保存人类思想的各种独特形式。

美国的推销活动已变成纯意志的自主力量,正是由于它,经济才得以高速运转。[1]

——C. 赖特·米尔斯,《白领——美国的中产阶级》

---

[1] C. Wright Mills, *White Collar: The American Middle Classes*, New York: Oxford University Press, 1969, p. 142-143, 164-165.

第二章
美国社会转型过程中兴起的新中产阶级

一、导言

19世纪末20世纪初,在经历工业经济快速发展的几十年后,美国跻身为"世界工业强国之首"①。传统的杰斐逊式的"农业立国"道路逐渐退出历史舞台,取而代之的是由汉密尔顿等人在建国初年奠定的"工商立国"道路。②相应地,曾以自耕农、农场主和小商人为核心的旧中产阶级,让位于以经理、领薪金的专业技术人员、推销员、办公人员为主要组成部分的新中产阶级,也就是C. 赖特·米尔斯所称的"白领阶层"③(white collar)。

---

① Alan Brinkley, *American History*, 15th Edition, New York: McGraw-Hill Education, 2014, p. 483.
② 关于杰斐逊"农业立国"与汉密尔顿"工商立国"的争论,参见张少华:《汉密尔顿"工商立国"与杰斐逊"农业立国"之争》,《历史研究》1994年第6期,第126—141页。
③ Mills, *White Collar*, p. 64.

从数据上看，在19世纪早期，大约有4/5的在业人员是旧中产阶级，但到1870年，仍留在这一群体的人员缩减为1/3，到1940年只剩下了1/5。其余4/5的人则主要为占据美国私有财产40%—50%的大资产阶级工作，他们中的许多人已转变为新中产阶级，即依靠工资为生的白领阶层。霍夫施塔特也注意到，从1870年到1910年，美国人口增长了2倍多，其中旧中产阶级平均增长了2—3倍，而新中产阶级几乎增长了8倍。① 人数从1870年的75.6万人增长到1910年的560.9万人。② 新中产阶级在内战后的几十年内逐渐成长为美国人引以为傲的"橄榄型"社会的主体，起着"调节器"的作用。由于"新中产阶级"是本章的主要论述对象，在此有必要对其进行科学合理地界定。那么，何为"新中产阶级"？

在《白领——美国的中产阶级》一书中，米尔斯认为，新中产阶级无法从"技能、职能、阶级、社会地位或权力"任何一个方面加以定义，而只能在与其他阶层的对比中找到其正确的定位。具体而言，新中产阶级在技能上需要与许多工资劳动者相似的智力，二者的财产相当但都有别于老中产阶级；此外新中产阶级的收入略高于工资劳动者，

---

① Richard Hofstadter, *The Age of Reform: From Bryan to F. D. R.*, New York: Vintage Books, 1955, pp. 217-218.

② Samuel P. Hays, *The Response to Industrialism 1885-1914*, Chicago: The University of Chicago Press, 1995, p. 98.

也比后者享有更高的名望。① 根据以上描述，新中产阶级为何会与工资劳动者"财产相当"？他们拥有财产吗？对此，瓦尔·布里斯（Val Burris）作了解释：新中产阶级与无产阶级（proletariat）一样，不占有生产资料，都通过让渡自己的劳动能力以换取工资；但与无产阶级不同的是，新中产阶级对自己的劳动具有一定的自主权，他们参与对资本的控制和监督，并监督他人的劳动；因此，新中产阶级兼具无产阶级和资产阶级的属性，在资本主义社会的阶级结构中占据中间位置。② 用中国学者朱世达的话说——

> 演变成中产阶级的白领阶层操纵的不再是"资产"，不再是"物"，而是"人"与"符号"。他们的专长是处理文字工作、金钱与人，是处理人际关系、商业和技术关系的专家。③

通过考察他们的形成历史和生存状态可以发现，从土地上或小商铺中脱离出来的新中产阶级，不再掌握资产，

---

① Mills, *White Collar*, pp. 75-76.
② Val Burris, "Capital Accumulation and the Rise of the New Middle Class." *Review of Radical Political Economics*, Vol. 12, No. 1, 1980, pp. 17-34.
③ 朱世达：《关于美国中产阶级的演变与思考》，《美国研究》1994年第4期，第39—54页。

而只是资产的管理者,他们依附于资本家,丧失了独立性,处于一种无根的、易受损伤的状态。

那么,新中产阶级具体包含哪些群体?基于新中产阶级的性格特征,塞缪尔·P. 海斯(Samuel P. Hays)教授指出:旧中产阶级主要包含"企业主和独立的专业技术人员",而新中产阶级则包括"职员、推销人员、政府职员、技术人员和领薪水的专业技术人员"。[①] 李剑鸣教授认为旧中产阶级主要指"独立企业主、农场主等",而新中产阶级则由"公司经理、白领工人、专业人员、政府职员等组成"。[②] 结合米尔斯的观点,"学校教师,在商店内部和外部工作的推销人员,以及各式各样的办公人员"构成了19世纪末20世纪初白领阶层的主体(而学校教师、医学界的医生和护士、法律界的律师等都是领薪金的专门技术人员)。[③] 由此可以得出结论:新中产阶级主要包含公司经理、领薪金的专门技术人员、推销员,以及包含政府职员在内的各式各样的办公人员等。

二、 知识阶层的兴衰

知识分子(intellectuals)似乎是中产阶级的天然代表。

---

① Hays, *The Response to Industrialism 1885-1914*, p. 98.
② 李剑鸣:《大转折的年代》,第273页。
③ Mills, *White Collar*, pp. 64, 112-136.

在19世纪末的美国，知识群体的规模呈爆发式增长，他们的教育背景、职业技能、财产状况、社会地位等特征赋予其白领阶层的地位，成为介于美国大资本家与不熟练劳工之间的新中产阶级。米尔斯在1951年写道：

> 知识分子并不是一种独立的社会团体，它由分散的各个群体组成，要从职能、主观特征而非社会地位对其进行界定；与专门研究文化符号系统的人一样，知识分子创造、传播并保存人类思想的各种独特形式。①

对知识分子而言，最重要的是思想，靠观念为生（dependent upon ideas）。② 但如果仅以思考为业，关在书斋里进行个人的思想革命，仍不能称其为具有现代意义的"知识分子"。爱德华·W. 萨义德认为"知识分子的重任之一就是要破除限制人类思考和交流的刻板印象（stereotype）和化约式的分类方式（reductive categories）"，具有局外人（outsider）、业余者（amateur）敢于对权势说真话的特征。③ 而他们敢于"搅动现状"的特征，在霍夫

---

① Mills, *White Collar*, pp. 64, 142-143.
② Richard Hofstadter, *Anti-intellectualism in American Life*, New York: Vintage Books, 1963, p. 26.
③ Edward W. Said, *Representations of the Intellectual: The Reith Lectures*, New York: Vintage Books, 1994, Introduction, pp. xi, xvi.

施塔特看来便是积极参与(engagé)政治,关心社会问题,是"誓守承诺、坚定忠诚并且应征入仕"(pledged, committed, enlisted)的表现。① 译者单德兴在将萨义德的《知识分子论》(*Representations of the Intellectual*)一书译为中文时,认为书中的"Representations"应指:

> 知识分子为民喉舌,作为公理正义及弱势者/受迫害者的代表,即使面对艰难险阻也要向大众表明立场及见解;知识分子的言行举止也代表/再现自己的人格、学识和见地②。

由此可见,知识分子最重要的品质便是面对公理强权,敢于仗义执言,是真理正义的守护者和国家民族的启蒙者、良心安顿者。在此,借用康德在解释《什么是启蒙运动?》一文中关于学者要"敢于公开运用自己的理性"的说法似乎更具说服力和概括性。他在文中认为:"启蒙运动"需要的"自由","就是在一切事情上都有公开运用自己理性的自由",这种"理性"并非"在其所受任的一定公职岗位或者职务上所能运用的自己的理性",而是"作为一个学者通

---

① Richard Hofstadter, *Anti-intellectualism in American Life*, p. 28.
② [美]爱德华·W. 萨义德:《知识分子论》,单德兴译,北京:生活·读书·新知三联书店,2016年,"译者序"第11页。

过自己的著作而向真正的公众亦即向全世界讲话时,则牧师在公开运用他的理性上便享有无限的自由可以使用他自己的理性,并以他自己本人的名义发言"。① 在这里,康德将学者与牧师相提并论,表明这两者都位列知识阶层。

神职型(clerisy)的知识分子在西方国家和美国的历史中并不鲜见。霍夫施塔特在其《美国生活中的反智主义》(*Anti-intellectualism in American Life*)一书中按照历史学家马库斯·坎利夫(Marcus Cunliffe)的分类标准,将富兰克林(Franklin)、杰斐逊(Jefferson)、约翰·亚当斯(John Adams)归为神职型知识分子,但其又在第六章中认为这些建立美国的领导者是绅士型知识分子。不可否认的是,标准不一样,划分的类别当然也有所差异。不过在此可以发现,神职人员是知识阶层的一部分,而 clerisy 的含义也渐渐演变为专指知识阶层或知识分子,毕竟"知识分子的角色似乎就是承继了神职人员的圣职"②。除了早期的神职人员,在霍夫施塔特看来,作家或批评家、教授或科学家、编辑、记者、律师、工程师,都应被称作智识者(知识分子)。③ 而按照米尔斯对专业技术人员的划分,医生也应属其中。

---

① [德]康德:《历史理性批判文集》,何兆武译,北京:商务印书馆,2009 年,第 25—26 页。
② Hofstadter, *Anti-intellectualism in American Life*, p. 27.
③ Hofstadter, *Anti-intellectualism in American Life*, p. 26.

(一)殖民地时期的清教牧师阶层

从 1607 年英国在弗吉尼亚的切萨皮克湾建立第一个殖民地——詹姆斯敦(Jamestown)开始至 1776 年《独立宣言》(图 2.1)的发表,北美的英属殖民地时期大致经历了 170 年的时间。

图 2.1 独立宣言

由约翰·特朗布尔创作于 1818 年

在这一个多世纪的时间里,早期的殖民者"筚路蓝缕,以启山林"。不管是以殖民地公司的名义,还是英王室颁发特许状直接控制的名义,殖民地人民前后共建立了十三个殖民地,成为美国脱离英国的移民先祖。殖民地的建立有些是出于发家致富的商业动机,有些是出于慈善的原因,还有些殖民地的建立则主要是基于宗教信仰,如马萨诸塞州、宾夕法尼亚州、罗得岛。这些殖民地形成了美国早期的新英格兰传统,是美国文明兴起的摇篮。而这些殖民地的实际统治者,要么出身于牧师阶层,要么是贵族,但大都是英国工业革命后分化出来的新兴中产阶级:家境殷实,具有良好的教育背景,同时接受清教主义和启蒙运动新思想的洗礼,在殖民地进行神圣的治理实验。

早期美国殖民地的建立,大多以传教布道为鹄,其治理方式渗透着出身于牧师阶层的创始人的宗教信念和自主意识,尤其是勤俭、克制、自主、乐观的新教伦理精神。尤为明显的是,这些作为殖民地奠基者的新教牧师,大都是在作为母国的英国完成的宗教训练。如据相关档案记载,在普利茅斯殖民地建立后的 20 年内,大约有 200 位来自牛津和剑桥的毕业生到达新英格兰,加入弗吉尼亚最初的传教士和教师行列。但若要将新教伦理流传下去,保持牧师阶层的稳定性,建立宗教学院——神学院,似乎是一条尤为可取的路径。

现在傲居世界顶级学府之列的哈佛大学、耶鲁大学在建校之初,都以培养牧师为目的。1701 年,清教徒在申请康涅狄格议会的特许设立耶鲁大学[以最初的赞助人之一伊莱休·耶鲁(Elihu Yale)为名]时,提到要培养青年"担任教会和民政机关的公职"[1]。建于 1636 年的哈佛大学

---

[1] Beard, *The Rise of American Civilization*, p. 168.

[以查尔斯顿牧师约翰·哈佛（John Harvard，图2.2）的名字命名]由清教徒主持创办；1693年美国的第二所大学威廉-玛丽学院在英国圣公会的控制下创办；普林斯顿大学的建立则是由长老会提出的；哥伦比亚大学由圣公会兴办；布朗大学由浸礼会创办；等等。从这一系列大学的创办历史中，可以发现新教教会在其中扮演着至关重要的角色，而这些学府也确实为殖民地的管理培养了大量的牧师，如后来成为"大觉醒运动"领袖人物之一的乔纳森·爱德华兹便毕业于耶鲁学院，后又受聘为普林斯顿大学校长。

图2.2　约翰·哈佛像

来自底特律出版公司，1900年

学校是当之无愧的传播知识的官方机构,当然教会也应位列其中。除此之外,图书馆、书店、新闻报刊出版社也是知识传播的辅助机构,加上印刷术的广泛使用,英属殖民地的文化普及率和识字率与同一时期的欧洲国家相比,都属前列。虽然西班牙人在16世纪时便在墨西哥建立了一个印刷厂,但英属殖民地真正投入使用的印刷机却诞生于1638年,供当时只有两年历史的哈佛大学使用。随后,波士顿和宾夕法尼亚也有了属于自己的印刷机。① 印刷机的推广,也促使成千上万种印刷品在各类人群中广泛传播,正如托克维尔所言:"印刷术为所有阶级的人们打开了同样的信息之门,邮差将知识一视同仁地送往茅屋和宫殿。"②

　　以铅字为基础的文化开始在英属殖民地生根发芽,形成了一种没有阶级之分的阅读文化。除了《圣经》,殖民地人民还广泛阅读报纸、小册子、从欧洲传来的启蒙思想家的著作等印刷品,丹尼尔·J. 布尔斯廷(Daniel J. Boorstin)写道:"阅读蔚然成风。四处都是阅读的中心……"③ 而这些阅读的场所,有家庭、学校、图书馆、书店、报纸杂志

---

① Neil Postman, *Amusing Ourselves to Death: Public Discourse in the Age of Show Business*, New York: Penguin Books, 2006, pp. 35-36.
② Alexis de Tocqueville, *Democracy in America*, New York: Vintage Books, 1954, p. 28.
③ Daniel J. Boorstin, *The Americans: The Colonial Experience*, New York: Random House, 1958, p. 315.

售卖点等，耐心的父母陪着他们的孩子一起阅读识字读本和书籍。到 18 世纪中叶，面向公众开放的小型图书馆在费城、波士顿、纽约等城市建立。① 1690 年本杰明·哈里斯（Benjamin Harris）出版了一份名为《国内外要闻》（*Publick Occurrences Both Forreign and Domestick*，图 2.3）的报纸，开启了美国人创办报纸的先河。② 所有这些都增进了美国人的文化普及率以及识字率，尤其对于新教徒汲汲吁求的宗教思想的传播以及启蒙思想的传播更是大有裨益。

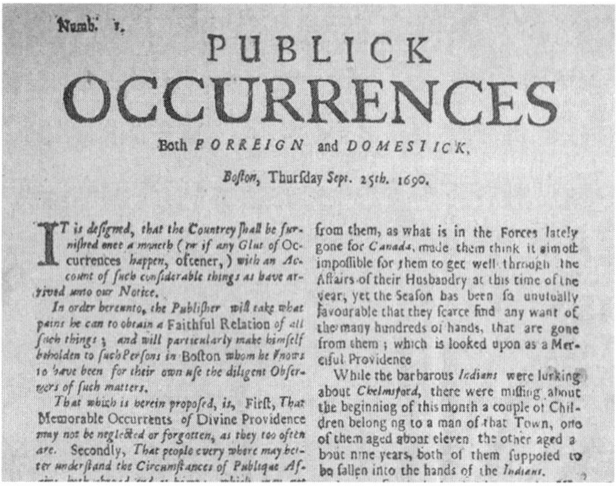

Numb. 1.

PUBLICK
OCCURRENCES
Both FORREIGN and DOMESTICK.

Boston, Thursday Sept. 25th. 1690.

IT is designed, that the Countrey shall be furnished once a moneth (or if any Glut of Occurrences happen, oftener,) with an Account of such considerable things as have arrived unto our Notice.

In order hereunto, the Publisher will take what pains he can to obtain a Faithful Relation of all such things; and will particularly make himself beholden to such Persons in Boston whom he knows to have been for their own use the diligent Observers of such matters.

That which is herein proposed, is, First, That Memorable Occurrents of Divine Providence may not be neglected or forgotten, as they too often are. Secondly, That people every where may better understand the Circumstances of Publique Af-

from them, as what is in the Forces lately gone for Canada, made them think it almost impossible for them to get well through the Affairs of their Husbandry at this time of the year, yet the Season has been so unusually favourable that they scarce find any want of the many hundreds of hands, that are gone from them; which is looked upon as a Merciful Providence

While the barbarous Indians were lurking about Chelmsford, there were missing about the beginning of this month a couple of Children belonging to a man of that Town, one of them aged about eleven the other aged about nine years, both of them supposed to be fallen into the hands of the Indians.

图 2.3　北美殖民地的第一份报纸：《国内外要闻》（1790）

---

① Beard, *The Rise of American Civilization*, pp. 183-184.

② Frank Luther Mott, *American Journalism: A History of Newspapers in the United States through 250 Years, 1690 — 1940*, New York: The Macmillan Company, 1942, p. 9.

在《从上帝选民到社区公民:新英格兰殖民地早期公民意识的形成》一文中,原祖杰教授指出:"在时间的推移和空间的拓展中,第一代清教徒移民从旧大陆带来的清教狂热逐渐被洗涤殆尽,留下的是一条通往人民共同体的道路。"① 面对信仰的衰落,殖民地人民开始了美洲大陆上第一次宗教复苏运动——"大觉醒运动"。杰出的清教牧师如乔纳森·爱德华兹、乔治·怀特菲尔德(George Whitefield),以及后来19世纪的查尔斯·芬尼(Charles Finney)通过行文理智、逻辑严密的小册子和书本就不同的教义进行激烈的争辩。② 他们强调"个人有能力打破传统的束缚,重新建立人与上帝的关系"③。但就是这种"自我救赎和单独面对上帝成为北美新教徒的普遍信仰","为个人主义的滋长准备了丰厚的土壤"。④ 同时,启蒙运动对运用理性和科学的强调,也通过各类书籍、报刊从大洋彼岸流传过来,当时的人们广泛阅读弗朗西斯·培根(Francis Bacon)、约翰·洛克(John Locke),以及其他英国和苏格兰启蒙思想家的著作,并将其运用到殖民地的建设中。如安东尼·阿

---

① 原祖杰:《从上帝选民到社区公民:新英格兰殖民地早期公民意识的形成》,第192页。
② Neil Postman, *Amusing Ourselves to Death*, p. 54.
③ Alan Brinkley, *American History*, p. 90.
④ 原祖杰:《从上帝选民到社区公民:新英格兰殖民地早期公民意识的形成》,第205页。

什利·库珀（Anthony Ashley Cooper），即后来的第三代沙夫茨伯里伯爵（3rd Earl of Shaftebury），在向卡罗来纳殖民时，有意寻求洛克的帮助，于1669年起草了《卡罗来纳基本法》，为当地创建"周密的土地分配制度"确立了有条不紊的社会秩序。① 沙夫茨伯里伯爵的政治实践与启蒙运动"鼓励公民提高对政治和政府的兴趣"②，应该不无联系。

综上所述，早期到达美洲大陆的殖民者中，宗教移民的比例相当大，因此这一时期的知识分子阶层以牧师阶层为主。不管是来自母国的牧师还是本土大学培养的牧师，都保证了殖民地牧师阶层的稳定性。由于只有"教徒"才能参与选举、参与殖民地的统治，因此在这一阶段，牧师阶层在当时的殖民社会中，居于中心地位。虽然律师、医生、作家等群体还未大范围地出现，但已有成长的迹象。此外由于印刷术、印刷机的广泛使用，图书馆、报社等知识传播机构也蔚然勃兴，为宗教思想和启蒙思想的传播提供了便利。"大觉醒运动"是面对信仰衰落试图进行的力挽狂澜之举，反而催生了"个人主义"；后世的建国先贤如本杰明·富兰克林、托马斯·杰斐逊等人在这种意外的思想解放的基础上不断吸收启蒙思想，为成为独立革命和建国立宪的绅士型知识分子做好了准备。

---

① Brinkley, *American History*, pp. 49-50.
② Brinkley, *American History*, p. 91.

（二）建国时期的绅士型知识分子

从 1776 年《独立宣言》的发表到 1828 年平民总统安德鲁·杰克逊（Andrew Jackson，图 2.4）当选，美国经历了独立战争、邦联时期的平民主义运动、制宪会议，以及政党政治的萌芽。这一时期，也被称为美国的建国初期。此时期政教分离活动进展迅速，牧师阶层受到革命的震荡，开始退出历史舞台的中心；而经过一个多世纪的成长，律师阶层开始大规模崛起并在独立战争、制宪会议等决定国家命运的事件中发挥关键作用。

虽然在这一时期，以律师阶层为代表的知识分子占据了社会、政治、文化等领域的中心

图 2.4 安德鲁·杰克逊
拉尔夫·埃利悲·怀特塞德·厄尔
创作于 1834—1838 年

地位，拥有着"令人称羡的话语权"[①]，但邦联时期暴露的平民主义倾向却对知识分子在国家中的领导地位构成了潜在的威胁，此后更在 19 世纪 20 年代大范围地爆发。这是

---

① Hofstadter, *Anti-intellectualism in American Life*, p. 145.

知识分子走下神坛、绅士文化开始衰落的先兆。杰斐逊认为他对祖国的三大贡献,除了起草《独立宣言》和创办弗吉尼亚大学,还包含他于1779年提出的《信教自由法令》(*Statute of Virginia for Religious Freedom*,图2.5)。① 该法令于1786年在议会通过,开启了美国政府与宗教分离的征程。如1817年在新罕布什尔、1818年在康涅狄格、1833年在马萨诸塞陆续出现政教分离的局面,而公理会教友会也在19世纪末终于与政府分离。② 政教分离的原因主要与美洲革命和教育世俗化有关。

图2.5 《信教自由法令》(1786)

---

① Samuel Eliot Morison, Henry Steele Commager and William E. Leuchtenburg, *The Growth of the American Republic*, 7th Edition, *Vol*.1, New York:Oxford University Press, 1980, p. 215.
② Beard, *The Rise of American Civilization*, p. 295.

首先,与众多感受到革命震荡的地产乡绅一样,教会牧师(尤其是不信奉国教的牧师),似乎从传播福音转向从事革命。比尔德夫妇在《美国文明的兴起》(*The Rise of American Civilization*)中记载:革命时期牧师们在他们的布道文中,巧妙地将约翰·洛克的哲学与《旧约》中的实例结合在一起,"在安息日谴责压迫","宣讲反对压迫的道理"。以至于保王党人克雷斯韦尔(Tory Cresswell)认为:"有的牧师只是政治零售商,煽动性言论和叛乱者的散布者,他们假装布道,在人民当中制造不和并鼓动他们武装起来。"①

除了宣传革命、反抗压迫之外,众教派也纷纷要求获得政治平等地位,摆脱政府的资金控制。作为在《独立宣言》上签名的56名代表中的一员,约翰·威瑟斯庞(John Witherspoon)牧师曾宣传说:

> 仅仅宽容是不够的……对一个共和国来说,唯一适当的原则是人人都有自行选择信什么教或者根本不信教的完全自由;每个教会都应由其成员或自备基金维持,不得求助国家征税的权力。②

---

① Beard, *The Rise of American Civilization*, pp. 259-260.
② Morison, Commager and Leuchtenburg, *The Growth of the American Republic*, pp. 214-215.

作为宣传革命的吹鼓手之一的教会牧师,他们在争取教会自由权利的过程中也间接地反映出退出政治舞台、将世俗权力让渡出去的意愿。

此外,独立战争后,尽管新创立的大学和学院似乎仍然以培养神职人员为初衷,但战前建立的一些大学和学院正逐步地实现教育世俗化。在独立革命之前,美国只有9所大学和学院,而到1800年,这一数量增加到22所。① 值得注意的是,这些学院仍然主要由长老会、路德派和荷兰改良教会、新教主教制教会、天主教教会等教会创办。② 背后原因在于,"神职人员是当时唯一要求具备高等学历的职业"③。在实现教育世俗化方面,战前仅有的一所南方学院——威廉-玛丽学院和宾夕法尼亚大学、哥伦比亚大学似乎走在前列。从1779年开始,威廉-玛丽学院"取消神学和希伯来语讲座,改授法律和现代语言,并在一定程度上允许学生自由选择学习的科目"④;而宾夕法尼亚大学和哥伦比亚大学都在1800年创办了法学院。⑤ 虽然在殖民地时期,除了纽约和马里兰各殖民地都没有律师这种正式职业,

---

① Brinkley, *American History*, p. 182.
② Morison, Commager and Leuchtenburg, *The Growth of the American Republic*, pp. 220-221.
③ Brinkley, *American History*, p. 182.
④ Morison, Commager and Leuchtenburg, *The Growth of the American Republic*, p. 220.
⑤ Brinkley, *American History*, p. 182.

但随着商业的发达,对律师的需求日益增加,律师阶层开始逐步兴起。① 官方机构如学校也渐渐认识到律师的重要性,从而开设法学院,这就为大陆会议上《独立宣言》的签订,以及制宪会议上《联邦宪法》(*United States Constitution*)的制定准备了人才。由此,绅士型的知识分子开始步入政治舞台的中心。

据统计,在《独立宣言》上签名的56人中,8人是商人,6人是医生,5人是农场主,25人是律师。可以看到,律师几乎占了其中一半的人数,而埃德蒙·伯克(Edmund Burke)也警告他的同胞要对那个"博学而好争论的行业成员"加以提防。② 11年后(1787年),同样在费城召开的制宪会议,由独立后的各州共派出55名代表参加,其背景多为种植园主、商人、银行家、律师等,平均年龄42岁左右,大都受过大学教育并有相当一部分当过律师,在理论和实践方面都有深厚的造诣。③

首先,由于受"观念旅行"的影响,他们对欧洲的政治理论,尤其是启蒙运动中提出的分权和社会契约论,以及英国的宪政历史非常熟悉并且十分重视。美国著名历史

---

① Morison, Commager and Leuchtenburg, *The Growth of the American Republic*, p. 112.
② Beard, *The Rise of American Civilization*, p. 233.
③ 王希:《原则与妥协:美国宪法的精神与实践》,北京:北京大学出版社,2014年,第85页。

学家戈登·伍德(Gordon S. Wood)在研究美利坚人缔造共和国的思想来源时发现——"基于阅读拉丁古典文献和当代有关古代世界的历史……以及广泛传播的英国古典共和思想传统,美利坚人将所有这些汇集于启蒙科学的框架内,提出了一个理想的共和主义社会概念……"① 基于有选择的阅读,美利坚人希望继承古典共和国如雅典城邦、斯巴达城邦以及古罗马帝国的公共美德,并且相信美利坚人跟古代的以色列人一样,是上帝的选民,"拥有足够的美德"建立共和国。② 因此为了让这种美德成为美利坚人"习惯性的美德"③,早期的共和主义者们寄希望于"早期的美德教育",宗教、契约以及反映共和国的图像学,如"华灯和游行、演说和演讲、说教式历史,甚至'图画、雕塑、雕像和诗歌'"。④

其次,从社会实践和政治参与上看,律师背景对这批

---

① Gordon S. Wood, *The Creation of the American Republic 1776-1787*, New York: W. W. Norton & Company, 1993, p. 53.

② Phila. *Pa. Packet*, Feb. 19, 1776. quote from Gordon S. Wood, *The Creation of the American Republic 1776-1787*, New York: W. W. Norton & Company, 1993, p. 101.

③ Samuel Stanhope Smith to Madison, Nov. 1777-Aug. 1778, Hutchinson and Rachal, eds., *Madison Paper*, I, 208-209. quote from Gordon S. Wood, *The Creation of the American Republic 1776-1787*, New York: W. W. Norton & Company, 1993, p. 120.

④ Arthur M. Schlesigner, *Prelude Independence: The Newspaper War on Britain, 1764-1776*, New York: Knopf, 1958, pp. 29-37.

建国之父们非常重要。在 55 名出席制宪会议的代表中，乔治·威思（George Wythe）是威廉-玛丽学院的律法教师，威廉·佩特森（William Paterson）和路德·马丁（Luther Martin）是同时代杰出的律师。在批准宪法过程中曾召集詹姆斯·麦迪逊（James Madison）和约翰·杰伊（John Jay，律师兼外交家）共同撰写《联邦党人文集》(*The Federalist Papers*) 的亚历山大·汉密尔顿（Alexander Hamilton），也是律师出身。此外，还有两名代表——詹姆斯·威尔逊（James Wilson）和威廉·佩特森——在联邦成立后还担任过最高法院的大法官，如若没有精深的法律素养，是不可能胜任的。

可以发现在这一时期，智识与权力的联系仍然是相当紧密的，正如霍夫施塔特所言，"领导者就是知识分子"[①]。在美国立国之初，由于"观念旅行"的作用，美国人经受了启蒙思想和古典共和思想的洗礼，也就是在这些思想潮流的激荡下，这一时代成为美国历史上通才的时代。国父们既是贤哲也是科学家，他们广泛阅读历史、政治和法律等相关作品，还精通古典学问。参与美国独立革命的主体是自耕农、商人和律师，而无论是大陆会议还是制宪会议，都有相当比例的律师参加——律师在美国建国的过程中起着关键性的领导作用。但是这些绅士型的知识阶层，并非

---

① Hofstadter, *Anti-intellectualism in American Life*, p. 145.

铁板一块,自邦联时期就处在分裂的危机当中。绅士型知识分子所遭受的来自外部的挑战,主要是邦联时期的平民主义运动,以及宪法批准期间反联邦党人的攻击。首先,美利坚革命犹如打开潘多拉魔盒一般释放出了诸如"希望、恐惧、愉悦、悲伤、热爱、仇恨、怨恨、复仇、猜忌、野心、贪婪、感激"等各种激情。整个18世纪80年代末期,刚独立不久的美利坚合众国便沉浸在以谢斯起义(Shays's Rebellion)为主的农民暴动中。这引起了建国知识分子的警惕,他们开始倾向于外部的制度建设,对权力进行制约和平衡。

然而,历时4个月的激烈争辩后,由39名代表签署通过的《联邦宪法》①,却在批准的过程中遭遇重重阻碍。以理查德·亨利·李(Richard Henry Lee)为代表的反联邦党人与汉密尔顿等人就"贵族制与民主制"展开争论,前者反复警告人民要警惕"大人物的影响",不能过于"驯服";后者秉持精英理论,希望维持"贵族政治",认为"要让社会流动性有意义","某种形式的差异就在所难免"。②(图2.6)1787年宪法在各州得到批准并开始实践后,绅士型知识分

---

① 费城制宪会议召开的时间为1787年5月25日至9月17日,但宪法制定的完整时间为127天,参见 Catherine Drinker Bowen, *Miracle at Philadelphia: The Story of the Constitutional Convention, May to September 1787*, Boston: Little, Brown and Company, 1966.

② Wood, *The Creation of the American Republic 1776-1787*, pp. 489-492.

图 2.6 美国政体的基石

图中华盛顿坐在他的办公桌前,看着古弗尼尔·莫里斯签署宪法。
莫里斯身后是罗杰·谢尔曼、本杰明·富兰克林、罗伯特·莫里斯、
麦迪逊等人,右边是汉密尔顿和伦道夫。
由约翰·亨利·辛特迈斯特创作于 1925 年

子内部就出现了分裂,其结果便是全国性政党的兴起。时任华盛顿政府财政部长的是汉密尔顿,随着其不断推行旨在加强中央政府权力、推进商业化和城市化的一系列措施①,由詹姆斯·麦迪逊和托马斯·杰斐逊所领导的共和党开始形成②,他们坚持认为美国应继续保持以乡村和农业为主的特点,并将"大部分权力留给各州及其人民"③,由此便形成了"农业立国"和"工商业立国"之间的紧张

---

① 即新政府承担对现有国债(existing public debt)的责任,通过州债承担法案,建立国家银行,汉密尔顿还在 1791 年发表《关于制造业的报告》,以刺激美国工业增长。
② 不过这并非 19 世纪 50 年代出现的现代共和党的原型。
③ Brinkley, *American History*, p. 169.

对抗。由于双方都不愿承认自身是一个政党,华盛顿本人也明确表示不参与任何党派斗争,因此学者们将其称作"最初党系"① (first party system)。

最终这种内部的党争在1800年的总统大选中开始失控,以约翰·亚当斯 (John Adams) 为总统候选人的联邦党与以杰斐逊为候选人的共和党展开激烈的角逐,双方支持者互相诋毁谩骂,这次选举被视为"美国历史上最不光彩的一次总统大选"②。然而,在形成以党派为竞争方式的选举后,这样"不光彩"的大选时有发生,标志着绅士型知识分子的衰落,而知识分子在国家政治舞台中光辉渐散,由此走下神坛并在19世纪的大半个世纪中逐渐被边缘化。

(三) 19世纪30年代到重建时期的改革型知识分子

随着1828年具有新英格兰传统、杰斐逊等建国之父遗风的约翰·昆西·亚当斯 (John Quincy Adams) 的败选,"绅士治国"的传统开始消亡,智识与权力的关系渐行渐远,传统的知识精英开始退出政治舞台的中心。继之而起的是极具平民主义特征的安德鲁·杰克逊的当选,他推行杰克逊式民主,大众政治开始兴起。此时的知识分子,形象黯然、处境尴尬。

---

① Brinkley, *American History*, pp. 171-172.
② Brinkley, *American History*, p. 177.

为了改变这种现状，以总统格罗弗·克利夫兰（Grover Cleveland）、历史学家亨利·亚当斯（Henry Adams）、出版社编辑乔治·威廉·柯蒂斯（George William Curtis）为主的文人改革派开始振臂呼号，提出以行政改革为首要的议题，革除自党派兴起后的分赃制，但困难重重。不过，危机中仍蕴含着转机。

同样是在这一时期，教育改革开始如火如荼地进行，大学和学院完成了从神职学院向现代大学的转变，在一定程度上为19世纪末20世纪初专家型知识分子的崛起准备了条件。

首先，政党制度合法化，是知识分子"远离"美国政界的主因之一。虽然从1812年到1828年，国家政治中关于公共政策的争论被个人的、地方的以及区域间的冲突取代了，两党制度已趋消亡。① 但到杰克逊与亚当斯竞选时，政党政治重新出现，形成了民主党（杰克逊的支持者）和辉格党（反对杰克逊的一方）之间的对抗。② 至此，政党被视为大众民主机构的一种，开始具有合法性；而施以恩惠、给予回报也成为维护党派组织健全的手段，为"分赃制"的出现做了一定的铺垫。③

---

① Brinkley, *American History*, pp. 48-49.
② Brinkley, *American History*, p. 227.
③ Brinkley, *American History*, p. 234.

其次，行政轮换（rotation）的观念开始盛行，党派庇护（patronage）或者政治立场成为政府聘任人员重要的参考之一，使知识分子进一步被排挤出政治体系。这种公职岗位轮换的思想与"分赃制"相关，是美国很多州政府根深蒂固的制度。① 杰克逊政府允许当选官员委派追随者担任公职，认为这"不仅不会造成行政人员的退化，反而有助于社会改革"②。这种"任人唯亲"的官员选派标准取代了自华盛顿政府以降"任人唯贤"的行政标准，可以说是动了以往知识精英的"奶酪"，以至于到19世纪中叶，"美国行政部门的选任岗位和聘任岗位中，绅士已经完全被边缘化"③。直到内战结束，知识阶层才以文人改革派的角色登上政治社会的舞台，极力倡导行政改革，革除时弊。

根据霍夫施塔特的研究，改革型知识分子最早出现于1872年自由共和党运动中。④ 他们之中政界代表为格罗弗·克利夫兰，学术界代表是亨利·亚当斯⑤，理论代言人则是《国家》（Nation，图2.7）杂志的创刊人埃德温·

---

① Brinkley, *American History*, p. 234.
② Hofstadter, *Anti-intellectualism in American Life*, p. 169.
③ Hofstadter, *Anti-intellectualism in American Life*, p. 172.
④ Hofstadter, *Anti-intellectualism in American Life*, p. 188.
⑤ 亨利·亚当斯毕业于哈佛大学，是美国前总统约翰·亚当斯的曾孙、约翰·昆西·亚当斯的孙子，在1870年辞去公职回到哈佛教书，表示对政界的失望。

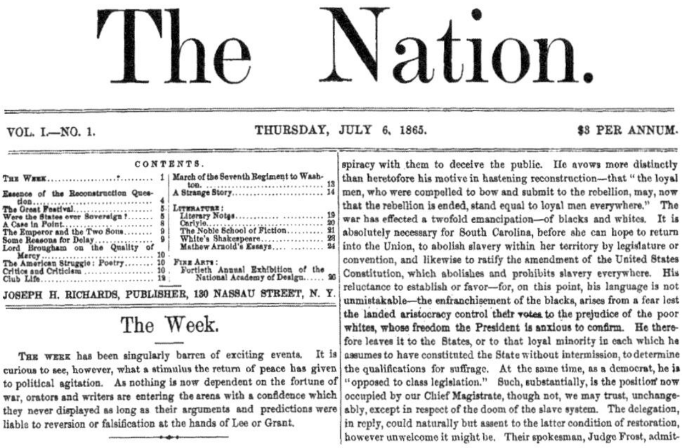

The Nation.

VOL. I.—NO. 1. THURSDAY, JULY 6, 1865. $3 PER ANNUM.

CONTENTS.

JOSEPH H. RICHARDS, PUBLISHER, 130 NASSAU STREET, N. Y.

The Week.

THE WEEK has been singularly barren of exciting events. It is curious to see, however, what a stimulus the return of peace has given to political agitation. As nothing is now dependent on the fortune of war, orators and writers are entering the arena with a confidence which they never displayed as long as their arguments and predictions were liable to reversion or falsification at the hands of Lee or Grant.

spiracy with them to deceive the public. He avows more distinctly than heretofore his motive in hastening reconstruction—that "the loyal men, who were compelled to bow and submit to the rebellion, may, now that the rebellion is ended, stand equal to loyal men everywhere." The war has effected a twofold emancipation—of blacks and whites. It is absolutely necessary for South Carolina, before she can hope to return into the Union, to abolish slavery within her territory by legislature or convention, and likewise to ratify the amendment of the United States Constitution, which abolishes and prohibits slavery everywhere. His reluctance to establish or favor—for, on this point, his language is not unmistakable—the enfranchisement of the blacks, arises from a fear lest the landed aristocracy control their votes to the prejudice of the poor whites, whose freedom the President is anxious to confirm. He therefore leaves it to the States, or to that loyal minority in each which he assumes to have constituted the State without intermission, to determine the qualifications for suffrage. At the same time, as a democrat, he is "opposed to class legislation." Such, substantially, is the position now occupied by our Chief Magistrate, though not, we may trust, unchangeably, except in respect of the doom of the slave system. The delegation, in reply, could naturally but assent to the latter condition of restoration, however unwelcome it might be. Their spokesman, Judge Frost, admit-

图 2.7　《国家》杂志创刊号（1865）

劳伦斯·戈德金[1]（Edwin Lawrence Godkin）。他们被称作文人改革派，大多出生于美国东北部，父辈大都属于建制阶层，有律师、牧师、医生、教师、编辑、记者、出版家、商贾和制造业主等，他们承继了新英格兰传统：崇尚教育和理性，对公共职务和行政改革充满热情。[2]

1868 年，曾带领北方联邦军队打败南方同盟军队的尤利西斯·格兰特（Ulysses S. Grant）被推上总统之位（图 2.8），知识阶层曾对其满怀希望，但在看到格兰特政府贪污、腐败等一系列丑闻之后，又渐渐失去信心从而转向其对立面。他们在 1872 年建立自由共和党，提名霍勒斯·

① Hofstadter, *Anti-intellectualism in American Life*, p. 174.

② Hofstadter, *Anti-intellectualism in American Life*, pp. 174-175.

图 2.8 格兰特总统第二次就职典礼（1873）

格里利（Horace Greeley）为总统候选人，与格兰特角逐1872 年的总统之位。1872 年 5 月 1 日在辛辛那提召开的自由共和党代表大会上，一致通过包括"从南部撤出军队""改革文官制度"和"恢复硬币支付"等主张的纲领。[①] 但结果并不理想，此次文人改革派的活动连同自由共和党运动随着格里利的败选暂时归于沉寂。

此外，自 19 世纪中叶以来教育改革的推行，对知识精英阶层也产生了很大的影响。从杰克逊执政到重建时期，美国一直在经历教育改革，总体的趋势是精英教育衰退，大众教育慢慢兴起。在内战前，精英教育、通才教育的理

---

① Morison, Commager and Leuchtenburg, *The Growth of the American Republic*, pp. 776-777.

念逐渐淡化，知识传播的方式进一步突破，"莱森学园运动"（Lyceum Movement，图2.9）、滚筒印刷机的使用都使大众教育得以实现。在这一时期，美国人的识字率飙升，但入学率没有任何变化，相应的基于学院教育的知识精英，其受社会尊敬的程度开始下滑。内战后，现代教育开始完全取代以往的以培养神职人员为主的教育，此举试图在精英教育和大众教育之间寻得平衡。

图2.9 莱森学园演讲（1841）

画中演讲人物为气象学家詹姆斯·波拉德·埃斯皮

杰斐逊曾认为"普及教育是美国最大的希望"，阅读能力或者说"驾驭铅字的能力"是成为"一个成熟的公民"所必备的能力。[①] 他由此推动了公共教育体系的建立，法律、医学、神学、工程等专科职业训练学校大量出现，如在1820年创办的诺威奇大学（Norwich University），1824年成立的伦赛勒工艺学院（Rensselaer Polytechnic Institute，图2.10）。

---

① Postman, *Amusing Ourselves to Death*, p. 62.

图 2.10 伦赛勒工艺学院原建筑版画

该画出自《特洛伊城的历史》，阿瑟·詹姆斯·魏泽著，1876 年出版

图 2.11 乔赛亚·霍尔布鲁克

The Lyceum Magazine，1920

与此同时，成人教育也偏向职业技能培训，如在较大市镇创办技工学校，开设职业训练课程和夜校等。① 而活跃于 19 世纪 30 年代至内战前的莱森学园运动，也进一步推动了大众教育或者说平民教育的发展。在这一时期，莱森学园运动组织者（图 2.11）

---

① Morison, Commager and Leuchtenburg, *The Growth of the American Republic*, p. 466.

"充分利用公共图书馆、学校空闲教室和其他现有空间,聘请当时知名的学者、政客和演说家为成年听众提供文娱活动和知识教学",亚伯拉罕·林肯和弗雷德里克·道格拉斯(Frederick Douglass)都曾列席演讲。演讲的对象还包含一些"农民和技工",以便向他们讲授"自然科学和其他实用知识"①。

除此之外,1846年发明的转轮印刷机,使快速印刷报纸成为可能,报纸的价格开始大幅度下降,如《纽约论坛报》(*Tribune*)、《巴尔的摩太阳报》(*Sun*)和《费城纪事报》(*Ledger*)都从19世纪40年代开始廉价出售报纸,进一步刺激了报纸的阅读率。② 通过这些直接或间接的知识传播渠道,美国人的识字率到内战初期,已位居世界国家的前列,其中"北方达94%,南方白人达83%(南方整体达58%)"③。这也解释了为什么从杰克逊时代起,美国人口在不断增加、学院人数保持不变的情况下④,社会识字率不降反升。随着取代学院教育的渠道不断兴起并逐渐优化,受教育者的社会地位不再那么稳定,大学毕业生的荣

---

① 艾伦·布林克利:《美国史》(第13版),陈志杰等译,北京:北京大学出版社,2018年,第544—545页。

② Morison, Commager and Leuchtenburg, *The Growth of the American Republic*, p. 466.

③ Brinkley, *American History*, p. 326.

④ Laurence R. Veysey, *The Emergence of the American University*, Chicago and London: The University of Chicago Press, 1965, p. 4.

誉日渐消散,知识精英被剥夺了特权者的位置,阶层差异也逐渐被抹平了。①

内战后大学或学院的宗教色彩进一步被消解,新成立的大批学府主要目的在于进行专业(或职业)训练,学术研究开始兴起。1869年,哈佛大学摆脱由教士担任校长的传统,推选年轻的化学家查尔斯·艾略特(Charles W. Eliot,图2.12)担任校长,恢复法学院和医学院②,这可视作教育完全世俗化的重要标志。而基于《莫里尔土地赠予法》建立的如加利福尼亚、伊利诺伊、明尼苏达和威斯康星等州立大学,大力发展工科和农科等专业③;为黑人开办的工科职业学校也如雨后春笋般开始出现。基于《莫里尔土地赠予法案》的收入,以及埃兹拉·康奈尔(Ezra Cornell)的赠

图2.12 查尔斯·艾略特

由埃尔默·齐克林创作于1904年

---

① Hofstadter, *Anti-intellectualism in American Life*, p. 154.
② Morison, Commager and Leuchtenburg, *The Growth of the American Republic*, p. 807.
③ Brinkley, *American History*, p. 511.

款建立的康奈尔大学也"全身披挂起学术的甲胄投入生活"（图 2.13），成为霍普金斯大学和芝加哥大学建设的模板。①

图 2.13 初创时期的康奈尔大学

由未知作者创作于 1872—1873 年

其次，教育平等意识进一步活跃，除了上述黑人学院的建立，女子学院如 1867 年的瓦萨学院（Vassar College）、1870 年的韦尔斯利学院（Wellesley College）、1871 年的史密斯学院（Smith College）纷纷建立，领先于英国，而此时男女合校的观念也被广为接受，不再是奇谈异说。②

最后，在知识传播的机构方面，有学者称 19 世纪 60 年代和 70 年代是印刷术衰亡的年代，因为以"图像"为中

---

① Morison, Commager and Leuchtenburg, *The Growth of the American Republic*, pp. 807-808.
② Morison, Commager and Leuchtenburg, *The Growth of the American Republic*, p. 806.

心的广告开始大面积占据报纸的篇幅,而以"文字"为中心的理性思考则退居其次,"娱乐业的时代"开始兴起,"阐释的时代"渐渐远去。①

从杰克逊时代到内战重建时期,教育开始全方位地向大众教育方向发展。具体而言,美国教育的主导思想已从培训神职人员完全转变为培训职业技能,以适应工业化社会的需求。印刷术的改良,对新闻报纸等大众媒体的发展有促进作用,但后者的发展如像广告"图像"的发展又渐渐销蚀着"铅字"文化,严肃的理性思考被甚嚣尘上的娱乐新闻取代,培养知识精英的空间被进一步压缩。因此纯粹理性思辨的知识精英,如曾被视为"教育界贵族"的文学学士在数量上开始减少,而适应工业化发展的专业技术人员,如医生、工程师、律师等专家型知识分子开始兴起。

这一时期绅士治国的传统已全然消失不见,而党派庇护成为常规做法,知识精英在政治社会上被边缘化、被孤立。这种状态在知识分子的内心不断发酵,渴望重回权力中心的信念促使他们不断启用"行政改革"议题,虽以失败告终,但为20世纪初进步主义者的成功改革提供了经验教训。而他们相对低位、尴尬的处境,也从反面凸显出19世纪末20世纪初知识分子开始大规模崛起的状态。

---

① Postman, *Amusing Ourselves to Death*, pp. 58-63.

(四) 19世纪末20世纪初的专家型知识分子

到19世纪末期,美国基本上实现了工业化,但出现了一系列工业化文明综合征,如腐败、贫富差异加剧、劳工运动和农业反叛运动此起彼伏,美国社会陷入一种莫名的紧张和焦虑当中。[①] 这一时期是美国的进步主义时期,这对美国人来说,是一个全新的阶段,是美国历史上未曾经历过的时代,无迹可循也无史可鉴。因此这种"莫名的焦虑感"和"危机感"[②]考验着美国人的神经,并逐渐演变为一种"精神饥饿"[③]。他们开始向曾经鄙夷的智识权威寻求帮助,如"希望将基督教的道德原则用到社会问题上"[④]。此时,知识和专业才能被不断强调,知识分子重新回到公众视野的中心,而饱受地位焦虑之苦的新教教士、大学教授、律师、建筑师、媒体工作人员等专门职业者(professional men),在经过现代化教育改革并接受旧式改革派、农民反叛运动的思想遗产之后,以专家型知识分子的姿态重返国家政治、经济和社会舞台的中心。

如上所述,从19世纪30年代到重建时期,在杰克逊

---

① 根据李剑鸣教授的研究,美国工业化完成的时间大致为1890年,参见李剑鸣:《大转折的年代》,第12页。
② 李剑鸣:《大转折的年代》,第45页。
③ Hofstadter, *Anti-Intellectualism in American Life*, p. 197.
④ Hofstadter, *Anti-Intellectualism in American Life*, p. 197.

主义影响下的大众政治和大众教育兴起,牧师以及类似神职人员的律师、医生、教授等已逐渐步下神坛。这些老一代的家世悠久、通常受过大学教育的中间阶层,其威望和社会地位不断被工业新贵或政治新贵们攫取或倾轧,已不再是国家政治、经济的绝对主宰。

首先是教士阶层。在殖民地时期甚至建国初期,牧师或者教士都享有崇高无上的声望,但随着19世纪世俗化运动的开展,教士阶层威望不断受到侵蚀。他们在失去民间道德和智识领袖地位的同时,也失去了对曾经专为培养牧师而设立的高等院校的领导。1869年,哈佛大学摆脱了由教士担任校长的长久传统,推选出一位准备接受达尔文进化论的化学家——查尔斯·艾略特担任校长,开创了一代先风。但即便如此,在19世纪60年代,教士仍然占私立院校董事会的39%,不过这一数据到1930年就下降到了7%。[①] 世俗人员逐渐取代教士成为学院或大学的校长,可以看出牧师们作为社区道德与智识领袖的地位逐渐被科学家和社会科学家们分享(图2.14)。不过这也与新富财阀们参与高等院校的运营有关。这些大学的领导地位不再由教士阶层所垄断,相应地,大学发展的方向以及培养学生的目的也不再只为宗教服务,更多地偏向科学和实业。

---

① E. J. McGrath, "The Control of Higher Education in America," *Educational Record*, Vol. XVII, April, 1936, pp. 259-72.

图 2.14 查尔斯·艾略特之前的五位哈佛校长

图为哈佛大学第 15 任—第 19 任校长,他们中有三位是牧师。
由未知作者创作于 1861 年

也是在同一时期,教士渐渐失去劳动者阶层的支持,并隐隐约约地受到富裕的教众的挑衅。① 此外,在世纪之交的社会转型时期,牧师们的生活水平难以得到保障。有数据显示,1920 年牧师的平均年收入仅为 937 美元,比诸多技术工人如泥瓦工、管道工、泥水工和砖匠还要低。② 面对这样的社会现实,教士阶层体会到深刻的地位焦虑,为重建往日的声望,拥抱自由主义的新教教士开始投身进步主义的改革,成为进步主义大军的强劲力量。

其次是大学教师群体。作为一种新职业,从事高等教育的大学教师在全国范围内出现,据统计其人数在 1910 年

---

① Hofstadter, *Anti-Intellectualism in American Life*, p. 150.
② Richard Hofstadter, *The Age of Reform*, p. 151, footnote 6.

时已达四万余人。① 他们地位不断得到巩固,但其境遇与教士阶层一样,也遭受巨富新贵的钳制,学术自由的空间受到压缩,学术尊严或自尊也时常受到侵犯。② 如上所述,在世纪之交工业巨头们对高等教育进行了大量的捐助,这就导致大学或学院的管理丧失了一定的独立性,如在康奈尔和加利福尼亚,捐赠者会直接面试未来的教授。③ 由企业家和其他非学术领域的人组成的理事会也不断提醒大学,"真实"世界对他们有什么样的预期。④ 此时,社会科学领域内的研究人员发现他们已成为按照"市场价格"领取微薄薪水的教职员工,有时不得不在意识形态上进行某种程度的"自我阉割"⑤。为了应对这种情况,大学教师在1915年建立了美国大学教授协会（American Association of University Professors）,要求对学术目标进行"职业化"的定义,这是大学教师群体自我意识的彰显。他们在进步主义时代甚至"新政"时期,扮演的"智囊团"角色使得这

---

① 在1870年以前,从事学术研究的研究人员没有严格的专业标准,也没有专业传统和自我意识,相应地,在大学中担任教职的研究人员其行业标准也还未完全确定,因而当他们在世纪之交大规模地出现时,大学教师作为一种职业才开始正式出现。参见 Hofstadter, *The Age of Reform*, p. 153; Veysey, *The Emergence of the American University*, p. 258.
② Hofstadter, *The Age of Reform*, pp. 154-155.
③ Veysey, *The Emergence of the American University*, p. 349.
④ Veysey, *The Emergence of the American University*, p. 351.
⑤ Hofstadter, *The Age of Reform*, p. 155.

种自我意识得到淋漓尽致的展现。

最后是律师和建筑师群体。在所有的专门职业或行业中,律师行业和建筑师职业与大学教师群体略有不同,他们早在世纪交替之前便已建立了较为严格的行业标准,社会地位比一般成功的商人高出好几级。

然而,在20世纪的最初十年,这两个行业都遭遇了严重的"精神危机",这在律师行业当中表现得尤为明显。[①]原因有三:

其一,由于工业主义(industrialism)和金融资本主义的发展,作为独立从业者的律师逐渐被招安(captive),转型成为房地产公司、信托公司、保险公司、讨债公司和银行的"企业法律顾问"(house counsel),为公司提供咨询和商业建议。[②] 此时,大量独立从业的律师转变为公司下属的领薪职员,律师行业的尊严和专业独立性都大受侵害。[③]

其二,那些没有进入企业担任法律顾问的律师,也呈现集中化的趋势,他们创建的律师事务所被称作"法务工厂"(legal factories),一些年轻才华横溢的律师在这里充当廉价劳力。

---

① Hofstadter, *The Age of Reform*, p. 156.
② Hofstadter, *The Age of Reform*, pp. 158-159.
③ George W. Bristol, "The Passing of the Legal Profession," *Yale Law Journal*, Vol. 22, 1912, p. 590.

其三，律师行业的内部也出现分化，一些不愿从事法律实务的律师开始进入法学院从事法律教育，即使工资微薄人们也趋之若鹜。这在一定程度上也分化了律师行业整体的力量。此时的律师，像建筑师一样已"沦为大公司的附庸"，将"保护人民的责任抛诸脑后"。①

回到这些专门职业者所处的时代，可以发现他们在深切地感受到地位变迁带来的地位焦虑的同时，也经历着国内外各种思想潮流、各类反叛运动的洗礼。作为知识分子的他们，是这些运动、思想的继承者，同时他们也在这些基础上推陈出新，建立自身的思想体系，即进步主义的思想体系。这些专家型知识分子反对工业巨头对企业的垄断和操纵，但也承认这是社会进化的产物，应加以适当的保护；他们也像平民党人一样担心"族群的混合"，但认为应该通过"人性化的和具有建设性的方案"对移民进行归化；他们对财阀、政治机器以及城市生活中的腐败问题感到愤怒，但也承认自己对其负有责任。② 通过将平民党人的诉求与城市发展问题加以调和之后，进步主义的思想跨越了党派的限制，也超越了乡村与城市的"二元对立"，使得平民主义的思想更为温和、也更加开明。③

---

① Hofstadter, *The Age of Reform*, p. 161.
② Hofstadter, *The Age of Reform*, p. 134.
③ Hofstadter, *The Age of Reform*, p. 133.

除去对平民主义遗留思想的间接继承,进步主义时代的知识分子更是改革派知识分子"精神上的子嗣"①,只是他们对后者的继承在某些方面似乎是反向进行的。在重建时期,改革派知识分子一直强烈反对"政治机器、腐败以及商业界干预政治事务的粗暴形式"②。

到19世纪90年代进步派知识分子(即专家型知识分子)面对社会上广泛存在的不平等、非正义现象,感到原有的政治哲学已不再能应对社会转型时期出现的种种弊病,如若像他们的父辈一样,"义无反顾地忠实于自由主义经济学和'自由放任主义'(Laissez-faire)的教条"③,让政府固守国家经济"守夜人"(night watchman)的角色,整个国家的经济、政治、文化等只会堕入无尽的深渊。④ 而在1890年大批前往欧洲,尤其是前往德国学习的美国人发现,他们在德国追随著名的德国经济学家阿道夫·瓦格纳(Adolph Wagner)和古斯塔夫·施穆勒(Gustav Schmoller)的经济学理念,前者为对社会问题感兴趣的美国人提供了破除"自由放任主义"教条的论点,后者则为智识与权力

---

① Hofstadter, *The Age of Reform*, p. 167.
② Hofstadter, *The Age of Reform*, p. 139.
③ Hofstadter, *The Age of Reform*, p. 167.
④ Daniel T. Rodgers, *Atlantic Crossings: Social Politics in a Progressive Age*, Cambridge: The Belknap Press of Harvard University Press, 1998, p. 77.

发生断裂的美国政治提供了"大学专业知识和官僚政府机构"相联系的坚定信念。①

到19世纪90年代末期,美国人对德国的经济学和政治哲学的学习已趋完成。② 这些正值壮年的美国留学生回国后便积极地投身大学教育,开始讲授劳工、劳工立法、垄断、社会主义、亨利·乔治(Henry George)的理论等热点问题。③ 他们带回国的当然不止行李,还有"强烈的自由解放意识""美国政治中缺乏'社会'这一立场的深刻认识",以及"政治理想与权威"相结合的"新模式"。④ 接下来,便是实践的问题了。

此时,诸多教士放弃了传统的牧师职务,转而在"问题百出的城市中提供服务",他们对社会责任感和公平意识的强调,为进步主义改革打上了伦理道德、追求社会正义的底色。⑤ 与社会福音运动同时出现的,还有被罗斯福总统斥为"muckrakers"(直译为"扒粪者",图 2.15)的新闻工作者主导的"黑幕揭发运动"。这些运动大量揭露以美孚石油公司为代表的大型企业内部存在的贪污、腐败、背信弃义等丑恶行径。这种对社会黑暗现实的揭发还延伸至

---

① Rodgers, *Atlantic Crossings*, pp. 91, 94.
② Rodgers, *Atlantic Crossings*, p. 86.
③ Rodgers, *Atlantic Crossings*, p. 99.
④ Rodgers, *Atlantic Crossings*, p. 111.
⑤ Brinkley, *American History*, p. 553.

图 2.15 著名的"扒粪"杂志《麦克卢尔》

《麦克卢尔》杂志封面,1901 年 1 月

美国的整个政治体系，其中包含"企业主的贿赂、党魁的腐化、有组织的犯罪、特权阶层的为所欲为、市民的麻木不仁"等普遍现象。① 可以说，黑幕揭发运动是整个进步主义改革的先声，为由社会福音运动唤起的社会责任感和道德感提供了宣泄的出口。

当然，大量的社会黑暗现实也同样激发着人们愤怒、同情等主观情绪。那么，进步主义改革者们又是如何匡正时弊，使得激愤的群情得以疏通，"心忧天下"的良知得以安放的呢？这便是需要专家型知识分子发挥效用的关键所在。他们在政治体系中扮演"智囊团"（brain trust）的作用，为政治决策的制定提供咨询和建议，并将民间诉求合理化，推动了一系列立法。

智囊团的出现主要得益于时任威斯康星州州长的政治"大佬"罗伯特·拉福莱特（Robert La Follette）。他在威斯康星州推行的民主试验提供了"第一批为'人民'和全州服务的专家的样板"。他和进步主义改革家弗雷德里克·杰克逊·特纳、托马斯·张伯伦（Thomas Chamberlain）推动了所谓的"威斯康星理念"的发展，认为——

> 通过科学、法律、政治、经济和历史的训练，大学可以从民主的队伍中选拔出行政人员、立法者、法

---

① 李剑鸣：《大转折的年代》，第67、69页。

官、担任要员的专家,他们会无私、明智地在竞争的利益者中斡旋。① (图 2.16)

图 2.16 罗伯特·拉福莱特的雕像

本书作者郭欢拍摄于威斯康星州议会大厦内

---

① Hofstadter, *Anti-Intellectualism in American Life*, pp. 199-200.

这就使得类似于德国的"教授和政府官员,学术机构和实际政策制定之间的机构性联系"① 得以建立。

在1918年,伍德罗·威尔逊担任美国总统之际,他将一个由不同领域的专家组成的庞大顾问团队带到巴黎,时人称作"咨询团"(The Inquiry)(在英国和法国都有类似的组织)。这个"咨询团"的专家有150人之多,包含史学家、地理学家、统计学家、民族学家、经济学家、政治学家等,加上他们的助手和员工,整个团队达数百人,轰动一时。②

19世纪与20世纪之交,在进步主义改革中担任旗手的除了上述的威尔逊、拉福莱特、特纳等人,还包含总统西奥多·罗斯福、历史学家阿尔伯特·杰里迈亚·贝弗里奇(Albert Jeremiah Beveridge)、哈佛大学博士亨利·卡伯特·洛奇(Henry Cabot Lodge)、林业专家吉福德·平肖(Gifford Pinchot)、经济学领域的约翰·R. 康芒斯(John R. Commons)和索尔斯坦·凡勃伦(Thorstein Veblen)、政治学方面的查尔斯·A. 比尔德(Charles A. Beard)、哲学领域的约翰·杜威(John Dewey),等等。③ 其中平肖因与总统西奥多·罗斯福的交游,使得他成为"美国政府中

---

① Rodgers, *Atlantic Crossings*, p. 94.
② Hofstadter, *Anti-Intellectualism in American Life*, pp. 211-212.
③ Richard Hofstadter, *Anti-Intellectualism in American Life*, pp. 198-199; Richard Hofstadter, *The Age of Reform*, p. 154.

专家治理的开拓者"①。1889年,平肖毕业于耶鲁大学,而后到欧洲留学,成为林业方面的饱学之士。回国后,他曾协助建立国家森林管理局,在1898年被任命为农业部林业局局长。② 他也是罗斯福"网球内阁"③的成员,为罗斯福"将100万英亩的森林和矿藏保护起来免于私人开发的政策"④出谋划策,在美国国家森林体系的建立方面厥功至伟。此外,罗斯福还支持《拓殖法案》(*National Reclamation Act of 1902*)的通过,同意为西部水坝、水库、运河的建设提供联邦基金,以便开荒造田。⑤

《拓殖法案》的通过是国家投入资金进行公共设施建设的一个案例,也是通过政策法案对经济发展进行规范调整的表现,这样的实例在进步主义时期比比皆是。早在1887年,美国国会便通过了《州际商务法》(*Interstate Commerce Act*),随后成立了州际商务委员会(Interstate Commerce Commission,ICC),这是"规范工业的第一步"⑥,也是"联邦政府干预私人经济事务的开端"⑦。在这一期间,《谢尔曼反托拉斯法》(图2.17)、1906年《赫伯恩铁路管理

---

① 李剑鸣:《大转折的年代》,第98页。
② 同上书,第98—99页;Brinkley, *American History*, p.574.
③ 李剑鸣:《大转折的年代》,第99页。
④ Brinkley, *American History*, p.574.
⑤ Brinkley, *American History*, p.575.
⑥ Brinkley, *American History*, p.574.
⑦ 李剑鸣:《大转折的年代》,第95页。

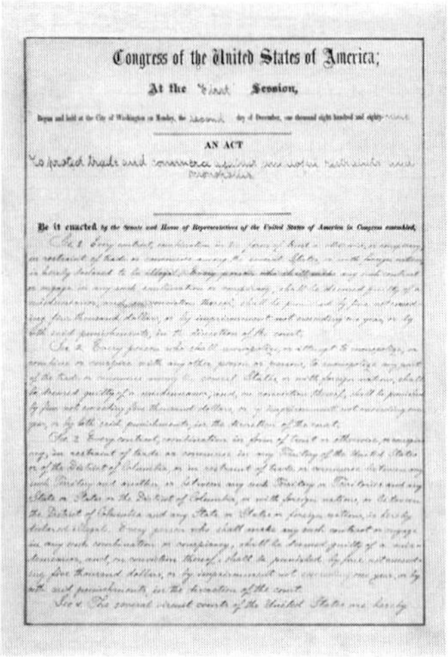
Congress of the United States of America;
At the First Session,
AN ACT
Be it enacted by the Senate and House of Representatives of the United States of America in Congress assembled,

图 2.17 《谢尔曼反托拉斯法》(1890)

法》(*Hepburn Railroad Regulation Act of 1906*)、《纯净食物和药品法》(*Pure Food and Drug Act*)、《肉类检查法》(*Meat Inspection Act*)等一大批法案和改革措施陆续通过。[①] 这些立法都将进步主义运动，甚至劳工运动和平民党运动的种种诉求用法令的形式得以确立并予以实施，民众郁积于心的不满、愤懑情绪借这种较温和的方式得以疏通，而不是任其发展酿成大规模的暴动。实现各个阶层的大联合，这不可谓不是专家型知识分子未雨绸缪的结果。

在 19 世纪末 20 世纪初，美国的知识分子披上“现代化”的外衣，成为领薪的专门职业者，也成为美国新中产阶级崛起的中坚力量，起着引擎和发动机的作用。知识分子在这一时期的崛起，绝不仅仅是人数或规模上的扩大或增多，他们的崛起是从被社会忽视的边缘回归国家政治、

---

① Brinkley, *American History*, p. 574.

经济舞台的中心,这样一整个社会地位的崛起。

回顾美国知识分子从出现到陨落再到重新回归社会高位的发展历程,可以发现在蒙昧时期占据社会主宰地位的知识分子职业,如牧师阶层渐趋消亡,但在社会动荡不安之际,仍时不时地担任着守护社会良知的责任;而随着启蒙运动开启的科学化、工业化进程,拥有专门学问的专家型知识分子如经济学家、政治学家、社会学家等大学教授越来越受到重视,但也只是在国家危难之际发挥"智囊团"的作用,为社会下一阶段的发展制定蓝图,跟建国初期的律师阶层一样。因此这一时期知识分子在台前的活动时间并不稳定,一旦完成了历史赋予他们的"社会建筑师"的责任,叠加在他们身上的光环也随之消失,他们也将再次回归芸芸众生。毕竟美国的宪法精神强调的是"人民",不允许有一个贵族式精英阶层凌驾于人民头上。

三、 文官群体的演绎

美国内战后,政府管理人员内部发生了分裂。原有的由总统任命、与总统共进退的政府职员有一部分被固定下来,成为政府常任雇员,"职业化"趋势加强,从而成为社会转型过程中"新中产阶级"的中坚力量。他们就是随着1865-1883年文官制度改革(Civil Service Reform)的推进,队伍日益庞大的文官群体。何为文官?他们与自美国建国以来便已存在的政府管理人员的区别何在？文人改革派与文官制度改革的联系是什么？"文官集团"的形成对"新中产阶级"这个群体具有什么样的影响？这些都是该部分致力阐释的问题。

（一）职业文官与政治官员分化的缘起

现代西方的文官制度体系起源于英国"两官分途"的原则，即对职业文官和政治官员实行两种不同的任职、考核、奖惩、任免、监督和保障方式，这一原则相继为美国和其他欧洲国家所沿用。职业文官通常是指通过公开考试择优录用，主要负责执行政策的事务官，他们不参与政党政治，实行"职务常任"（tenure），表示对"文官和文官职务的尊敬"。[①] 而政治官员则是通过"政治任命"与内阁或总统共进退的政务官，他们实行任期制，参与国家政策方针的制定。在英国，政治官员主要包含首相、大臣、国务大臣、政务次官、政治秘书、专门委员，以及由选举或政治任命产生的议员。职业文官则是在政府行政部门中，除去政治官员、法官、军人、政府企事业单位和自治地方工作者以外的所有工作人员。美国的文官制度改革大体上是以英国的文官体系为蓝本，但文官所包含的范围相对于

---

① 石庆环：《20世纪美国文官制度与官僚政治》，长春：东北师范大学出版社，2003年，第35页。

英国来说更为宽泛。在美国的文官体系中,"除选举产生的官员、须经参议院同意而由总统任命的官员、一般工人即军官以外的所有政府文职人员,均属文官之列"①。政治官员则"由总统提名和国会参议员三分之二多数通过批准任命"②。总体而言,"两官分途"体现了行政和政治的严格区分。

但是,在文官制度改革前,在美国的政府管理体系并无"两官分途"这样明晰的概念。在美国建国初期,现代意义上的文官制度体系并未产生,绝大多数的政府官员均由总统任命。早期任命的官员仍遵循"选贤举能""任人唯贤"的原则。但随着政党的产生,以"个人赡徇制"和"政党分肥"为特征的"分赃制"开始出现。这在由"弗吉尼亚王朝"③所组建的政府中问题尚不明显,毕竟由建国之父们所组建的政府,仍有一种生气存在。④后来打着"大众政治""平均主义"的旗号上台的杰克逊政府,开始

---

① 张友伦、李剑鸣主编:《美国历史上的社会运动和政府改革》,天津:天津教育出版社,1992年,第149页。
② 石庆环:《20世纪美国文官制度与官僚政治》,第34页。
③ 1789—1825年,弗吉尼亚州共诞生了4位美国总统,除了第二任美国总统约翰·亚当斯来自马萨诸塞州,其他的如第一任总统华盛顿、第三任总统杰斐逊、第四任总统麦迪逊、第五任总统门罗均来自弗吉尼亚,因此历史学家也将这段时期称为"弗吉尼亚王朝"。
④ 张友伦、李剑鸣主编:《美国历史上的社会运动和政府改革》,天津:天津教育出版社,1992年,第150页。

将这种强调"政党忠诚"的"政党分赃制"和"政治庇护制"公开化,后者在随后的半个多世纪①中大行其道,致使刚上任半年的美国总统詹姆斯·艾伯拉姆·加菲尔德(James Abram Garfield)于1881年被刺身亡。此时,分赃制的危害可谓达到顶峰。因此,职业文官与政治官员分化的背景,即政党分赃制出现的缘由,可追溯至建国初年的华盛顿政府,在亚当斯和杰斐逊政府出现端倪,而在杰克逊政府时期得到充分的发展,直至标志着职业文官和政治官员得以各行其是、各司其职的《彭德尔顿法》(*The Pendleton Act of 1883*,图2.18)颁布后才开始收敛,前前后后大致经历了四个阶段。

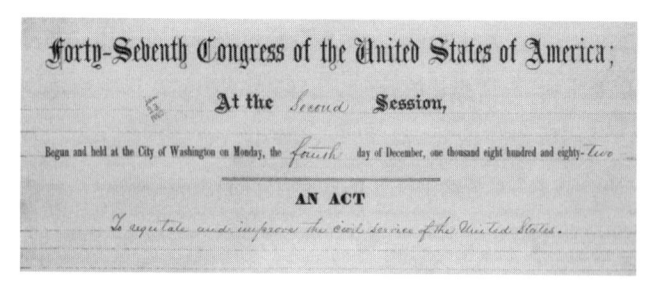

图 2.18 《彭德尔顿法》封面副本(1883)

在华盛顿时代,美国刚刚建国,由十三个州组成的联邦政府,仍为"小政府"。据说在华盛顿的两届任期内,他

---

① 从1829年安德鲁·杰克逊上台到1883年《彭德尔顿法》的颁布,一共经历了54年的时间。

所做出的任命也不过几百项①，只是到后来随着疆土扩张以及政府职能的扩大，美国的文官队伍才逐渐壮大。在官员的选择上，华盛顿强调联邦政府的职员和机构必须"忠于宪法"，"诚实、有道德和有能力"。②

然而这些标准都较为主观，那么如何才能遴选出具备这些特质的人才呢？对此，华盛顿将"家庭背景、教育程度、社会地位、对新政府的忠诚、地区代表性"等因素纳入考量的范围。③ 此时总统和一般的公务员较为清闲，要将行政和政治区分开来的必要性还未凸显，而当时的人们也尚未有此意识。

不过较为明显的是，早期美国文官的政治生涯完全取决于总统，任期不定，他们的选拔录用也是完全出于"政治性"的考虑，这些情况在亚当斯和杰斐逊的任期内都较为突出。如上文所述，虽然在联邦宪法的制定过程中，华盛顿等制宪者们极力避免政党的出现。但在华盛顿政府之后，美国政坛还是出现了由汉密尔顿领导的联邦党人和杰斐逊等人领导的共和党人之间的对抗。这是美国的政治体

---

① 张友伦、李剑鸣主编：《美国历史上的社会运动和政府改革》，第150页。
② David H. Rosenbloom, *Centenary Issues of The Pendleton Act of 1883: The Problematic Legacy of Civil Service Reform*, New York: Marcel Dekker, Inc., 1982, Preface, 5.
③ David A. Schultz, et al. *The Politics of Civil Service Reform*, New York: Peter Lang Publishing, Inc., 1998, p.25.

制中最早出现的党派形式,也埋下了"政党分肥"的祸根。

在 1800 年大选之后,联邦党人亚当斯为确保选举后大权仍掌握在本党手中,他利用《司法条例》(*Judiciary Act of 1801*)连夜签署新法官委任状,将大量的联邦党人安排进新增设的联邦法官职位,而"这些被任命的法官也被称为'午夜命官'(midnight appointments)"①。面对这样的情况,杰斐逊上台后便废除了 1801 年的《司法条例》,取消了亚当斯"午夜任命"的法官席位。② 而在后面的几年之内,杰斐逊更是大刀阔斧地"撤换了比其两位前任多出数倍的官员"③。要知道,在华盛顿政府时期,仅有 17 名政府官员被免职,还多是因为其"个人品德和工作效率"④的问题。

到杰克逊时代,"政党分赃制"已经到了公开推行的地步。杰克逊曾在 1829 年年底致国会的总统咨文中提出"官职轮换"的理念,旨在"摧毁将官位视为财产的思想,削弱官员阶层,让所有公民都有参与自治的平等权利"。⑤ 这种带有强烈的"平均主义哲学"的理念是杰克逊政府推行

---

① Brinkley, *American History*, p. 178.
② *American History*, p. 195.
③ 张友伦、李剑鸣主编:《美国历史上的社会运动和政府改革》,第 151—152 页。
④ 石庆环:《20 世纪美国文官制度与官僚政治》,第 4 页。
⑤ Leonard D. White, *The Jacksonians: A Study in Administrative History, 1829-1861*, New York: The Macmillan Company, 1954, p. 5.

"民主政治"的基础,曾一度受到广大民众的欢迎,也成为杰克逊的"继任者们的一种指导思想"。① 这种政治哲学也强调:"在自由选举的基础上建立'人民'的政府,联邦行政机构应通过频繁选举或直接依赖当选官员的方式对选民负责。"② 由此"为了迎合选民的需要和保证选任的联邦官员对公众特别是对占统治地位的政党负责","政党分赃制"开始获得学理上的支持。1832年后,一位热情的杰克逊派人宣称:"参加战斗的人理所应当应分得战利品"③,"分赃制"也由此得名(图2.19)。④

杰克逊在任命官员时认为,官员要同时具备"业务上的能力"和"政治上的忠诚"。⑤ 但在政府的实际运行中,"政党分赃制"强调的"政党忠诚"开始对"功绩制"造成倾轧。⑥ 在就职几个月后,杰克逊便向国会提交了一份带有强烈的"'政治庇护制'和'政党分赃制'色彩的联邦官

---

① 石庆环:《20世纪美国文官制度与官僚政治》,第6页。
② Frederick C. Mosher, *Democracy and the Public Service*, New York: Oxford University Press, 1968, p. 61.
③ Edward Pessen, *Jacksonian America: Society, Personality, and Politics*, Homewood, Illinois: The Dorsey Press, 1978, p. 314.
④ 张友伦、李剑鸣主编:《美国历史上的社会运动和政府改革》,第153页。
⑤ James D. Richardson, *A Compilation of the Messages and Papers of the Presidents, Volume* 3, New York: Bureau of National Literature, Inc., 1897, p. 1012.
⑥ 石庆环:《20世纪美国文官制度与官僚政治》,第8页。

图 2.19 讽刺杰克逊政府"政党分赃制"的漫画

《哈珀周刊》(Harper's Weekly, 1877)

员任命名单"①；而在他八年的任期内有10%—20%的任命官员由于"政党和政治的原因而被免职"②。

"政党分赃制"在杰克逊政府之后的演化愈加恶劣，造成大量的政治腐败和震惊全国的政治悲剧。1841年，来自辉格党的威廉·哈里森总统（William Harrison）上任后开始大量替换民主党的政府官员，等到民主党人詹姆斯·波尔克（James K. Polk）总统上台又将16 000名邮政官员中的13 500名撤换掉。③ 相继上台的辉格党人总统扎卡里·泰勒（Zachary Taylor）和民主党人总统富兰克林·皮尔斯（Franklin Pierce）也都延续着"分赃制"传统。④ 就连"政治圣徒"⑤亚伯拉罕·林肯也不例外。在他的任期内，他将可由总统任命的1639个职位撤换掉了1457个，以满足共和党人对职位的需求。

面对这样不成文的规定，历任总统深受其害但也无可奈何。曾公开反对"分赃制"的加菲尔德总统，据说其1/3

---

① 石庆环：《20世纪美国文官制度与官僚政治》，第9页。
② Paul P. Van Riper, *History of the United States Civil Service*, Evanston, Illinois: Row, Peterson and Co., 1958, p. 35.
③ Ari Hoogenboom, *Outlawing the Spoils: A History of the Civil Service Reform Movement*, 1865-1883, Urbana, Chicago, and London: University of Illinois Press, 1968, p. 6.
④ Hoogenboom, *Outlawing the Spoils*, p. 6.
⑤ 张友伦、李剑鸣主编：《美国历史上的社会运动和政府改革》，第153页。

的在任时间都被钻营官职的人占去①，最后却被一个没能成功获得官职的芝加哥律师查尔斯·吉托（Charles Guiteau，图 2.20）开枪射击身亡。除此之外，一味要求"政党忠诚"，忽略任命官员的才干和品格也造成了大量腐败横行、尸位素餐、十羊九牧的现象，这种现象在格兰特政府内更是普遍。首先是莫比利尔信贷公司旗下的建筑公司，从联合太平洋公司和对铁路建设给予高额补贴的联邦政府身上骗取上千万资金，而时任格兰特政府副总统的斯凯勒·科尔法克斯（Schuyler Colfax）也被牵涉在内。② 其次，财政部长威廉·A. 理查森（William A. Richardson）被发现任用著名政客的亲朋担任肥差而被迫辞职，驻西班牙大使也携 100 万巨款潜逃。③ 凡此种种，使得打着改革内政旗号上任的格兰特总统大失民心，最终黯然离场。

图 2.20 查尔斯·吉托

未知作者拍摄于 1881 年

---

① 王锦瑭：《美国文官制的改革》，《世界历史》1985 年第 3 期，第 31 页。
② Brinkley, *American History*, pp. 412-413.
③ 张友伦、李剑鸣主编：《美国历史上的社会运动和政府改革》，第 156 页。

同样也是由于分赃制的盛行，各党派上任后纷纷巧立名目，设立官职以攫取权力。从1792年到1861年，美国的文官队伍不断壮大，从华盛顿政府时期的几百号人增加到49 200余人，增长了63倍有余①，这对中间阶层的成长来说无疑是一种喜闻乐见的情况。但若把同时期美国人口增长情况考虑在内，就会发现这时期文官阶层的质量参差不齐，大多为冗官闲职。② 例如1877年，时任总统拉瑟福德·海斯命令约翰·杰前往纽约海关调查，发现大约有20%的海关官员职位是不必要的，而相应地缩减开支却是必要的。③ 也是由于事务官与政务官混杂不清，一些需要专业技术能力的职位也与政务官一样，与历任总统共进退，四年一换。职位连续性的缺失使得人人自危，公职人员应有的责任感也难以培养，最后使得办公效率低下，财政耗费无度。例如在纽约邮政局，邮件邮包积压、拖延、丢失的情况时有发生。④ 而纽约海关那里，更是每年会损失1200万到2500万美元不等。⑤ 也是由于见证了分赃制带来

---

① 王锦瑭：《美国文官制的改革》，第31页。
② 从1792年到1861年，美国人口增长了8倍。参见Paul P. Van Riper, *History of the United States Civil Service*, Evanston, Illinois: Row, Peterson and Co. , 1958, p. 50.
③ Hoogenboom, *Outlawing the Spoils*, pp. 151-152.
④ 张友伦、李剑鸣主编：《美国历史上的社会运动和政府改革》，第155页。
⑤ Hoogenboom, *Outlawing the Spoils*, p. 17.

诸如贪污、腐败、冗官、浪费等种种弊端，将职业文官和政治官员区别开来的意识才在人们的脑海中逐渐形成，从此开始了文官制度改革的艰难尝试。

(二) 文官制度改革的进程

早在"政党分赃制"初现端倪之际，人们对其担忧和谴责便不绝于耳。1811 年，来自马萨诸塞州的联邦党人代表乔赛亚·昆西 (Josiah Quincy) 对人们热烈追求官职的现状表示不满，担心国会将官职任免作为施恩他人的手段可能会颠覆自身的独立性。虽然他希望能引起人们的关注以支持改革，但并未得到任何回应。15 年后，一位热情的杰克逊派人士托马斯·哈特·本顿 (Thomas Hart Benton) 提议将行政部门的官职任命权移交给国会；而当杰克逊当选总统时，辉格党人也曾就总统的任命权提出疑问，要求总统提交官职任免的理由，并废除 1820 年 (四年制)《任期法》(*Tenure of Office Act of 1820*) 中的一部分。1844 年，来自辉格党的参议员詹姆·T. 莫尔黑德 (James T. Morehead) 提交了一份批判"政党分赃制"种种弊端的议案。虽然早期这些对"分赃制"的担忧和批判较为浅近，但也无情地揭露了"官职轮换"或者说"政党分肥"的种种危害，并且还为 19 世纪 70 年代到 19 世纪 80 年代的文官制度改革埋下了火种。

不过，真正现代意义上的文官制度改革是内战结束前后开始的。1864年4月30日,来自马萨诸塞州的共和党参议员查尔斯·萨姆纳(Charles Sumner)向国会提交议案,主张设立文官委员会来主持文官考试,通过竞争性考试,量才为用。在议案中他写道:

> 除非我们有训练有素的人员,否则我们将付出沉重的代价才能完成我们伟大的事业。在决定政治方向的职位上实行"官职轮换"是恰当的,但若在行政机构中也进行"轮换制"却是荒谬的①。

萨姆纳提出限制"官职轮换"的施行范围,已有将职业文官和政治官员区分开来的朦胧意识,其产生背景为南北战争。其时,大量拥护奴隶制、有经验的民主党人被清扫出联邦政府,一度造成行政效率低下,管理难度加大。对此他指出:"这是一个需要变革的时期。我们的整个制度就像一团融化的蜡,准备进行一次模印(impression)。"②而对该制度进行"模印",所参照的对象便是英国的文官制度改革。早在1853年,英国就在英属殖民地印度推行了开放性的竞争考试以选拔官员,两年后在英国本土也设立了文官委员会,用于监督本土的文官选拔考试。

---

① Hoogenboom, *Outlawing the Spoils*, pp. 10-11.
② Hoogenboom, *Outlawing the Spoils*, p. 11.

1854—1870年英国议会根据著名的《诺斯科特-屈威廉报告》(Northcote-Trevelyan Report)建立了"世界上第一个常任文官制度"①,连同《麦考利报告》(Macaulay Report)一起都成为美国进行文官制度改革的范本。② 萨姆纳与主导英国文官制度改革的人员通信,不断增进对英国文官制度的了解,这在他提交的议案中也有所展示。然而他本人对议案的通过并无强烈要求,并且政治态度也不明朗,即他一方面希望消除文官制度中低效率的情况,另一方面却暗自承认"政党忠诚"有一定积极作用。③ 因此,该议案便被搁置了,但总体上看萨姆纳不失为美国文官制度改革的"先驱"④。

继萨姆纳之后,大力推动文官制度改革的美国人是律师出身的托马斯·A.詹克斯(Thomas A. Jenckes)。1865年年底,时任国会众议员的詹克斯(图2.21)正式向国会提交文官制度改革的议案。詹克斯仿效欧洲人的经验,与英国的屈威廉(Trevelyan)和诺斯特科(Northcote)通信,将英国的文官制度改革作为学习的范本。⑤ 在议案中,

---

① 杨柏华:《略论西方国家文官制度和人事制度改革》,《天津社会科学》1983年第2期,第27页。
② 石庆环:《20世纪美国文官制度与官僚政治》,第14页。
③ Hoogenboom, *Outlawing the Spoils*, p. 10.
④ 王锦瑭:《美国文官制的改革》,第34页。
⑤ Paul P. Van Riper, *History of the United States Civil Service*, Evanston: Row, Peterson and Co., 1958, p. 65.

他主张通过竞争性考试选拔官员,择优取仕;空缺由低一级的文官进行递补或者通过特殊考试公开招贤;同时设立由总统任命、参议院批准的三人文官委员会,任期为五年;除了主持考试,该文官委员会还需制定各项规章制度,明确足以构成免职的低效率或渎职的行为,以便对违法文官提起诉讼。①

图 2.21 托马斯·A. 詹克斯

Et Al Greene, Welcome Arnold, *The Providence Plantations for 250 Years*, J. A. & R. A. Reid, 1886

1866 年,詹克斯对他在 1865 年提交的议案进行修改并做了详尽的报告,但由于反对派势力过于强大,国会最后以 71∶67 票的结果否决了詹克斯的议案。② 在 1868 年、1870 年和 1871 年,詹克斯法案又多次被提交至国会,但均未通过。③ 值得肯定的是,詹克斯法案获得了《国家》《纽约时报》(*New York Times*)、《纽约每日论坛报》(*New York Daily Tribune*)、《普罗维

---

① Hoogenboom, *Outlawing the Spoils*, p. 16.
② Hoogenboom, *Outlawing the Spoils*, p. 31.
③ Ronald N. Johnson & Gary D. Libecap, *The Federal Civil Service System and the Problem of Bureaucracy: The Economics and Politics of Institutional Change*, Chicago and London: The University of Chicago Press, 1994, p. 31.

登斯日报》（*Providence Journal*）、《晚报》（*Evening Bulletin*）等报纸杂志的转载与报道，对詹克斯的议案表示肯定与支持。① 詹克斯法案也不负厚望，后来成为《彭德尔顿法》的蓝本。作为"美国文官制度改革中第一个全面而系统的方案"，其"历史意义是不容忽视"的，它的提出也可视作"美国文官制度改革运动发端的标志"。②

后世有历史学家评价：如果说克莱、卡尔霍恩和韦伯斯特对文官制度改革的提倡是为堵住文官任命的"后门"（back door），那么后面的改革者就相当于是在致力于审查文官任命的"前门"（front door）。③ 毕竟，卡尔霍恩等人强调更多的是对总统任命权的限制，而内战之后的改革家，如早期的萨姆纳和詹克斯更多是将事务官和政务官区别开来，将一部分官职任命权交予公开的竞争性考试，这便为现代意义上的文官制度改革指明了方向。后来的改革家们还对其做了进一步的完善，从而将这场改革运动推向高潮。

内战结束后，有三个困扰美国的全国性问题：货币问题、南部处置问题以及文官制度改革问题。④ 由于南部重

---

① Hoogenboom, *Outlawing the Spoils*, pp. 27-32.
② 张友伦、李剑鸣主编：《美国历史上的社会运动和政府改革》，第160页。
③ Riper, *History of the United States Civil Service*, p. 66.
④ 张友伦、李剑鸣主编：《美国历史上的社会运动和政府改革》，第158页。

建问题，原约翰逊政府混乱不堪，民心涣散，尤利西斯·S. 格兰特将军临危受命，在1868年大选中获胜成功当选总统。虽然在其任期内，政治丑闻不断，但在他就任之初也表现出较强的对文官制度进行改革的意愿。如1869年，格兰特就在他的第一届政府就职演说中宣布要进行文官制度改革。① 1870年12月，在他递交给国会的第二份国会咨文中，正式提出改革文官制度的立法议案，并于1871年在国会艰难通过，成为美国历史上第一个具有现代性意义的文官制度改革法案②，也是政府将文官制度改革提上议程的标志。③ 在此基础上，格兰特任命了以改革派乔治·威廉·柯蒂斯（George William Curtis，图2.22）为首的第一届"文官委员会"（Grant Civil Service Commission），制定文官细则。④ 细则要求所有文官候选人都应是品格高尚、年龄适中、身体健康的美国公民，具备英文听、说、读、写的能力。

图2.22 **乔治·威廉·柯蒂斯**

由马修·本杰明·布雷迪创作于1855—1865年间

---

① 石庆环：《20世纪美国文官制度与官僚政治》，第16页。
② Riper, *History of the United States Civil Service*, p. 68.
③ 王锦瑭：《美国文官制的改革》，第34页。
④ Riper, *History of the United States Civil Service*, p. 69.

同时，文官职位被分为不同的等级用于测试与晋升。这些职位一共分为四个等级：第一等级主要为一般的行政职员，需要通过竞争性考试进行选拔；第二等级包括薪水为 1000—3000 美元的领事人员，需要在被推荐的基础上进行考试，考试合格者才能被任命；第三等级为主要港口的海关税收官员，不要求对其进行考试，如果可能可从职位空缺部门的附属单位进行选任；第四等级便是一些包含内阁成员在内的高级官员，他们的任命仍按传统的方式进行。① 这些细则被认为勾勒出了现代文官系统的大致轮廓②，被美国《国家》杂志称为"一次伟大改革的伟大胜利"③，该委员会也被认为是"美国联邦政府历史上的第一个联邦政府人事管理机构"。作为美国历史上第一次尝试为总统提供咨询的"智囊机构"，其在强调"雇主与职员"关系的现代政治学理论中，"这一尝试被认为是非常必要的"。④

尤为可惜的是，由于格兰特被拥护"政党分赃制"的反对派掣肘，他的改革意志并不十分坚定，这届委员会只存在了四年⑤便被格兰特政府放弃了，期间经历了柯蒂斯

---

① Hoogenboom, *Outlawing the Spoils*, p. 95, 108.
② 张友伦、李剑鸣主编：《美国历史上的社会运动和政府改革》，第 163 页。
③ Hoogenboom, *Outlawing the Spoils*, p. 95.
④ 石庆环：《20 世纪美国文官制度与官僚政治》，第 18 页。
⑤ 从 1871 年创立到 1875 年停止工作。

和多尔曼·伊顿（Dorman Eaton，图 2.23）两任主席。由首届文官委员会开创的、在国家层面进行的文官制度改革，由格兰特的继任者海斯政府完成了薪火传递。

图 2.23　多尔曼·伊顿

《哈珀周刊》（*Harper's Weekly*，1883）

1876 年，高举文官制度改革旗帜的拉瑟福德·海斯（图 2.24）成功当选总统。他拿着前格兰特文官制度委员会主席柯蒂斯为其制定的一整套详尽的文官制度改革方案，提出"改革联邦政府人事管理制度是当时最重要的任务"，得到了大批改革者的支持。[①]

---

① 石庆环：《20 世纪美国文官制度与官僚政治》，第 20 页。

图 2.24 拉瑟福德·海斯

未知作者拍摄于 1877—1893 年之间

1877年6月,海斯总统发布了一项行政令,禁止政府官员参与政治组织、党团会议、政治集会甚至竞选团队的管理,也禁止任何形式的政治捐款。① 他还任命积极倡导文官制度改革的卡尔·舒尔茨(Carl Schurz)担任内政部长,后者到任后便对内政部进行改革并执行"考绩制"(model merit system)。海斯总统还委托前格兰特文官委员会主席伊顿研究英国的文官制度,并起草一份相关报告。1880年,《伊顿报告》(*Eaton's Report*)问世后,反响强烈。②

---

① Hoogenboom, *Outlawing the Spoils*, p. 154.
② Riper, *History of the United States Civil Service*, pp. 75-76.

此外，海斯总统还致力于整治纽约海关和邮政系统的腐败现象。1878年，他强制罢免了有严重腐败问题的海关总长——切斯特·A. 阿瑟（Chester A. Arthur），推行海关改革。① 1879年，他积极支持邮政总长托马斯·L. 詹姆斯（Thomas L. James）实行竞争性考试制度，使得邮政效率明显提高，到1880年在邮件数量增加的情况下，投递费用却减少了20 000美元。②

这种通过考试选拔官员的方式在格兰特文官委员会的主持下，也在纽约海关等其他海关得到有效实践。当时共有2286人参加录用考试，282人受到任命；1531人参加晋升考试，428人受到提拔。总共700人通过考试受到任命或升职，相对削弱了分赃制对海关的威胁。③ 虽然这种竞争性考试在格兰特政府后期因国会不予拨款而停办，但在海斯总统的任期内又得以重新启用，后来也成为现代文官制度的基本特征之一，具备较强的生命力。然而，海斯在他就职后仍使用封官许愿的方式酬谢在1876年大选中为其效劳的"亲信"④，表明"政党分赃制"和"政治庇护制"

---

① Riper, *History of the United States Civil Service*, pp. 75-76.
② Hoogenboom, *Outlawing the Spoils*, p. 174.
③ Leonard D. White, *The Republican Era: A Study in Administrative History, 1869-1901*, New York: The Macmillan Company, 1958, p. 284.
④ Riper, *History of the United States Civil Service*, p. 76.

势头仍然较为强盛，文官制度改革在其任内也并无实质性的突破，这令诸多改革派大为失望。

与此同时，文官制度改革的民间组织正在如火如荼地建立，为19世纪80年代文官制度改革重新登上国家政治舞台而做准备。1874年和1875年，早期的两位改革家萨姆纳和詹克斯相继去世。① 他们生前未竟的事业，由彭德尔顿和伊顿等人继承并推进。1877年，前文官制度委员会主席多尔曼·B. 伊顿和其他改革家在纽约成立了文官制度改革协会（Civil Service Reform Association，图2.25），由美国卫生委员会战时负责人、牧师亨利·贝洛斯（Henry Bellows）担任主席。

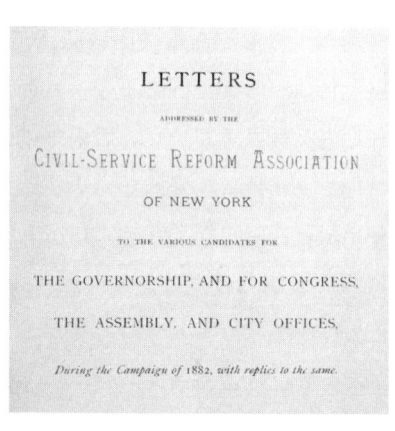

图2.25 文官制度改革协会致各州长、国会、议会候选人的信函首页（1877）

---

① Riper, *History of the United States Civil Service*, p. 78.

协会的宗旨是："推进改革，消除文官制度中恩赐、徇私、党派威压等弊端，促使（文官的）任命、升职以及撤换均依据品格、才干和经济的原则进行。"在提出这项宗旨时，伊顿建议将"美德"（merit）替换为"才干"（capacity），更为直接地显示其支持竞争性的考试。在 1877 年 10 月 18 日召开第一次公开大会时，有近 300 人参加。① 到了 1880 年，该协会共有会员 583 人，遍及全国 33 个州和地区。② 这期间，协会的发展并不平顺。在经过 1877 年强势的开局后，便迅速地衰落了。③ 1880 年，一批对文官制度改革仍抱有极大热忱的协会成员开始对文官制度改革协会进行重组，并于 1881 年 8 月建立全国文官制度改革同盟（National Civil Service Reform League），由乔治·W. 柯蒂斯担任主席，直到其 12 年后辞世。④ 在此之前，波士顿、辛辛那提、密尔沃基、费城、普罗维登斯、旧金山、新奥尔良、巴尔的摩等城市以纽约协会为中心，相继成立了改革协会，在全国范围内宣传改革。⑤ 1880、1881 和 1882 年，仅纽约协会就发布了 50 多万份关于改革的宣传单、小册子和文

---

① Hoogenboom, *Outlawing the Spoils*, p. 188.
② Riper, *History of the United States Civil Service*, p. 78.
③ Hoogenboom, *Outlawing the Spoils*, p. 188.
④ Riper, *History of the United States Civil Service*, p. 78; Hoogenboom, *Outlawing the Spoils*, p. 188.
⑤ 张友伦、李剑鸣主编：《美国历史上的社会运动和政府改革》，第 166—167 页。

件。他们撰写文章、举行写作比赛、发表演讲、向国会请愿,等等。马萨诸塞协会的附属杂志《文官制度记事》(Civil Service Record),每月刊登与改革相关的文章,报道改革的进程。① 这场由全国改革派自发组织的改革运动可谓声势浩大、家喻户晓,而这时身处高位的国会议员也难以继续坐视不理,忽略民众对于改革的诉求。

1880年12月15日,来自俄亥俄州的民主党参议员、前副总统候选人乔治·彭德尔顿基于早期改革家詹克斯的议案和实践,向国会提交了自己的改革法案,但并未引起足够的重视。然后在1881年,改革家伊顿前去拜访彭德尔顿,建议用纽约文官改革协会起草的议案②替代彭德尔顿最初的议案,彭德尔顿对此表示同意,并于1881年1月将新议案提交到国会参议院进行讨论,但仍然未获得批准。③ 此后的总统暗杀事件,以及1882年大选时政治气候的变化,使得改革的浪潮再次被掀起,直达顶峰。1880年,来自俄亥俄州的共和党众议员詹姆斯·A.加菲尔德当选总统。在担任众议员期间,他曾是文官制度改革运动的领导者和支持者,但上任后却逐渐与改革派疏离,陷入"政党

---

① Riper, *History of the United States Civil Service*, p. 78.
② 纽约文官改革协会的议案也是基于詹克斯议案起草的,但绝大部分可算得上是伊顿的创造。参见 Ari Hoogenboom, *Outlawing the Spoils*, pp. 201-202.
③ Riper, *History of the United States Civil Service*, p. 94.

分赃制"的旋涡。1881年7月2日，在其前去参加母校威廉姆斯学院的毕业典礼时，被一位来自由共和党参议员罗斯科·康克林领导、副总统切斯特·阿瑟参加的中坚派（Stalwarts 或者 Conklingites）成员吉托杀害（图2.26）。而早在1881年3月26日，吉托曾写信向加菲尔德总统求职，并提醒总统"不要忘记在上一年竞选中他为总统所做的贡献"[①]。因此很难判断这场暗杀是坚定派所预谋的，还是吉托个人求职不成精神失常所致，但不管怎么样，加菲尔德都成了"政党分赃制"的牺牲品，也成为文官制度改革派大加宣传、推进改革运动的有力武器。

图2.26 加菲尔德总统遇刺（1881）

由 A. 伯格豪斯和 C. 厄姆珀创作并发表于《弗兰克·莱斯利画报》

---

① 引自石庆环：《20世纪美国文官制度与官僚政治》，第27页。

1881年9月16日，在加尔菲德弥留之际，纽约文官改革协会向全国发布关于改革的请愿书，从彼得·库珀（Peter Cooper）到前总统拉瑟福德·海斯都在上面签名，表示支持改革。加菲尔德总统去世后，改革派详细地引用其早年发表的关于文官制度改革的文章和演说，试图将加菲尔德的形象从软弱的、被国务卿詹姆斯·G. 布莱恩（James G. Blaine）操控的工具，转变为勇敢的支持改革的"十字军战士"。来自民主党的商人奥兰多·波特（Orlando Potter）甚至还向纽约协会捐赠2000美元专门用于宣传加菲尔德关于改革的言论。① 此外，新闻界也投入大量的精力用于宣传文官制度改革，《纽约时报》、《先驱报》、《论坛》和《哈珀周刊》（*Harper's Weekly*）等著名报刊都用大量篇幅跟踪报道改革的相关事宜——

> 抨击"政党分赃制"下的滥用权力和政治丑闻，抗议国会多数党对改革的冷漠态度，揭露政治家不信守他们的诺言和政党全国大会的誓言……②

所有这些，都给切斯特·A. 阿瑟在加菲尔德去世后继任总统带来了极大的压力，改革已成为房间里的大象，是

---

① Hoogenboom, *Outlawing the Spoils*, pp. 212-213.
② 石庆环：《20世纪美国文官制度与官僚政治》，第30—31页。

其任期内不得不引起高度重视的议题。1881年12月,阿瑟总统向国会递交的国情咨文中提到了他还是副总统候选人时写的一封关于文官制度改革的信件,提出了对"量才为用"(ascertain fitness for office)的思考,同时也保证将认真执行由国会通过的、涵盖英国文官制度基本特征的文官制度改革法案。① 在阿瑟总统向国会递交国情咨文的同时,彭德尔顿也再次向国会提交由伊顿为其起草的法案,经过激烈的辩论后,参议院最后以38票赞成、5票反对、45人弃权的表决结果通过了《彭德尔顿法》②;众议院则以155∶47票的结果通过了该法案。③

1883年1月16日,阿瑟总统,这个曾因腐败被海斯总统卸职的前纽约海关总长签署批准了《彭德尔顿法案》。至此,被国会、总统、民间反复推进了20余年的文官制度改革落下帷幕,开始投入实际的运用中。

(三)文人改革派?新中产阶级?

主导这场文官制度改革运动的,主要是来自美国东部和东北部的中等阶层。其核心人物如柯蒂斯、伊顿、舒尔茨、葛德金,他们要么为政界精英、要么是报刊编辑。如

---

① Hoogenboom, *Outlawing the Spoils*, pp. 215-216.
② Hoogenboom, *Outlawing the Spoils*, p. 246.
③ Hoogenboom, *Outlawing the Spoils*, p. 249.

柯蒂斯在1863年便担任《哈珀周刊》政治专栏的编辑，舒尔茨是《纽约邮政晚报》的编辑，葛德金是《国家》杂志的创刊人和编辑。①

在文官制度改革运动中，他们纷纷率领笔下的报刊为改革奔走呼号，营造舆论氛围。在"政党分赃制"大肆横行的背景下，他们曾短暂地站在国家政治舞台中心，为总统提供文官制度改革的意见，扮演着早期智囊团的角色。如柯蒂斯、伊顿等人曾任格兰特文官委员会的主席，主持全国性的文官制度改革。但由于政坛风云变幻，反对派势力过于强大，柯蒂斯、伊顿等人被排挤出政治决策中心，迫使他们转向民间，建立纽约文官制度改革协会以及全国文官制度改革联盟，召集全国的力量间接地影响国家立法，艰难促成1883年《彭德尔顿法》的通过。从距离国家决策中心的远近来说，作为知识分子的文人改革派确实如霍夫施塔特所言，是处于被排挤的、失意的状态。他们竭力推动的文官制度改革运动，体现的是正在崛起的东部新式中产阶级与以"政党分赃制"为特征的西部权力之间的对抗。②

上述文官制度改革的领导人大都是出身于中间阶层的精英，而通过分析文官制度改革派的构成也可发现在这一

---

① Riper, *History of the United States Civil Service*, p.79.
② Riper, *History of the United States Civil Service*, pp.78-79.

时期以新闻记者、专业工作者、上层工人为主体的新式中产阶级正在崛起。各地的文官协会成员大多为报刊编辑、记者、医生、教授、律师、工程师，也有牧师、农民、工业家和商人。以纽约协会为例，其中21人为律师、9人为编辑、3人为大学教授、5人为神职人员、10人为医生，还有4名银行家、3名批发商、2名保险工作人员、1名制造商、1名经纪人、1名秘书和1名出版商；在布鲁克林协会中有117名商人、112名专业工作者；波士顿协会中有180名商人、130名专业工作者；加利福尼亚协会中则有84名商人、64名专业工作者以及1名农场主。①

除此之外，这场以文人改革派为主导的新中产阶级改革运动，对促进现代文官阶层的崛起起了关键作用，而这又反过来促进了新中产阶级队伍壮大以及整体质量提升。1883年，《彭德尔顿法》通过后，一个新的文官制度委员会（Civil Service Commission，图2.27）成立了②，以多尔曼·伊顿为主席，

图2.27　文官制度委员会

Title 3 of the Code of Federal Regulations，1959—1963

---

① Hoogenboom, *Outlawing the Spoils*, pp. 191-194.
② Riper, *History of the United States Civil Service*, p. 94.

雇员从1883年的6人也逐渐上升到1919年306人。① 《彭德尔顿法案》也在美国历史上第一次确立了联邦政府人事管理的三项原则，即竞争考试原则（Competitive Examination）、职务常任原则（Tenure）和政治中立原则（Political Neutrality）。② 这三项原则对于推动文官集团的专业化和职业化，发挥了极大的作用。

首先，竞争考试原则最初源于英国，但这种相对实用的考试方式在格兰特文官委员会推行时也被认为太过理论化。因此，参议院要求在考试内容中要强调"实用性"，要与即将从事的工作要求联系起来。③ 在文官的录用和晋升流动方面，不应有阶级、年龄、身份、地域等方面的限制，美国的文官体系应向任何年龄段、来自任何阶级的人开放。这就继承了杰克逊式的民主制所强调的"平均主义"和"机会均等"的原则。④ 而这种以"功绩制"和才干、品质为标准的录用和晋升方式，使得文官的文化水平得以保证，文官的整体素质也得到较好提升。例如，有数据显示，从

---

① 张友伦、李剑鸣主编：《美国历史上的社会运动和政府改革》，第170页；Lewis Mayers, *The Federal Service, A study of the System of Personnel Administration of the United States Government*, New York and London: D. Appleton and Company, 1992, p. 3.
② 石庆环：《20世纪美国文官制度与官僚政治》，第32页。
③ Riper, *History of the United States Civil Service*, p. 100.
④ 石庆环：《20世纪美国文官制度与官僚政治》，第33—34页；Riper, *History of the United States Civil Service*, p. 101.

1884年1月到1896年6月,在所有实行竞争考试的联邦政府部门,有10%-13%的录用文官曾接受大学教育;在1897年的财政年,在666名通过考试被录用到华盛顿工作的文官中,有159名曾上过大学,占总人数23.8%。如果考虑到直至1940年,美国25岁及以上的人口中仍只有10.1%的人进过大学,那么几乎80%-90%受过高等教育的人都曾申请过政府的文官职位。① 所以,美国整个文官队伍的知识文化水平是不容小觑的。

其次,职务常任的概念也源于英国的文官制度,该原则首次明确地用法律的形式将职业文官和政治官员集团区分开来②,有效地促进了文官队伍的专业化,也保证了政府工作的稳定性。③ 职业文官是通过竞争考试和"功绩制"的方式被选用,"并被划入职位分类系统中,成为终身任职的官员,不与总统共进退"。在文官制度建立之初,划入职业文官系统的职位数量并不多,大约占联邦官员总数的10%-15%,后来才发展到85%-90%。④ 在阿瑟总统任

---

① Riper, *History of the United States Civil Service*, p. 165.
② Johnson & Libecap, *The Federal Civil Service System and the Problem of Bureaucracy*, p. 32.
③ 王锦瑭:《美国文官制的改革》,第36页。
④ 石庆环:《20世纪美国文官制度与官僚政治》,第35页;Robert Maranto, *Politics and Bureaucracy in the Modern Presidency: Careerists and Appointees in the Reagan Administration*, Connecticut: Greenwood Press, 1993, p. 19.

期结束后,划入到职业文官系统中的职位大约有 1.5 万个,而留给政党分肥的职位大约有 12.5 万个。① 可以看出在这一时期,"政党分赃制"的势力仍然比较强大。1884 年大选结束后,几乎有四分之一个世纪未曾执政的民主党在克利夫兰总统的带领下入主白宫,一时间求职者如织,纷纷涌向白宫。克利夫兰在其第一任期内将属于总统任命范围内 90% 的官员撤换为民主党人。② 而在他即将结束这一任期时,为了减少下一政党用于分肥的职位,他将属于总统任命的 5000 个职位划为竞争考试的职位;1892 年,本杰明·哈里森总统(Benjamin Harrison)任期将满时,将 8500 个职位划入职业文官行列;1896 年,在克利夫兰总统的第二任期也将结束时,他将 3.7 万个职位划为职业文官职位。此时,在 19 万个联邦政府官员职位中,有近 50% 的职位为职业文官③;而到了 1901 年随着政府职能的扩大,政府部门的增多,职业文官数量更是增长到 106 205 个④,极大地壮大了文官队伍的力量。此外,在不断增多的职业文官岗位中,专家和科技人员的岗位也相应地增加,如在 1900 年联邦政府录用专家和科技人员 330 人,占每年平均

---

① Riper, *History of the United States Civil Service*, p. 118.
② 张友伦、李剑鸣主编:《美国历史上的社会运动和政府改革》,第 171 页。
③ Riper, *History of the United States Civil Service*, pp. 122, 127, 130.
④ Hoogenboom, *Outlawing the Spoils, 1865-1883*, p. 279.

录用总数的 3.43%；到 1930 年，该人群的录用数上升为 2491 人，占总体的 5.26%。① 现代文官制度的建立也为由专业工作者和专家组成的"智囊团"提供了输出渠道，也有力地解释了在 20 世纪初美国专业工作者、专家型知识分子人数增多的现象。

最后，政治中立要求"文官不准参与政治活动"，"取消政治捐款，拒绝捐款的人不得被免职或受到其他伤害"。② 这便将文官从政治活动或政党活动的控制和束缚中解放出来，"成为独立的行政力量"③，也能在一定程度上杜绝由于政党利益造成的贪污腐败，肃清文官队伍。在职务常任原则的辅助下，不断积累业务知识和经济实力，使得文官成功转型为政府"雇用"的、以职业为主的"新式中产阶级"，成为美国社会转型过程中一个特殊的"白领职业群体"。

四、 经理阶层和推销人员的崛起

从 19 世纪中后期开始，美国经历了生产和分配过程中的革命性转变。由于技术、组织、运输方式和通信方式的

---

① 王锦瑭：《美国文官制的改革》，第 36 页。
② 同上书。
③ 石庆环：《20 世纪美国文官制度与官僚政治》，第 37 页。

创新，使得大规模的生产和分配成为可能。工商企业开始取代传统的公司，步入现代化的进程。在这一过程中，企业的管理权与所有权剥离开来，现代性的经理阶层开始出现，而科层制的发展则为经理阶层的职业化和专业化奠定了基础。同样，由于运输和通信方式的创新、广告业的发展、百货商店的出现，以及大规模的生产造成的供大于求的现象，同处工商业世界中的推销人员也开始进入全国性市场，成为白领金字塔底层群体的补给。

(一) 速度的经济性

作为连接生产和消费的枢纽，铁路的发展为美国经济的发展起到了巨大的提振作用，辅之以通信方面——电报的发展，铁路公司内部首先便培育了一个庞大的管理官僚层。19世纪40年代以前，美国大宗物品以及人员的运输，主要以河道航运为主。但40年代以后，随着铁路运输技术的革新，铁路开始取代运河成为大众和工商业喜爱的交通运输方式。而在这期间，美国铁路的修建也进入繁荣阶段。在19世纪40年代的十年中，美国新修建并且加入运营的铁路长度为6000英里，到1850年全国铁路的总长度达到9000英里[①]；内战后，铁路的长度从1862年的3.06万英

---

① Alfred D. Chandler, Jr., *The Visible Hand: The Managerial Revolution in American Business*, Cambridge: Harvard University Press, 1977, p. 83.

里增长到1870年的5.3万英里，1880年则达到9.4万英里；而在19世纪80年代的铁路大发展时期，铁路长度跨过10万英里大关，达到16.7万英里；1900年更是直逼20万英里，即19.9万英里。① 为保证铁路运输的安全、准时和可靠，信息传递与沟通也是不容忽视的。电报于1844年发明后，在1847年便投入工商业的运营中。1861年电报线路首次修筑到了太平洋沿岸，此后20年美国共铺设了29.1万英里的电报线，并发送了3170.3万封电报，有效地保证了铁路运行班次、时间的调整和一致。②

然而所有这些都需要人为的操作，甚至火车机车、车皮、铁轨、路基、车站、调车房，以及其他设备的长期保养与修理，也都有赖于相当规模的管理组织。具备专业管理技术的管理人员开始成为就业市场的急需人才，他们需要——"监督在地理上极为广阔的范围内的各种职能活动；以及任命中、上层管理执行人员来监督、评估和协调负责日常经营活动的经理的工作。"③ 于是，"美国首批现代企业的管理者"便应运而生了，并且随着铁路对建筑业和金融业的辐射作用，这种经理式的管理层级制开始在各行业扩展开来，管理阶层也从无到有，稳步上升。

---

① 朱世达：《关于美国中产阶级的演变与思考》，《美国研究》1994年第4期，第43页。
② Chandler, Jr., *The Visible Hand*, p. 89.
③ Chandler, Jr., *The Visible Hand*, p. 87.

同样，也是由于发生在运输和通信方面的革命，推销的力量开始彰显。在 19 世纪 40 年代晚期，纽约和费城的批发商首次开始聘用"旅行推销员"（drummers，图 2.28）以争取乡间商人的生意。

图 2.28　喜剧电影《旅行推销员》海报

派拉蒙影视公司发行于 1921 年

这些流动的推销员坐着火车到铁路沿线的城镇和乡村，有时还会乘坐马匹或马车去联系散落在全国各处的乡间杂货铺，推销来自大城市的商品货物。① 除此之外，这些推销员还承担着向总公司汇报"需求的变化"，以及"特别受

---

① Chandler, *The Visible Hand*, p. 219.

欢迎的商品项目"的任务,这些即时的市场信息有的也是通过电报或电话进行传送。①

当然,推销人员的出现,主要还是因为大量的生产导致商品市场出现供大于求的现象。而大规模的生产,除了由于铁路运输的便利性使得原料供应充足,还有赖于现代公司的崛起,在这一过程中企业的所有权和管理权得以分离,"职业经理人"开始出现。

(二)管理阶层和推销人员的职业化

19世纪末20世纪初,随着遍布全国的水陆交通网的修筑、电话电报的发明以及制造技术的进步,现代化的美国大公司开始兴起,而这种现代性的公司仍然首先出现在铁路行业。②

自1850年以来,美国国内的大多数铁路开始转由私人企业经营,这些铁路公司既要负责修筑铁路,也要兼顾铁路运输方面的运营。③ 由于修建铁路需要投入大量的资本,"单独一个企业家、家族或合伙人的小集团几乎不可能拥有铁路",需要多单位融资入股;面对如此众多的股东或代理人,难以实现直接经营,因此专职的支薪经理便成为管理

---

① Chandler, *The Visible Hand*, p. 219.
② 肖华锋:《论19世纪末20世纪初美国公司化运动》,《江西师范大学学报》2002年第1期,第32页。
③ Chandler, Jr., *The Visible Hand*, p. 82.

铁路修建和运营的适当人选。① 在这种情况下,铁路公司从传统的家长式管理中脱离出来,设立专门的机构进行管理,公司的所有权和管理权开始自然地分离开来。②

由于管理工作复杂而烦琐,需要专门的训练和技巧才能胜任,因此管理也逐渐成为一门专门的学问,只有精通这门学问的人才能掌握公司的管理权,由此也促进了经理阶层的专业化和职业化。这些铁路经理们大都把自己的工作视为"终身事业",再加上进行企业管理需要特殊的训练和技能,进一步加深了"经理"是一种"专业职业"的认知。③

内战后,美国的制造业公司纷纷效法铁路公司的管理体制,相继成立了功能不同的管理部门,主管公司的生产、运输和销售等方面工作。这一点在标准石油公司(美孚)的经营管理模式上得到较好的呈现。1886年,该公司将管理机构分为国内商务、国际贸易、储油、精炼和运输委员会,"由高级主管人员组成的一个执行委员会负责协调各部门的工作和经营活动"。这就再一次扩大了经理发挥作用的舞台。④ 在主管生产方面,19世纪80年代后,美国制造业

---

① Chandler, Jr., *The Visible Hand*, p. 87.
② 胡国成:《公司的崛起与美国经济的发展(1850—1930)》,《美国研究》1993年第3期,第18页。
③ Chandler, Jr., *The Visible Hand*, p. 87.
④ 胡国成:《公司的崛起与美国经济的发展(1850—1930)》,注释22。

开始在工厂一级的生产管理中推行"泰勒制",注重操作的"科学标准"和"差额工作量比率"。① 具体而言,即根据跑表记录的最短操作时间制定工作标准,从而安排整个生产。② 这种强调"时间标准"的管理方式,旨在最大限度地获取工人的劳动,"加深资本家对工人的剥削",但不可否认的是,这种管理组织上的创新对提高劳动生产率和组织大规模的生产发挥了巨大的作用。③

当投入少量的劳动力便能生产大量的产品时,生产者的供应能力便渐渐地超过了消费者的购买力,推销活动的"买方市场"由此形成。此时,因需要向全国市场推销产品,"推销员的作用便大大提高了"。当经济活动的重点从生产转向分配时,米尔斯评价道:"美国的推销活动已变成纯意志的自主力量,正是由于它,经济才得以高速运转。"④ 虽然在前工业化时代一直存在售货员,但极缺少专业的推销员,而旅行推销员更是随着铁路运输网在全国的建立,以及电话电报的使用才出现的新兴职业。在零售业的黄金时代,曾有300万白领工作人员直接参与销售活动,这部分人群中除了创造和满足新需求的流动型推销人员,

---

① 胡国成:《公司的崛起与美国经济的发展(1850—1930)》,第19页。
② 李剑鸣:《大转折的年代》,第243页。
③ 胡国成:《公司的崛起与美国经济的发展(1850—1930)》,第19页。
④ Mills, *White Collar*, p. 109.

还有大量的"不需要挖掘需求或顾客而专门坐等客人上门的售货人员",占白领销售人员的60%。① 他们主要活动在现代百货商场,也是在这里完成了销售人员的专业化和职业化训练。

百货商店,几乎是同许多美国城市同时出现的。从俄亥俄到旧金山再到亚拉巴马、芝加哥和罗切斯特,都能见到百货商店的布点,而发展得最为迅速的便是纽约市——"全国最大的城市市场"②。第一家百货商店其雏形是亚历山大·斯图尔特(Alexander Stewart)在1846年设立的第一家大型纺织品零售商店——著名的马布尔纺织品大厦(图2.29)。1862年斯图尔特还增加了产品系列,如布料、

图 2.29 马布尔大厦

由亚历山大·斯图尔特于 1843—1846 年建造,
是纽约市第一座意大利风格的商业建筑
Moses King, *King's Handbook of New York City: An Outline History*

---

① Mills, *White Collar*, pp. 164-165.
② Chandler, *The Visible Hand*, p. 225; Mills, *White Collar*, p. 166.

and Description of the American Metropolis, *Boston*：*The Author*，1892

针线、被单、丝带以及其他纺织品，至此原来的纺织品零售商店开始转型成一家"不折不扣的百货公司"，但其存活时间并不长。

1858年罗兰·梅西（Rowland Macy）在纽约开始经营其高级纺织品的零售事业，然后在60年代接管一些毗邻的商店并增设新的产品系列，在19世纪70年代以前梅西公司也成长为一家百货公司。到了1877年，阿诺德·康斯特布尔（Arnold Constable）也开设了一家更大的百货公司。① 百货公司已成为最大的城市市场，吸引着"崇拜394 000种商品的信徒"，"每天吸引着137 000名妇女"，还雇有11 000名雇员对其进行经营管理。②

大商店的售货岗位竞争激烈，大多是从成千上万的候选人中挑选出来并进行培养，以形成自己的"职业模式"。为了使品质和成功之间的联系得以巩固，从20世纪开始，大型商店如百货公司便不再随便雇人，而是"科学地挑选和培养工作人员"，以选拔高级人才。1915年，百货商店还建立了独立的训练部，"负责教授商店的规章和经营商店方面的知识"③。第一次世界大战后，这些百货公司便不再

---

① Chandler, *The Visible Hand*, p. 225.
② Mills, *White Collar*, p. 169.
③ Mills, *White Collar*, p. 171.

从其他商店或一些较小的商店雇用经理人员，取而代之的是得到"正规训练"、具备基本的"文化背景"、从底层擢升的售货员或其他中级管理人员（如巡视员、采购员等）。① 至此，"百货商店就形成了自己的职业模式；在每一级上都精心挑选出一些候选人，然后用它的提升机制逐步把这些人提升上去"②，大部分的经理人员在担任这项职务时，就已经过15—20年的专业训练。

可以看到，推销人员的专业化与经理人员的专业化在这里会合了，都具备了新中产阶级"受雇用的""职业化"的特征，成为新中产阶级队伍的有力补给。

（三）对新中产阶级队伍的补充

首先，从人数上看，20世纪以前经理阶层和推销人员在新中产阶级中占绝对优势。具体而言，他们在新中产阶级中的比例为58%，其中经理阶层为14%，推销人员为44%。只是这一优势到1940年时，有所回落，这可能与第二次世界大战结束前夕，城市化加快带来的整个新中产阶级人口基数的上涨有关，其中尤为突出的是以文官群体为代表的办公人员大幅上升——从1870年的12%增长到1940年的40%，但在商店内部和外部工作的推销人员仍占

---

① Mills, *White Collar*, pp. 171-172.
② Mills, *White Collar*, p. 172.

新中产阶级的职业团体的 25%，还有一定的优势。

其次，从中产阶级的整体人数来看，经理阶层和推销人员在其职业出现初期便显出较大的优势。在 1870 年，整个新中产阶级在中产阶级的占比为 15%，其中经理阶层为 2%，推销人员 7%；到了 1940 年，随着新中产阶级的人数上升到 56%，经理阶层和推销人员在中产阶级中的占比分别上升到 6% 和 14%。① 不过由于本书研究的时间阈限为 19 世纪末 20 世纪初，对于 1920 年后的情况只略作提及，以觇前景。

最后，从阶级文化上看，经理阶层和推销人员在职业化过程中所体现的异化感，也是新中产阶级"无根"这一整体状态的具体表现。

在现代公司的管理中，除了在生产管理中实行"泰勒制"，更为广泛运用的是"科层制"（Bureaucracy）。虽说该制度是"资本主义英雄时代的遗留物"，但也是"社会组织中迄今能够设计出来的最有效率的一种"，它强调在一些办公室，或司、局这样的等级结构中，每一等级雇用一个具备专门素质的骨干人员。② 具体而言，在企业的董事长职位之下，设置高层管理（各董事会成员）、部门经理、底层管理、工头（还包括监工、助手）、工人队伍。其中，带薪

---

① Mills, *White Collar*, p. 65.
② Mills, *White Collar*, p. 78.

经理成为美国经济运转的重要人物,他们代替了商人,但在整个等级阶层中,他们也仅仅是"没有最终责任和不作最后决定的规程化的一般职员"①。对此,米尔斯曾批评道:

> 在一个主要由抽象概念的庞大体系支配的世界里,经理者可能因循规蹈矩而变得冷冰冰的,他们可以做出地方长官或直接上级永远做不出来的事。他们与社会的绝缘使他们对下层社会的贫困生活及其在上层社会圈子里显出的荒谬愚蠢无动于衷。②

此外,曾被视为资本主义精神的节俭、诚实等具有"人的特质"的美德也被科层化,成为企业制度的一部分,是"企业方式的客观规则",而企业则成为"拜物的对象"。③ 白领阶层的经理和职员也逐渐沾染资本主义扩张过程所体现出来的贪婪、狡诈的特性,作为个人,他们本性上可能并不贪婪、也不狡诈,"但是控制着他们的那台机器却使贪婪成为常规,使侵略成为组织的非个人原则,而人仅是企业机器上的轮齿"④。也就是在科层制的统治下,人不再用全景式的视野对企业进行管理,也摆脱了担负全责

---

① Mills, *White Collar*, p. 107.
② Mills, *White Collar*, p. 110.
③ Mills, *White Collar*, pp. 107-108.
④ Mills, *White Collar*, p. 109.

的压力和束缚,他们逐渐被所谓的企业精神所同化,只专注处理"人"与"符号"的关系,也使得管理者产生异化。而曾经温情脉脉的具有人情味的管理方式消失殆尽,正如马克思所言:"科层制的目标即在于操纵整个世界。"①

除此之外,推销人员在科层制中受供求法则影响,其自主性的丧失,使得异化现象更为明显。主要原因在于大规模生产的实现使得商品不断趋向标准化,而将这些标准化的商品进行大量销售,也使得商品价格一致化,并固定在商标上,成为销售的标识。② 此时,"单一价格"成为"推销科层制度化的一部分",原有的存在于早期市场中的讨价还价现象消失了,"售货人员和顾客都被剥夺了讨价还价的权利",销售变为普通的工作过程,推销员成为精心建立起来的市场组织中的一环,该说什么、不该说什么都写在了推销手册上。③ 因此,推销员出售别人的商品,无法单独决定商品的价格,其自主性被完全剥夺。④

在推销人员的生活中,"品格训练课程"也逐渐占据一定的空间。通过参与"品格训练课程",销售人格(sales personality)得以建立,所有的推销人员都被训练为具有"全面的、合群的、有效率的性格"的人,还需要具备"殷

---

① Mills, *White Collar*, p. 111.
② Mills, *White Collar*, pp. 179, 185.
③ Mills, *White Collar*, pp. 179-180.
④ Mills, *White Collar*, p. 181.

勤的、替人着想和友善的态度",并且还要"控制说话的声音",等等。所有这些人格特征成为"销售领域内外大众模仿的楷模",成为服务于异己者的工具,"自我异化"已产生。推销人员的微笑是固定的,推销内容是固定的。长此以往,当人们识破了这种推销人员的道德规范时,人与人之间的不信任感开始产生,相互疏远。

科层制管理下的销售界和管理阶层,也为流行于现代世界的冷漠与疏离的弊病推波助澜,加剧了新中产阶级所特有的"无根"症候。

五、小结

纵观美国从建国初期到 20 世纪初这一百余年的历史,可以发现美国新中产阶级的崛起,其实早有端倪。首先,作为中产阶级的先锋,知识阶层在其中的占比并不算高。而知识阶层的多样性,促使知识阶层在各个时段以不同的角色身份登上历史的舞台,实现群体生命的更新换代。他们凭借对社会问题敏锐的感知能力和预见能力,构筑国家和社会的发展蓝图。其次,一开始便存在的文官群体,在经历了对职业文官和政治官员进行分化的文官制度改革之后,成为新中产阶级中不容忽视的一支力量,为美国社会所普遍认同和接受的"专业"这一概念提供了较好的注解。最后,作为工商业经济发展所创造的职业群体,职业管理人员和推销人员成为新中产阶级崛起的中坚力量。他们以人数多、分布广、广泛接触民众为特点,扩大和补充了"白领"的概念内涵,成为新中产阶级的基座,也是普通民众可以实现向上流动的主要渠道之一。

然而,随着"去工业化"时代的到来,成为新中产阶级的美国梦日渐渺茫。新中产阶级所特有的群体焦虑,也对中产阶级的"调节器"作用进行了一定程度地削弱。潜藏的社会危机似乎一触即发。

在我看来,你们在美国的最大障碍在于本土工人的特殊地位……现在工人阶级已经发展起来了,并且在很大程度上也按照工会的路线组织起来了。但它仍然采取贵族的态度,尽可能把普通的低薪工作留给移民,而移民中只有一小部分人加入了贵族工会。

——恩格斯,《马克思恩格斯全集》[①]

[①] 马克思、恩格斯:《马克思恩格斯全集》第38卷,北京:人民出版社,1972年,第316页。

第三章
美国城市中的劳动者

一、导言

美国的工人阶级并不是一个具有固定不变身份的、统一的、同质的社会实体，其内部的分化特别明显。那些属于上层的工人阶级，他们收入更高、待遇更好，通常被认为比无产阶级大众更"受人尊敬"，政治上也更温和。这一群体主要是由前工业时代的手工工匠发展而来，借助于对某些技能的垄断，他们获得了相对较高的工资，并形成与普通工人截然不同的生活方式和价值观念。

然而随着工业革命的展开、技术的进步、大量外来移民的加入以及管理革命等因素的影响，工匠们赖以生存的技能优势被消解，一部分工匠沦落为靠出卖劳动力为生的产业工人。不过熟练工人并没有被完全淘汰，在革新技能的同时，他们通过建立行业工会实现对生产的控制，以技能和种族等限制将大量蓝领工人排除在工会组织以外，以维持他们作为工人贵族的特权地位。此外,还有一部分原先的工匠在工业化的浪潮中存活下来。这些小企业主在与大企业的竞争互动中形成了一种互补关系,从而填补了美国经济的中间地带,确保经济有序转型。而且,小企业所承载的商业文化更是成为"美国梦"的重要标签。

自19世纪以来,关于美国工人"无与伦比的繁荣"的讨论从未停止过。很多讨论都围绕着美国例外论展开。庞大的规模、丰富的原材料、种族多样化的人口以及没有世袭贵族,这些都意味着美国必须被视为一个与西欧不同的社会。马克思在1865年的《工资、价格和利润》中认为,在美国,供求规律有利于工人。所以,美国的工资水平比较高。资本在这里可以施展全力,却不能制止因雇佣工人经常转化为独立的自给自足的农民而造成的劳动市场经常空虚。对于大部分美国人民说来,雇佣工人的地位不过是一种学徒见习的状态,他们迟早总会脱离这种状态。[1] 马克思在后来也写了一些文章,讨论了美国的一些特点,这些特点为一个工人党的稳定发展带来了非常巨大和特殊的困难。

恩格斯也认为,新到美国的工人因倾向与那些已经落伍的社会划清界限,从而过度认同美国的资本主义精神:

---

[1] 马克思、恩格斯:《马克思恩格斯文集》第3卷,北京:人民出版社,2009年,第75页。

在这样一个从经历过封建主义、一开始就在资产阶级基础上发展起来的年轻的国家里,资产阶级偏见在工人阶级中也那样根深蒂固,这是令人惊奇的,然而也是十分自然的。美国工人正是由于反抗还披着封建外衣的宗主国,便以为传统的资产阶级经济天然就是,而且任何时候都是先进的、优越的、无与伦比的。①

此外,他还观察到,在19世纪美国,向上流动的机会比欧洲要大。在这里,工匠可能处于最有利的位置:在同一技术行业,从雇员到企业家的转变既常见又直接——

因为美国毕竟是一切资产者的理想;一个富裕辽阔正在发展的国家,建立了没有封建残余或君主制传统的纯粹资产阶级的制度,没有固定的世袭的无产阶级。这里每一个人如果不能成为资本家,也一定能成为独立的人,可以用自己的资金自行经营,从事生产或商业。②

然而,随着垄断企业的形成,小企业家在制造业中的

---

① 马克思、恩格斯:《马克思恩格斯文集》第10卷,第640页。
② 同上书,第552页。

作用大大减少,他们缺乏购置厂房和机器所需的巨额资金,因此,向上的社会阶层流动也相应地减少。同时,机械化程度的提高和生产技术的改进也逐渐降低了体力劳动者的议价能力,他们的"空前繁荣"不可能永远持续下去。所谓的"美国梦"的成功只是少数人才能获得的成功。

本章主要考察城市中的劳动者,分析劳动者中地位收入相对较高的部分在不同阶段的特征,以及在工业化和城市化影响下,他们在社会转型中面临的困境以及做出的应对。

二、工匠

(一) 殖民地时期的工匠

一直以来,学界对工匠的定义较为模糊。

在英语中,"artisan""craftsman""mechanic"以及"trademan"等词都可表示工匠,这几个词经常在文献中交替使用。有时它们被用来指代某些人所从事的工作,在这种情况下,"mechanic"可能是从事"手和身体比思想更重要的艺术"的个人,他可能是奴隶、契约工、熟练工、学徒或师傅,但这些术语也被用来指代一个社会阶层。工匠阶级不包括学徒、仆人和奴隶,因为这三者完全没有财产以及财产所附带的自由,而工匠是享有经济和公民自由的。① "mechanic"是对"artisan"和"trademan"最常见的叫法。一般认为,工匠通常属于"中等阶层",而学徒、契约工和奴隶被认为社会地位低下。

总的说来,工匠是拥有一定的技艺与劳动工具的群体。工匠掌握技艺需要经历漫长而复杂的阶段,几乎所有的工匠都经历过学徒期,此后一些学徒成为挣取工资的工匠,还有一些人则能拥有自己的店铺成为师傅。手工业以及手工工人在美国早期生活中起了极为重要的作用,殖民时期任何一个经济部门的发展都需要大批的手工工人。由于北美殖民地极端缺少手工工人,契约工期满后,除原来的手工业者以外,农民和罪犯当中也有相当一部分加入了雇佣劳动者的队伍。雇佣劳动队伍的另一部分人是自由工匠。自由工匠的来源有两个:一是欧洲移民中的自由工匠,二是来自北部农户的手艺人。在移民队伍中有一定数量的自由工匠。他们是北美殖民地各个工业部门中的重要技术力量。②

许多旧世界的工匠被新大陆吸引,为了摆脱中世纪行会的限制以及在社会上获得更体面的地位,他们冒险漂洋

---

① Charles S. Olton, *Artisans for Independence: Philadelphia Mechanics and the American Revolution*, New York: Syracuse University Press, 1975, p. 7.
② 张友伦、陆镜生:《美国工人运动史》,天津:天津人民出版社,1993年,第48—50页。

过海到美洲来碰运气（图 3.1）。事实上，一些受过训练的工匠随第一批船就来到了美洲；契约仆役中有许多工匠，其中一些人在完成自己的服务期后仍回归他们的行业，毫无疑问，这些人在家庭制造业中扮演着至关重要的角色。与此同时，也有少量工匠，自发地从欧洲自由流动到美国城市，他们数量虽少却非常重要。①

图 3.1 契约证明（1767）

该契约显示小贾森·克劳德将为约翰·梅尔基奥尔·布兰肯伯格支付
从鹿特丹到费城的旅费，而后者则以仆人身份为前者工作五年。
这份契约由伊娜·普兰克（Ina K. Plank）捐赠给印第安纳州
戈森市门诺派教堂档案馆

---

① Carl Bridenbaugh, *The Colonial Craftsman*, New York: Dover Publications, 2012, p. 65.

大多数工匠聚集在沿海的商业中心，如波士顿、纽波特、纽约、费城、查尔斯顿等地。早在 1647 年，波士顿就有专业织工、毛毡匠、皮匠、绳索制造者、砖瓦制造者，还有六种木工和七种金属工。① 这些工匠大多在自己家里制造货品，他们的家同时也是一个小店铺，由自己的妻子儿女们在那里经营卖货。还有一些工匠是流动性的，如泥水匠、木匠、鞋匠，或者制蜡烛匠，他们带着随身工具拿着农人们提供的原料，在农场上临时住下来制造产品。殖民地有很多来自铁铺、木工作坊、布铺和鞋店的制作工作，全是由这些四处流动的工匠承担。②

由于缺乏足够的劳动力，工匠师傅们往往乐于收学徒。按照契约要求，学徒要遵守相关的规矩，师傅则传授学徒手艺。到期后，学徒将成为一名熟练工人，并通常会按习俗被授予一套新套装、四件衬衫和两条项链。此外，师傅会同意让他的学徒上夜校，而另一些师傅会亲自教徒弟读、写和算术。在学徒成为熟练工之前，师傅有时会要求其做一个"学徒品"，通常是一件微型的作品。学徒可以自由地在任何他喜欢的地方开始他们的事业，不过师傅们往往会

---

① Edwin Tunis, *Colonial Craftsmen and the Beginnings of American Industry*, New York: Thomas Y. Crowell, 1965, p. 13.
② 方纳：《美国工人运动史·第一卷：从殖民地时期到劳联的成立》，黄雨石等译，北京：生活·读书·新知三联书店，1956 年，第 43 页。

把他们留下来。熟练工们通常必须每周工作6天，每天工作12个小时，在某些行业，工作时长甚至长达14—16小时。尽管如此，他们也会觉得有趣，因为他们知道自己在做什么、为什么要这么做，他们为自己的工作感到自豪。再者，他们的工资很高，通常还包括食宿，所以攒钱并不难，并且很快就可以开自己的铺子当师傅了。[1]

这些工匠绝大多数都是独立的生产者，他们拥有一整套工具，或单独工作，或与一两个学徒一起工作，并会在市场回暖时雇用一名熟练工。大多数作坊兼具生活和工作的职能，或者二者相距不远。师傅们会在自己的住宅中留出一个房间或一层，或在毗邻的大厦中开设工厂。这些作坊的氛围是宽松的，师傅和助手按自己的节奏工作，制作客户订购的商品，或者偶尔增加库存，出售给来浏览商品的购物者。[2]

一个独立的工匠不仅是一个制造工、零售商，还是他自己的采购代理人，为自己寻找原材料并讨价还价。他的妻子需要负责错综复杂的家庭事务，同时还要干练地负责销售。在小城镇，对某些行业来说，由于没有足够的市场需求，工匠们必须有一两个副业，比如木工兼做棺材和主

---

[1] Tunis, *Colonial Craftsmen and the Beginnings of American Industry*, pp. 14-15.

[2] Bruce Laurie, *Working People of Philadelphia, 1800-1850*, Philadelphia: Temple University Press, 1980, p. 4.

持葬礼;或者从事相关的行业,比如装订工也是书商,可能还卖纽扣和搭扣。①

18世纪随着各殖民地经济发展,城市人口和市场不断扩大,城市中工匠的数量也不断增加,更容易获得的原材料供应使手工业进一步细分,并促进了生产和销售,带来了产品质量的改进和提升。这与乡村工匠的情况有所不同。在乡村,技术和行业的分工并没有那么细致。木匠要完成所有涉及木工的工作:建造房子、做椅子;同样,铁匠也要剪钉子、锻造门铰链、锤出粗糙的锄头,或者给马钉蹄铁。所以只有在沿海的中心商业城市,才具备有利于手工艺发展和专业化的条件:大量的人口、足够的财富来购买奢侈品和必需品,以及充足的材料供应和制造各种商品所需的高级工具。这些人口密集的城市本身就是一个劳动力库,可以从中抽取熟练工人和学徒。这些因素综合起来,形成了所谓的劳动分工。②

对此,戴维·蒙哥马利(David Montgomery)认为部分原因就在于城市生活所带来的强制的社会劳动分工。与农村的自耕农不同,城市居民无法生产基本生活必需品,不得不转向商品和服务的交换经济。这种需求使得工匠忙于供应食物、衣服、住房、书籍、报纸和其他商品,因为

---

① Tunis, loc. cit., p. 16.
② Carl Bridenbaugh, *The Colonial Craftsman*, p. 63.

这些商品是城市生活的重要组成部分，社会结构本身也为当地制造的产品创造了市场。费城的时尚商人和专业人士，与他们的欧洲同行类似，生意兴隆的无不是有着制造昂贵服装和精致家具天赋、能够复制欧洲大陆风格的工匠们。①

在波士顿、纽约、费城、纽波特及查尔斯顿等地，造船业毫无疑问是当时最重要的工业（图3.2）。1720年，波士顿已有14个造船厂，每年可造船约200艘，1712年的纽波特也已有船厂十余所，而1718年的费城至少也已有船厂10所。这些厂使极大数量的有技术和无技术的工人，都有

图 3.2 早期的造船厂

Cerinda W. Evans, *Some Notes on Shipbuilding and Shipping in Colonial Virginia*, 1957

---

① David Montgomery, "The Working Classes of the Pre-industrial City, *1780-1830*," *Labor History*, Vol. 9, Issue 1, Winter, 1968, p. 5.

了工作的机会。例如,在1713年,据估计仅在波士顿和塞勒姆两地的港口,便已有水手3500人。革命前夕,木材厂和铁厂均已雇有大量的工人,同时在纽约、波士顿及费城的大工厂中也雇用了很多的纺织工人、制鞋工人和木器工人等。① 造船工人将大量工作转包给其他工匠师傅。与此同时,造船厂雇用了大量熟练工来从事基本的建筑工作,这些工匠还带来了一些专业人员,例如铁匠、细木工、帆匠、索具工、油漆工和桅杆制造者,这些人通常是独立的企业家。在整个革命时期,许多工匠都以分包的方式为其他制造商提供服务。②

生产集中的手工工场,其形成和发展标志着殖民地资本主义关系的日趋成熟,为未来的工业革命准备了物质与技术条件。有学者指出:"在殖民地起义反对英国以前,已经存在着为订货而生产的小作坊,它是这个国家工厂制度的前身。"③ 而在这一时期的美国城镇中,参与职业活动的人基本都是这种小企业家。他们从事多种多样的经济活动。中小手工业者和小企业家通过自己的努力不断地获取更广阔的生存空间,构成了自我平衡的中产阶级资本主义社会。④

---

① 方纳:《美国工人运动史》,第45页。
② Olton, *Artisans for Independence*, p. 10.
③ 张友伦、陆镜生:《美国工人运动史》,第48页。
④ 米尔斯:《白领》,第20—21页。

(二) 美国革命与工匠意识的觉醒

从17世纪到20世纪早期,大多数从欧洲移民到美国的农民和工匠的道德传统,与革命赋予美国的古典共和理想有着基本的亲缘关系。这种道德传统,包含了社区伦理、平等、能力和劳动价值,指导了18世纪的政治领袖们寻求民众的支持,并在这个过程中创造了城市的民众联盟政治的传统。①

早期英国殖民者的社会价值观,显然使革命时期的爱国者们倾向于认同古典共和主义。这时,工匠的政治意识觉醒并形成了激进的共和主义观念,与商人和律师的保守共和主义相冲突。他们还为工匠协会、民兵社团、行业协会和工人总会奠定了制度基础。② 阿尔弗雷德·扬（Alfred Young）在其他北方城市也发现有类似的情况,即"工匠意识"使工人们围绕着他们行业的传统和忠诚团结在一起。③ 这一学说后来在19世纪继续主导美国人的思想,部分原因是后来的农民和工匠移民带来的价值观不

---

① Ronald Schultz, *The Republic of Labor : Philadelphia Artisans and the Politics of Class, 1720-1830*, New York: Oxford University Press, 1993, p. xiii.

② Charles G. Steffen, *The Mechanics of Baltimore: Workers and Politics in the Age of Revolution, 1763-1812*, Urbana: University of Illinois Press, 1984, p. xiii.

③ Steffen, *The Mechanics of Baltimore*, p. 276.

断强化了这一学说。①

波考克（J. G. A. Pocock）对这一问题有过深入的研究，他认为 18 世纪的殖民地已经形成了一种政治文化，它的价值和观念是一种公民的爱国理想，在这种理想中，人格是以财产为基础，它在公民身份中达到完美，但永远受到腐败的威胁；政府被自相矛盾地描述为腐败的主因，而造成腐败的工具是庇护权、派系、常备军、体制化的教会，以及金钱利益的崛起。以"中等"商人和工匠为主体的 18 世纪美国人，增加了平等和自由主义的观念，即所有公民都应该在一个代议制、民主的法律体系下享有其自然的公民权利和政治权利。② 这种新古典主义政治学既提供了精英精神和力争出人头地者的话语，也解释了建国之父和他们那一代人文化和思想独特的同质性。③

在这里，了解美国革命的古典共和主义历史对理解革命时代的工匠是必不可少的。古典共和主义在个人自由和

---

① Rowland Berthoff, "Peasants and Artisans, Puritans and Republicans: Personal Liberty and Communal Equality in American History," *The Journal of American History*, Vol. 69, No. 3, Dec., 1982, p. 579.
② Sean Wilentz, *Chants Democratic: New York City and the Rise of the American Working, 1788-1850*, New York: Oxford University Press, 2004, p. 14.
③ J. G. A. 波考克：《马基雅维里时刻：佛罗伦萨政治思想和大西洋共和主义传统》，冯克利、傅乾译，南京：译林出版社，2013 年，第 532 页。

公共平等之间确立了一种理想的平衡。一方面是共和公民，他们拥有足够的合法财产——通常是土地，但有时是工匠精湛的手艺和作坊——基本上不受地主、雇主或政客的支配。这种实际的独立使公民获得了自由，能够自由地奉献他的公民美德以维护公共利益。然而在革命之前，无论是英国政府还是殖民地的统治集团都已经腐化堕落，他们通过贿赂、赞助和"影响力"来控制选民和被选举的国会议员，他们更倾向于依赖银行家和股市投机者。为了对抗如此腐败的军事、政治和商业综合体，美国人可以很容易地把自己的社会描绘成公民美德的最后避难所，以及独立、自治的自由所有者。如果需要的话，他们可以像爱国民兵一样武装起来，由被从旧世界驱逐出来的自耕农和工匠组成共和国，尚未被现代商业、制造业或农业租赁和雇佣劳动过度腐化。①

对于工匠来说，工作绝不仅仅是每天完成必要时间的体力劳动，更重要的是从劳动的社会效益中获得自豪感。在他们眼中，有用的劳动不仅是一种经济行为，也是一种道德和社会行为。这种对劳动的社会和道德品质的强调，依赖于工匠的熟练劳动力来提供几乎所有的商品和服务。工匠处在社区生活的中心，在广泛的市场和先进的制造业

---

① Berthoff, "Peasants and Artisans, Puritans and Republicans," pp. 582-583.

兴起之前，所有社区的日常运作都依赖于工匠对当地经济的重要贡献。与其关键地位相对应的是，工匠们认为自己不仅有权过上舒适安全的生活，还应得到他所服务的社区的尊重（图3.3）。① 他们的目标都是获得一种能力，这种能力不仅仅代表经济能力，还包含了社会责任。其意义远远超出了单纯的富有：能力的核心是对社会中等地位的期望，是对经济独立的承认以及随之而来的自尊感。②

图 3.3　纽约市机械和商人总会的标识（1785）

飘带上的英文大意"通过锤子和双手，所有艺术屹立不倒"，这也是杰克逊时代熟练工人常说的话。说明他们相信劳动是社会和民主的基础

工匠们不仅形成了一个社会阶层，而且形成了一个真正的社区。在革命时期，工匠作为一个社会阶层所取得的巨大进步背后，是他们作为一个生活群体的成熟。这种社区意识部分源于工匠之间的共同经历。这是一个具有共同遗产和共同利益特征的社会群体，他们认为自己在某些方面与社会的其他部分是不同的，其中主要的决定因素是专业技能。正是他们与熟练的体力劳动的联系，使得贫穷的

---

① Ronald Schultz, *The Republic of Labor*, pp. 4-5.
② Ronald Schultz, *The Republic of Labor*, pp. 6-7.

工匠能够区别于无技能的劳动者，而同样是与手工业生产的联系，使更杰出的工匠从商人阶级中分离出来。其他特征，如普通的服装、住房和居住地，加强了这种身份。①

同样，持续的历史传统，也培养了一种共同感。传统的学徒制就是维系工匠社区关系的重要纽带之一。工匠社区的另一个共同纽带是商业伙伴关系，不少工匠因为劳动力市场的一些紧急情况而彼此合作。许多工匠出于方便、巧合或利益等原因，与他们的同行结成正式的伙伴关系，签订分包协议以及形成了许多其他商业协会。② 除了个体商人之间的商业和社会关系外，由于行业组织的存在，社区也变得更加紧密。在殖民地时期的美洲，行会组织早已出现，其中最著名的是1724年成立的费城木工协会（图3.4）。但是这些组织并不是现代意义上的工会，而是由工匠和熟练工组成的友好慈善社团，其主要

图3.4 费城木工协会的标识（1724）

---

① Howard B. Rock, *Artisans of the New Republic: the Tradesmen of New York City in the Age of Jefferson*, New York: New York University Press, 1979, p. 12.
② Charles S. Olton, *Artisans for Independence*, pp. 12-13.

目的是在成员生病或经济困难时照顾他们。这些社团是由新的城镇居民——印刷厂、鞋匠、铁匠和木匠——组成的,他们与土地分离,因此在紧急情况下没有个人资源可以依靠。就像同一个教会、同一个种族或同一个社区的成员聚集在一起寻求互助一样,工匠也聚集在一起互相帮助。由于当时没有银行或信用协会,这些早期的行业协会都有存款箱,偶尔也会向有需要的成员发放贷款。① 这些协会往往与影响社区特定部分的临时问题有关,有时也以同业公会的形式出现。这些组织都是城市社区社会结构的自然产物,它们试图遵循欧洲同业公会的做法,规范各自行业、确定工作价格、检查工艺和材料质量。②

这个时期的工匠还试图为其行业设定准入标准。费城印刷协会(Philadelphia Typographical Society,图3.5),希望为自己的会员保留镇上所有的相关职位,并将任何不能满足协会要求的学徒排除在外。随后,他们

图 3.5 费城印刷协会徽章(1850)

---

① Mary Beard, *A Short History of the American Labor Movement*, New York: Harcourt, Brace and Howe, 1920, pp. 10-11.
② Philip S. Foner, *Labor and the American Revolution*, Westport, Conn.: Greenwood Press, 1976, p. 16.

还试图阻止媒体报道那些在 21 岁后进入这一行业的人，因为与印刷行业有关的收入和荣誉都要留给那些在 15、16 岁时就选择从事印刷行业的人。

此外，种族的差异使得黑人难以成为工匠。在北方，奴隶的被解放对黑人来说往往意味着在大多数城市行业中学徒生涯的终结。奴隶工匠很少能够完成培训，他们面临着来自白人工匠的强烈敌意，况且本就很少有白人会让黑人青年接受培训。① 在整个殖民时期，白人工匠们进行了一场持续的斗争，试图将黑人排除在大多数行业之外。1707 年，费城的自由工匠抗议："由于黑人数量太多，导致就业机会少，工资低……按天计算。"②

不过，这种努力往往并不能起效。由于工匠商业活动的规模足够小，使得"新入门者"可以很容易地进入行业，且在竞争上并无多少劣势。一个技术熟练的工人只需少量的资金就可以建立自己的企业，由此带来的是繁荣时期小规模企业的数量迅速增长。③ 因此，社会地位在北美殖民地并不是固定不变的，工匠不仅能在经济上获得成功，在社会阶层上也能获得上升。

---

① Montgomery, "The Working Classes of the Pre-industrial City, 1780-1830,"p. 8.
② Foner, *Labor and the American Revolution*, p. 15.
③ Richard B. Morris, *Government and Labor in Early America*, New York:Columbia University Press, 1946, p. 49.

在殖民时期，土地的可利用性和劳动密集型经济也给工匠们带来了比欧洲同行更多的机会和财富，更低的选举权要求则让工匠们有了发言权。① 当政府由商人控制时，王室官员、律师、土地所有者、工匠和熟练工可以向议会购买投票权。这样就有了工匠们进行政治运动的可能性，例如在1734年纽约的市议员选举中，得到工匠支持的反对派就击败了以总督和商人为代表的保守派。②

在工人们为追求经济目的、社会平等所进行的最有效和最有力的斗争中，最具戏剧性的武器是罢工。殖民地时期，工人为提高自己的地位而举行的罢工和联合行动相对较少，这是由于劳动力短缺，他们的工资相对较高，加上法律的制约，使他们联合起来采取共同行动的难度较大。③ 但也不是完全没有：1684年，纽约市政府雇佣的车运工人，拒绝搬运市区垃圾，要求增加每车垃圾的搬运费；1741年，波士顿油灰工人曾发布过一个联合声明，声称今后他们决不再接受代替现金和货物的商号流通票作为对他们工作的报酬。④ 这些早期所谓的抗议和罢工并不是工人

---

① Tunis, *Colonial Craftsmen and the Beginnings of American Industry*, p. 13.
② Foner, *Labor and the American Revolution*, p. 20.
③ Richard B. Moris, *Government and Labor in Early America*, pp. 138-139.
④ 方纳：《美国工人运动史·第一卷：从殖民地时期到劳联的成立》，黄雨石等译，第49—50页。

反对雇主,而是工匠师傅反对市政府的抗议活动,特别是抗议市政当局对价格的管控。①

这种发展在当时的宗主国英国眼中当然是不能接受的。英国希望美国人在从事农业和采掘工业之余再为他们制造一些简单的必需品,而这些在英国无法被方便和经济地制造。因此,英国此时也加紧了对殖民地的控制和掠夺。1763年,禁止向西移民的公告粉碎了南部农场主想要以投机的方式到西部地区去大捞一把的好梦,同时也打破了渴求土地的农民及城市商人们向边陲地区流徙避难的希望。之后的《糖税法》《印花税法》等法案更是进一步加剧了北美殖民地与英国的矛盾。这些加之于殖民地商业的种种限制损害了商人的利益,降低了农产品的价格和海员与造船厂工人的工资,因而造成了大量失业。工人们因为变成独立生产者的道路被这一切所限制阻塞,而感到惊惶不安。纸币的禁用,又加重了欠债人的负担并严重地妨碍了商人们之间的交易。②

工匠们此时也已经意识到他们之间有共同的政治和经济利益,并第一次作为一股独立的政治力量出现。通过加入为管理公共事务和监督不进口协定而设立的众多委员会,

---

① John R. Commons and Associates, *History of Labour in the United States*, Volume 1, New York: The Macmillan Company, 1918, p. 26.
② 方纳:《美国工人运动史》,第59页。

工匠前所未有地参与了政府运作和持续的政治活动。费城与纽约的鞋匠、木匠和印刷工形成了较为稳定的工会，其他城镇的工匠很快以类似的方式联合起来。这些劳工协会传统上是仿照手工业时代的行业协会，尽管它们软弱无力、岌岌可危，通常在罢工失败后就会瓦解，但它们是早期劳工运动的基础与中心。①

在革命真正爆发之前的十年里，一系列的商业萧条使得贫困的工匠和熟练工承担了沉重的负担。在这样的条件下，勤劳却失业的工人无法容忍那些在他们看来是为了讨好英国的行为，因此他们尽其所能地废除他们所谓的"令人讨厌的措施"。此外，除了对议会立法的反对，还有对统治集团的抵制。由于对社会特权阶级的长期统治感到不满，工匠阶层希望通过平等参与制定政府政策来实现现有政治实践的民主化。在一群有能力的领导人的领导下，他们积极地参与革命时期的政治。②

印花税法案引发的骚乱揭示了特权阶层和平民阶层之间潜在的动机与利益的对立，这种对立在战争中只是被部分压制了，之后注定要在联邦党和民主共和党的竞争中重

---

① Charles A. Madison, *American Labor Leaders: Personalities and Forces in the Labor Movement*, New York: Frederick Ungar Publishing Co., Inc., 1962, p. 4.
② Herbert M. Morais, "Artisan Democracy and the American Revolution," *Science & Society*, Vol. 6, No. 3, Summer, 1942, pp. 227-228.

新出现(图 3.6)。这一发展对美国独立战争的性质产生了深远的影响。它为地方自治运动提供了力量和依据,并帮助确定"谁应该在国内统治"①。

图 3.6 纽约反印花税法的游行

Granger Collection 创作于 19 世纪

---

① Carl Becker, *History of Political Parties in the Province of New York, 1760-1776*, Madison: University of Wisconsin, 1909, p. 22.

革命期间，殖民地工匠的革命热情高涨。作为把殖民地从英国解放出来和在美国发起更大的民主运动的先锋，他们在战争中发挥了突出的作用。他们是当时大规模街头示威的主力，此外，他们还传阅请愿书、分发传单、与英国军队作战，以及向港口倾倒茶叶。对于工匠来说，革命带给他们的经济和政治收益，使他们产生了一种参与创建新共和国的自豪感，同时给了他们更大的希望，即他们能够并应该更充分地分享日益增长的经济红利。①

三、熟练工人的兴起

（一）工匠阶层的瓦解和分化

在美国独立之后，随着出口部门的扩张、金融基础设施的发展以及内部市场的发展，越来越多的年轻人离开父亲的农场，到城市里追寻自己的财富。② 18世纪晚期的美国人开始意识到一场伟大的变革即将到来，这场变革将逐渐削弱自给自足的能力，将自耕农、工匠和他们的子女改造成依赖工资的工人。到18世纪80年代，市场革命已经

---

① Rock, *Artisans of the New Republic*, p. 8.
② Jennifer L. Goloboy, "The Early American Middle Class," *Journal of the Early Republic*, Vol. 25, No. 4, Winter, 2005, p. 540.

开始,它阻止生产直接使用的商品,而倾向于在市场中生产用于交换的商品。对于城市工匠来说,这可能意味着要雇用更多的学徒或熟练工人,以保持货架上的商品可供零售。两者都被引入以现金为交换媒介的市场联系中,而社会关系则是由经济上的迫切需要而形成的。①

交通网的建立和农村的大规模移民,再加上信贷规模的扩大、征收不稳定但具保护性的关税,解决了城市企业家的主要问题。综合起来,这些发展提供了进入地区和遥远市场的途径、相对廉价的劳动力资源,和更多信贷。② 运河的出现加剧了贫穷农民和工匠的困境,毗邻内河航道的土地价格飙升,促使业主将租金提高至承租人能力之外并驱逐租户。另外,城市商品的涌入削弱了许多独立商人的实力。以上种种使得一部分人跟随先前移民的脚步,向西寻找土地,另一些人则来到城市,希望找到更好的生活。

向城市的迁徙,在很大程度上造成了内战前的城市人口爆炸。以费城为例,从1800年到1850年,费城的居民从8.1万人增长到超过40.8万人。③ 东北部农村地区被吸引到城市的居民大多是工匠,而与此同时欧洲移民的到来

---

① Bruce Laurie, *Artisans into Workers: Labor in Nineteenth-Century America*, New York: Hill and Wang, 1989, pp. 15-16.
② Laurie, *Artisans into Workers*, p. 10.
③ Diane Lindstrom, *Economic Growth in the Philadelphia Region, 1810-1850*, New York: Columbia University Press, 1978, pp. 24-25.

进一步加快了城市化进程。例如大量亚麻织工在18世纪70年代早期和独立战争结束时,从北爱尔兰来到美洲,仅1784年一年就有1.1万名亚麻织工从都柏林出发。这表明当时的美国是手工工匠的机会之地,他们的技能在英国的工业革命中受到了削弱,但美国更落后的经济对这些技能仍有很高的需求。这些新增的城市人口,无疑成为经济增长的主要动力。①

不过,建国后贸易和商业的迅速扩张给工匠阶层带来了巨大的变化,原先工匠师傅、熟练工和学徒之间和谐的神话已经不复存在。商业主义风气的出现,持续侵蚀孝顺的义务和忠诚。师傅对学徒在诸如孩子的工作、教育和服装等方面的道德义务被转化为货币价值,并在合同中越来越详细地加以规定。到19世纪20年代,城市工人阶级构成了城市社会中可识别和自我意识的元素。而且,那些选择了城市行业的年轻人,往往在服务一两年之后就放弃了他们的学徒生涯,并且很容易以低于标准的工资找到一份半熟练工人的工作,这使那些已经成熟的熟练工感到极大的痛苦。因此,劳动力的供给以牺牲其质量为代价而迅速增加,传统的学徒培训体系濒临崩溃。②

---

① Montgomery, "The Working Classes of the Pre-industrial City, 1780-1830,"pp. 9-10.
② David Montgomery, *Labor History*, Vol. 9, Issue 1, Winter, 1968, pp. 6-9.

工业化使旧的工匠阶级产生了分裂，这给当地社会带来了新的阶级结构和新的地位结构。在前工业时代，工匠在当地社会有很高的地位和诸多权利。他们与商人结盟，地位高于劳工阶级。工业化摧毁了以前的工匠阶级，因为不同的工匠受到了不同的影响。作为雇主的工匠与商人和专业人士组成了资产阶级；而熟练工和学徒则与其他领取薪酬的工人结盟。很少有熟练工能在自己的行业里成为个体经营者，而那些转行的人当中，大多数仍然是雇佣工人。工匠之间职业流动性的缺乏强化了雇主和雇工之间的分歧。经济发展改变了地位结构，因为技能不再是一个重要的地位属性，而财富变得更有影响力。这种地位属性的变化有利于雇主而不是雇工，因此加深了阶级分裂。①

另外，在1819—1821年和1837—1843年经济衰退之后，大多数手工作坊都不复轻松的氛围。作坊越来越大，一些作坊走了纺织厂开辟的道路，用机器代替手工设备并发展了管理团队。② 随着现代工业的兴起，作为对资金和管理日益增长的需求的回应，公司应运而生。很少有个人或小团体能够与公司股权所提供的巨额资本相匹敌，公司等级制度似乎也解决了工业管理的问题。现代企业的崛起

---

① Susan E. Hirsch, *Roots of the American Working Class: the Industrialization of Crafts in Newark, 1800-1860*, Philadelphia: University of Pennsylvania Press, 1978, pp. xvii-xviii.

② Laurie, *Artisans into Workers*, p. 38.

削弱了小商人和农民的地位，同时也导致劳工地位剧烈变化。在以前，工匠和熟练工通过独立的商品生产，使他们在工作中保持了相当大的自主权并有了工资之外的一些收入。然而，随着农业的衰落和工业的发展，这种自主权逐渐被消解了。①

这个时代，生产集中于大型工厂。在那里，熟练工和学徒在个体雇主的控制下工作，手工业传统被劳动分工和蒸汽动力机器的引入所改变。工厂的工人只从事少量的专门工作，而不是生产完整的产品。以前的培训体系被侵蚀了，因为雇主只教他们的学徒一些具体的操作，而不是整个工艺流程的工作原理。在现代工业时代，生产集中化加剧，劳动分工和专业化增加，传统技术让位于新技能和大量的非熟练劳动者。也是在这个时期，高度资本化的公司开始取代家族企业和合伙企业，成为最重要的工业组织形式。②

随着工业化的发展，工人的工作条件发生了巨大的变化。在印刷行业，由于新印刷机的发明和蒸汽动力的使用

---

① Antoine Joseph, *Skilled Workers' Solidarity: The American Experience in Comparative Perspective*, New York: Garland Publishing, Inc., 2000, p. 52.
② Steven J. Ross, *Workers on the Edge: Work, Leisure, and Politics in Industrializing Cincinnati, 1788-1890*, New York: Columbia University Press, 1985, pp. xvii-xviii.

(图 3.7),整个行业发生了革命性的变化。这些发展不仅导致工人失业和工资收入下降,还促使印刷业的控制权从印刷业本身转移到外部管理。雇主和工人之间的鸿沟扩大了,从而改变了这个高度独立的行业。长期以来,工人组织的工作帮助了印刷厂,同时执行工会规定管理学徒和工作条件,也取得了相当大的成功,但新的力量使得维持工人工资和整体地位越来越困难。在其他行业中,电动织机的引入恶化了手织工的工作状况,他们的工资在19世纪40年代中期下降了几乎一半;在1835年到1845年间,相对高薪的制帽工匠的工资也有所下降。由于工资不足,纽约、费城和波士顿等大城市形成了大量的贫民窟,这里过度拥挤、缺乏卫生设施、肮脏污秽和充满疾病的家庭,与外面

图 3.7 科尼希鲍尔蒸汽印刷机(1814)

那些舒适、宽敞、家具齐全的富裕家庭形成了鲜明的对比。①

除了工资收入下降和生活环境恶化，社会地位下降、尊严和独立性丧失也使得工匠逐渐与熟练工人趋同。工人地位改变后的影响不是身体上的，而是精神上的，地位问题是一种满足感，而满足感是相对的。对工人来说，通过与过去以及社会其他群体地位的比较所产生的影响，不亚于地位改变对他们自身的影响。1837 年到 1839 年的大萧条导致纽约市三分之一的工作人口失业（图 3.8）。在 1839

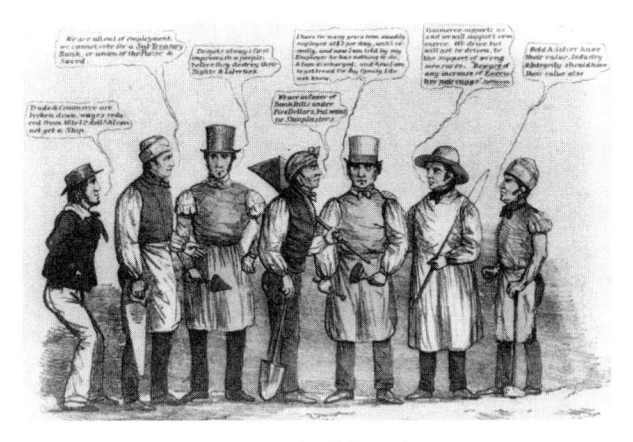

图 3.8 "清醒的第二思想"

"清醒的第二思想"（Sober Second Thoughts），这句口号经常出现在辉格党的言论和 1840 年总统竞选的漫画中。版画中七位不同职业的代表表达了他们对范布伦"次级财政部"和反货币计划的不满，表现了 1837 年恐慌引发的经济萧条状态及其对工人阶级的影响。由亨利·R. 罗宾逊创作于 1838—1839 年间

---

① Melvyn Dubofsky and Foster Rhea Dulles, *Labor in America: A History*, Wheeling, Ill: Harlan Davidson, 1999, pp. 71-72.

年到 1843 年之间，工资的降幅从 30% 增大到 50%，而 1843 年商业条件的改善并没有反映在工人的工资上。同样的劳动力，曾经可让一个技工给他的家人带来舒适的生活，而到了 1844 年，却不足以维持从前的生活水平。①

正如诺曼·韦尔（Norman Ware）指出的那样，内战前的美国工人作为一个阶级其地位正在迅速下降。对工人来说，在旧的生产条件下，他的工作似乎更有保障，这主要是因为工匠不像他们的后来者那样依赖于单一的职能。这一点在林恩制鞋匠（图 3.9）身上体现得最为明显，他

图 3.9 马萨诸塞州林恩鞋匠罢工现场（1860）

---

① Norman Ware, *The Industrial Worker, 1840-1860: The Reaction of American Industrial Society to the Advance of the Industrial Revolution*, Chicago: Quadrangle Books, 1964, p. 26.

们在早年能够经受住行业反复出现的萧条,因为他们不仅仅是制鞋匠,还是半农村社区的公民,每个人都有自己的土地、一头猪和一头牛。他们或多或少都是渔民,因此在鞋业萧条的一段时间里,他们至少可以靠海鲜、猪肉和土地维持生计。某个社区的工业化程度越高,失去这些次要生活来源的工人越多,失业问题就越成为一个幽灵。①

很明显,旧的时代已经过去了。扩大市场需要更有效的生产技术,它们的引进使雇主和工人的态度发生了深刻的变化。为满足西部和南方市场需求而设置的外销工作,严重损害了工匠在高质量工作中的地位。个人讨价还价似乎无法与不断发展的经济相抗衡,挣工资的人觉得这种做法不可能获得公平,他们转向集体行动寻求解决方案,方法往往是罢工。19世纪头25年的大多数罢工都是由工人要求提高工资而引起的,抵制雇主削减工资的激进计划只是其中一两个原因。除1825年费城制帽人努力标准化该行业的工资外,在19世纪的前25年里,所有罢工的主要议题都是工厂工人和工匠要求每天工作10小时、提高工资。②

随着19世纪后期工业生产进程的加快——动力机械的引进、资本的积累、人口的增加、交通的改善以及随之而

---

① Ware, *The Industrial Worker, 1840-1860*, pp. xi-xiii.
② William A. Sullivan, *A Study of the Industrial Worker in Pennsylvania, 1800 to 1840*, Harrisburg: Pennsylvania Historical and Museum Commission, 1955, pp. 169-170.

来的市场的扩展——手工业者开始分化为雇主和工人。前者，有能力和雄心，渴望最高的利润，在商业资本家的压力下，毫不犹豫地剥削他们的雇员。随着越来越多的工人开始依赖机器和工厂的老板来维持生计，他们个人应对日益沉重的劳动的能力也越来越弱。为了提高在劳动和工资方面的地位，工人们及时采取了另一种形式的结合。[①] 随着工人从生产工具的所有权和产品的销售中分离出来，以及工厂制度下的非人格化、分工和市场扩大所导致的竞争，各种工人组织不断涌现。

动力机器和工厂系统的使用，扩大了雇主和工人之间的差距。工厂制度，由于所需要的资本数量不断增加，资本资源的组合成为必要，这些组合被合法化为公司。资本和管理层的集体行动超越了单一公司的范围，表现为组建行业和制造商协会、商会以及其他旨在促进和保护资本投资者和管理者利益的永久性或临时性联合组织。作为回应，工人组织则在寻求谈判关系中表面上的平等，所以他们的组织在横向和纵向上都得到了扩张。熟练工匠的地方工会发展成为全国性和国际性的工会；各行各业的工人组成产业工会；各行各业的工会组成城市、州、全国和国际联合会。[②]

[①] Madison, *American Labor Leaders*, p. 3.

[②] Florence Peterson, *American Labor Unions: What They Are and How They Work*, New York: Harper & Brothers Publishers, 1945, pp. 3-4.

机器和大规模生产在物质上影响了劳工组织的发展和特征,最早的劳工组织以及今天一些最强大的劳工组织,都是在技术手工业行业中建立的(图 3.10)。在 19 世纪上半叶,美国城市里的熟练工人组成了强大的地方组织,参与行业工资、工时等规则的制定。在同一时期,工会逐渐疏远雇主,最终将那些成为工匠师傅的熟练工排除在外,这些组织纯粹是特定行业的区域性的工人联合起来各自为

图 3.10 熟练的珠宝工人

启斯东电影公司发行于 1916 年

战的地方协会。任何一个城镇的几个工会成员之间都不会有一致的、联合的行动,印刷厂经营自己的业务,鞋厂也专注于他们自己的业务。当然,他们对其他行业的工人斗争并非漠不关心。同一城市的各种行业工会之间,以及同一城市的行业工会之间都有书信往来和友好合作,但直到很久以后,罢工、政治斗争及反对司法裁决的斗争才开始把地方协会转变为市级、州级和全国性的组织。在大报纸、铁路和电报出现的那天之前,工会主义还仅限于地方性和不同的行业。①

早期的工匠组织建立在机会匮乏的意识之上。为了保护自己的利益,它们对政府施加影响,通过严格的学徒制度和对外来人员的限制,禁止组织以外的人员进入行业。他们的工作包括制定质量标准,以保护成员免受劣质工艺的竞争;限制每天工作时间,禁止夜间和节假日工作。这时的工匠师傅和熟练工之间没有利益冲突,因为熟练工只是暂时为师傅服务,再过几年,他也会成为一个师傅。工匠组织与当地市场经济并存,除了一些工具和有限的原材料供应外,没有任何资本支出。工匠们联合起来共同保护和控制当地市场,当市场扩大,需要更多的资金以支持短期信贷和成品存货时,熟练工人成为师傅的机会也就越来越少,大量工人不再是独立的生产者,不再拥有自己的工

---

① Beard, *A Short History of the American Labor Movement*, pp. 16-18.

具和材料,也不再能支配自己的劳动产品。熟练工逐渐形成了一个独特而永久的阶层,随着师傅逐渐将工匠协会转变为雇主协会,许多熟练工也开始建立自己的组织。①

在法律和更强大的经济实力的支持下,雇主们与当地行业协会的匹配度更高。为了抗衡前者,比较聪明的工人想出了建立地方工会联合会的主意。这方面迈出第一步的是费城,尽管那里的木匠没能争取到每天10小时的工作时间,但这并不能阻止油漆工、玻璃工和砖瓦工相继提出同样的要求。1828年,随着其他工匠团体的加入,全市的劳工组织团结起来,强烈抗议对工人经济和社会生活上的剥削:他们被迫从早工作到晚才能勉强维持生活,而"富裕和奢侈的富人从不劳动"②。

总的说来,19世纪上半叶美国工匠的这些经济和政治成就意义重大,影响了几代美国工人。但必须指出,那些熟练工的市场前景仍然是不确定的。尽管行业协会在发展,也不断举行组织良好、偶尔有效的罢工,但严重的经济不平等并没有什么变化——事实上,这种不平等越来越严重,有可能把工人们的平等主义主张变成空话。对于工匠师傅们来说,也有理由担心,尽管他们可能成功地阻止了国有垄断,但在日益增长的资本主义市场上,他们几乎

---

① Peterson, *American Labor Unions*, p. 2.
② Madison, *American Labor Leaders*, pp. 7-8.

无法阻止工厂式企业的崛起。而商业资本进入手工艺行业又有把师傅的角色变成一个挣工资的工头的趋势,这意味着他们的地位仅仅比熟练工高出一点。①

在1837年的萧条和随后几年的商业混乱中,这些全国性组织和大多数地方工会都崩溃了。19世纪40年代出现了新的工人组织,但这些组织更多的是关注合作社、土地改革和一般的社会改进项目,而不是与雇主谈判。随着加利福尼亚金矿的发现和开采,工业活动的普遍扩大和价格的上涨,许多地方工会应运而生。在经历过之前失败的空想社会主义试验后,重新焕发活力的工会不再表现出慈善特征并禁止雇主加入工会。

19世纪50年代的工会全部都是由熟练工人组成的行业工会,非熟练工人几乎无法加入这些组织,妇女也被禁止参加工会和工作。不过,有些工会倒允许会员的妻子或女儿在各工会控制下的作坊里做工。所有的工会都集中于处理"简单而纯粹"(simple and pure)的行业工会问题,包括对学徒的规定、入会的会费、工资的标准、集体交涉,以及罢工基金等。熟练工人们逐渐使他们的工会摆脱了乌托邦主义的影响,而集中力量解决工会的当前要求。② 随着工业劳动力在文化背景上变得异质化,工人阶级因痛苦

---

① Rock, *Artisans of the New Republic*, p. 325.
② 方纳:《美国工人运动史》,第342页。

的地位分歧而分裂。本土工人总是觉得自己高于移民，新教徒高于天主教徒。但随着19世纪40年代和50年代大规模移民的开始，美国城市的宗教和种族差异变得更加严重，由此造成分歧。

正如苏珊·E. 赫希（Susan E. Hirsch）指出的，从一开始，美国的工业化就依赖于来自欧洲的大规模移民，以扩大非熟练和半熟练工人的供应，因此种族和宗教对立以及阶级冲突折磨着社会秩序。熟练工必须调和自己队伍中的文化多样性和冲突，努力维护自己工作的权利并延续工匠的价值观和习俗。尽管各个城市的工业和种族组合各不相同，但到19世纪50年代，新兴的工人阶级创造出了共同的模式，以应对手工业遗产、种族多样性和工业资本主义的竞争性要求。①

总之，美国工人由于长期习惯于手工业时代的生产方式和态度，很难适应截然不同的机器生产方式，习惯于相对独立的他们，不禁为失去行动自由和相对安全而苦恼。他们的生活水平不断下降，而且由于懒惰和机会的匮乏而周期性地恶化，这迫使他们开始寻找改善工作条件的方法，联合和罢工成了他们显而易见和不可缺少的武器。政治改革和"灵丹妙药"吸引了更多的理想主义工人，然而，经验缺乏、公众偏见和经济萧条共同阻碍了他们在组织和联

---

① Hirsch, *Roots of the American Working Class*, p. 133.

合方面的反复努力。但每一次失败都增强了他们为自己的权利而斗争的意志,到美国内战开始时,美国劳工无疑已经进入了暴风骤雨般的青春期。①

(二) 熟练工人的中产阶级化

在 19 世纪下半叶的美国,随着工业化、巨大的国内市场和民主化先于现代大规模生产,以及高水平移民的到来,美国的工人阶级内部发生了进一步分化,熟练工人与非熟练工人的差距被不断拉大并逐渐形成一个特权集团。从更大的背景上来看,1865 年到 1920 年的半个世纪中,美国社会的结构性变化,也不断重塑了工人阶级的构成。这种转变也为重新解释 19 世纪美国工人阶级的发展提供了背景。1840 年时,十个美国人中有七个是农民,只有 11% 的美国人居住在 2500 人以上的城市。1880 年,约 22% 的人口,即 1000 多万人,居住在人口 1 万以上的城市。② 到 20 世纪 20 年代,美国已经成为一个绝大多数人为雇主工作的城市国家。从 1900 年到 1920 年,劳动力总量增长了近 50%,制造业雇用的工人数量从 1870 年的 250 万上升到 1920 年的 1120 万,可以说已接近劳动力的 40%。③

---

① Madison, *American Labor Leaders*, p. 18.
② Herbert George Gutman and Ira Berlin, *Power & Culture: Essays on the American Working Class*, New York: Pantheon Books, 1987, p. 391.
③ Melvyn Dubofsky, *Industrialism and the American Worker, 1865-1920*, Arlington Heights: H. Davidson, 1985, p. 3.

与此同时，移民的涌入还重塑了美国的工人阶级。在移民的冲击下，美国熟练工人和非熟练工人的分化趋势被进一步强化，熟练工匠主要来自本土美国人或来自北欧的移民，而非熟练工人主要是最近从爱尔兰或南欧来的。特别是本土工人无疑处于一个特殊的位置。例如，1850年在纽约波基普西（Poughkeepsie），18%的木匠是外国出生的，而非熟练体力劳动者中这一比例为68%。1880年，这一比例分别为26%和73%。① 当时的工人阶级正享受着多年来从未见过的繁荣，而从这种繁荣中受益最多的就是这些本土的熟练工匠。1860年的费城人口普查显示，费城县橱柜匠的平均财富为7272美元，木匠为3755美元，印刷工为3510美元；与此同时，普通工人仅拥有180美元的平均财富。②

可以看出，美国工人阶级正越来越多地按照职业和种族进行分层：熟练工匠占据着大部分收入最高的体力劳动

---

① Clyde Griffen, "Workers Divided: The Effect of Craft and Ethnic Differences in Poughkeepsie, New York, 1850-1880," in Stephen Thernstrom and Richard Sennett eds., *Nineteenth Century Cities: Essays in the New Urban History*, New Haven: Yale University Press, 1969, p. 76.
② Stuart Blumin, "Mobility and Change in Ante-Bellum Philadelphia," in Stephen Thernstrom and Richard Sennett eds., *Nineteenth Century Cities: Essays in the New Urban History*, New Haven: Yale University Press, 1969, p. 169.

岗位，而这些岗位基本被本地工人和英国人、加拿大人、德国人、爱尔兰人等老移民瓜分；较低水平的半熟练和非熟练工作由包括波兰、意大利、斯拉夫和匈牙利人在内的新移民填补。按收入和种族划分的职业有很大的重叠，不同种族群体获得工作的机会极不平等，在这其中，行业工会是建立这种等级组织形式的基本机制，使熟练工人在其工作中获得"财产权"。劳动力的这种分层让新移民处于最不利的位置，并促进了熟练工人中一个类似于工人贵族的单独阶级部分的发展。①

在这种情况下，移民工人及其子女将欧洲反资本主义的工人阶级意识带到美国，重新点燃并重塑了美国工人阶级对资本主义的社会批判。1840年至1890年，移民和他们的子女主导了各种反对运动，这些运动在1866年至1872年以及1883年至1894年间达到顶峰。他们领导和参与了劳动骑士团和劳联的活动、各种合作运动、数十个地方劳工政党，以及各种规模虽小但影响深远的社会主义和无政府主义运动。② 正如恩格斯在1892年所言：

> 在我看来，你们在美国的最大障碍在于本土工人的特殊地位……现在工人阶级已经发展起来了，并且

---

① Joseph, *Skilled Workers' Solidarity*, p. 63.
② Gutman and Berlin, *Power & Culture*, p. 393.

在很大程度上也按照工会的路线组织起来了。但它仍然采取贵族的态度,尽可能把普通的低薪工作留给移民,而移民中只有一小部分人加入了贵族工会。但这些移民被划分为不同的民族,彼此之间既不懂对方的语言,在很大程度上也不懂美国的语言。你们的资产阶级甚至比奥地利政府更懂得如何利用一个民族来对抗另一个民族:犹太人、意大利人、波希米亚人,等等,与德国人和爱尔兰人的竞争,彼此之间相互竞争,所以我相信,在纽约,不同工人的生活水平存在着前所未闻的差异①。

1865年至1920年,美国工人所需的技能也发生了变化。1890年以后,科学管理旨在通过从生产中去除技能,并在新的白领工程师阶层中重建权威,对金属加工业进行全面变革。以20世纪初新兴的汽车行业为例,受亨利·福特(Henry Ford)启发,汽车制造商引入了夹具、固定装置、冲压模具和其他专门的工具与机器,在生产中淘汰了手工技术。管理创新抹去了旧技能,要么是新机器取代了高技能的工匠,要么是新技术把迄今为止由一名工匠负责的特定任务分离出来。被归为半熟练工人的人数明显增加,

---

① 马克思、恩格斯:《马克思恩格斯全集》第38卷,北京:人民出版社,1972年,第316页。

诸如亨利·福特（Henry Ford）创新的汽车装配线上的工人[①]（图3.11）、纽约移民制衣工人，以及南方纺织工或织布工等机器操作员在手工或蓝领劳动力中所占比例最大。

图3.11　福特汽车工厂装配线（1920）

此外，这些熟练工匠以其在工作中自立的超群技能和对一个或更多帮工的管理为基础建立了一种职业自治。这使得他们对工厂有相当大的控制权：经常雇用和辞退帮工，从自己的收入中拿出比较固定的份额支付给帮工，同时指导他们的工作；他们还会对一个或多个助手监督，在很多情况下，他们对自己和助手的工作方向都有广泛的决定权。他们经常雇用和解雇自己的助手，并用自己的收入支付给

[①] Melvyn Dubofsky, *Industrialism and the American Worker, 1865-1920*, p.4.

后者一些固定报酬。换句话说，老板所要做的全部事情就是购买设备和原料，出售制成品。① 对于这些熟练工匠来说，工作是由行业规范和在长期的学徒期学到的技能来定义的，而管理革命的去技能化危及了他们的经济安全，也挑战了工匠的自我意识，最终导致熟练工们形成了一套应对这种颠覆他们行业自主权的创新的特有防御机制。②

其实，即使工厂日渐盛行科学管理，它也无法摆脱对新一代熟练工人的依赖。虽然技术变革消除或稀释了许多传统技能，但它们从未完全废除熟练工人的地位和影响，工厂仍然依赖这些新一代熟练工人：即设计控制工具的工具制造者和维修工人。在科学管理运动于20世纪获得大量追随者之前，大多数管理者将车间的权力和主动权委托给充当领班或内部承包商且精通机械的熟练工人。③

事实上，相关研究表明，1880年至1920年间，可以被定义为熟练、不可替代和自主的劳动力的比例一直保持在14%到18%之间。尽管特定的技能发生了变化，工作环境更有组织性，工人们也更具严格的纪律性，但熟练工们

---

① Montgomery, *Workers' Control in America Studies in the History of Work, Technology, and Labor Struggles*, pp. 11-12.
② Steve Babson, *Building the Union: Skilled Workers and Anglo-Gaelic Immigrants in the Rise of the UAW*, New Brunswick : Rutgers University Press, 1991, p. 44.
③ Babson, *Building the Union*, pp. 15-17.

在车间里仍然比技能熟练度较低的同事们保持了更多的独立性和权威性。①

在内战爆发后的几年内,作为对抗因工资增长缓慢而导致物价飞涨的一种手段,新的地方组织和几个全国性的工会应运而生。战争结束后,当归来的士兵发现他们的手工业已经被工厂和机器生产所取代,当现有的工作机会受到涌入的愿意接受低工资的移民威胁时,人们对组织工作产生了进一步的兴趣。随着铁路运输的改善,在低成本地区生产的商品可以运往高工资市场。内战后十年中出现的大多数组织都是行业工会,其目的是保护熟练工不受新人涌入行业的影响。②

在经过多次统一众多全国性和地方性组织的尝试后,到1886年,行业工会终于在全国范围内统一起来。19世纪70年代出现的劳动骑士团(Knights of Labor,图3.12)曾试图不论技能水平或行业地将所有工薪阶层团结在一个大型的中央工会中。但是,这个组织和之前的许多组织一样,是短命的,因为它没能控制住行业工会领袖和骑士团领袖之间的冲突,而这种冲突本质上还是熟练工人和非熟练工人之间是否存在"利益共同体"的问题。一方面,行

---

① Melvyn Dubofsky, *Industrialism and the American Worker, 1865-1920*, p. 5.

② Florence Peterson, *American Labor Unions*, pp. 8-9.

图 3.12　劳动骑士团的领导人

Kurz & Allison 创作于 1886 年

业工会的领导们固执地认为,普通工人处境的改善只会威胁到熟练工人的特权地位,因此工匠和非熟练工人的利益即使不是对立的,也是完全不同的。① 而另一方面,那些试图组织非熟练工人的人认为,保护贵族阶级最安全的方法在于改善非熟练工人的地位,为他们提供足够的工资和工作条件,这将使这些人不再想进入熟练工人的行列,从而使熟练工更容易维持他们的特权和安全地位。②

从分裂的劳动骑士团中转化而来的美国劳工联合会(American Federation of Labor,AFL,简称"劳联")则走出了一条与前者不同的发展道路。这是在美国历史上存在时间最长、最具影响力的劳工组织。著名劳工运动领袖塞缪尔·龚帕斯(Samuel Gompers,图 3.13)在它的建立和发展历程中发挥了极为重要的作用。在龚帕斯的影响下,劳联成为行业工会主义的坚定捍卫者。③ 1893 年,龚帕斯正式提出了"纯粹而简单"(pure and simple)这一概念,也就是后来他经常说的商业工会主义(Business Unionism)。商业工会主义接受既定的社会秩序,只为市场所能承受的

---

① Gavin Mackenzie, *The Aristocracy of Labor: the Position of Skilled Craftsmen in the American Class Structure*, London: Cambridge University Press, 1973, p. 171.
② Mackenzie, *The Aristocracy of Labor*, p. 172.
③ Bernard Mandel, "Samuel Gompers and the Establishment of American Federation of Labor Policies," *Social Science*, Vol. 31, No. 3, June., 1956, p. 165.

图 3.13 塞缪尔·龚帕斯在家乡选区投票

手拿选票,立于选票箱左侧的为塞缪尔·龚帕斯。
1910—1930 年间,国家摄影公司收藏(美国国会图书馆)

工资和利益而战。它的策略是组织工人为他们自己有限的利益而战——与普通工人分离,有时甚至反对他们的更大的利益——而不考虑对他人的影响。[①] 通过收取高额会费并提供高额福利,工会把会员限制在所谓的贵族阶层。这些策略使工人在罢工时的团结更加实际。强有力的集权领导可能给予工会进行强有力罢工和组织运动所需的权力,同时工会也赋予这些领导人面对内部反对派时的巨大战术

---

① Kim Scipes, *AFL-CIO's Secret War Against Developing Country Workers: Solidarity or Sabotage?* Lanham: Lexington Books, 2010, p. 3.

优势,并将他们中最有影响力的人转变为高薪的公众人物。这些人更愿得到商业伙伴和媒体的赞赏,而不是回应自己组织中工人的需要。[1] 在这样的劳工哲学指导下,劳联将它主要的精力放在了熟练工人的组织工作上。事实上,许多行业工会认为熟练工人和非熟练工人之间的界限甚至比雇主与工人还要重要。例如,印刷工国际工会(The International Typographical Union)承认"那些可能是实用印刷工的雇主"为会员,而木匠和木工全国联合会(Carpenters and Joiners National Union)则欢迎"那些最初成为熟练工人,后来成为雇主的成员"。[2]

此外,正如恩格斯所观察到的那样,1880 年至 1910 年间陆续抵达美国海岸的移民潮,只会扩大和强化有组织的熟练工人与未加入工会的、非熟练的剩余体力劳动之间的差距。从 1899 年到 1910 年,熟练工人在移民总数中所占的平均比例仅为 20%;绝大多数新移民来自乡村,既不具备城市谋生技能,也不懂英语。因此,他们几乎完全被组成劳联的行业工会领导人所忽视。与此同时,也有许多移民工匠拒绝工会的保护。本土熟练工人及其领导人担心

---

[1] Paul Buhle, *Taking Care of Business : Samuel Gompers, George Meany, Lane Kirkland, and the Tragedy of American Labor*, New York:Monthly Review Press, 1999, p. 50.

[2] Irwin Yellowitz, *The Position of the Worker in American Society, 1865-1896, Englewood Cliffs*, Hoboken:Prentice-Hall, 1969, p. 32.

不断增加的移民工匠会破坏他们的特权地位,所以他们采取了各种策略来维持现状。新入会的工匠经常被迫支付高昂的入会费,或者由工会对他们进行一次特别审查——这种审查很多人都会失败。一些工会甚至坚持要求所有成员都是完全合格的美国公民。这就是美国熟练工人保护其阶级地位的方法。①

熟练工人创造了一种独特的特权地位,因为熟练工人和非熟练工人之间的界限扩大并保持足够稳定,其影响将持续几代人。工会成员利用能力考试等手段阻挠新移民进入他们的行列。到1900年,行业工会成员已经可以被视为一个独特的阶层或阶层的组成部分。相对于其他工人,他们拥有一些但不是全部的工人贵族的特征。其最强势的时候,如在旧金山一样,他们沿着传统路线稳定增长,确保了其在建筑行业的主导地位。在那里,他们填补了介于雇主和工人之间的职位。高工资和八小时工作制是强大工会的实际回报,行业工会主义体现了熟练工人的团结。他们依靠排他性的策略,即使是用封闭机制来保护其特权利益;他们倾向于依赖限制性的组织实践,隔离和分化工人;以牺牲较弱的选民为代价保护较强的选民。美国阶级分化的形成,就是这一原则的一种表现。②

---

① Mackenzie, *The Aristocracy of Labor*, pp. 172-173.
② Joseph, *Skilled Workers' Solidarity*, p. 64.

然而,随着 20 世纪的临近,维持这种特权地位对行业工会的领导来说是一项越来越困难的任务。最大的威胁来自生产过程的机械化,这通常意味着曾经的手工艺职业的消失和大量零散的机械工作的出现,而这些工作可以由非熟练工人来完成。

在 1897 年的劳联大会上,龚帕斯宣布:"过去的工匠在未来是非熟练劳动者,他们已经被新机器的发明和劳动的分工所取代。"① 劳联领导层内部的分裂越来越严重,许多人认为,目前坚持行业工会的原则伤害的正是它本来要保护的那些人,面对生产技术的快速变化,只有通过工会结构的补偿性变化才能维持工匠的特权地位。然而,尽管意识到熟练工匠所面临的威胁,龚帕斯仍然拒绝与行业工会主义的原则分离。在他看来,建立全行业的工会只会导致熟练工匠的利益被忽视。②

由于劳联内部在这个问题上的长期不和,在此期间成员明显减少,以致最终演变为公开冲突,结果是 1935 年产联(The Congress of Industrial Organizations)成立(图 3.14)。其目标是建立不分职业或技能水平,包括某一特定行业的所有工人的产业工会。

---

① Philip S. Foner, "History of the Labour Movement," Vol. 3: *The Policies and Practices of the American Federation of Labor, 1900-1909*, New York: International Publishers, 1964, p. 198.

② Mackenzie, *The Aristocracy of Labor*, p. 173.

有学者研究认为美国工人运动的特点之一，是往往与白领阶层有着密切联系。这不仅体现在美国左翼力量最强大的地区，如加州、印第安纳州、俄亥俄州以及伊利诺伊州的芝加哥等传统工业和产业集中的地区。而且据数据统计，在20世纪的前48年中，潜在的白领工

图 3.14　约翰·L. 刘易斯

由未知作者创作于 1940 年

会运动成员的数量增加到近原先的 4 倍，从 370 万增加到超 1470 万人。① 其中，劳联在白领中一直居主导地位。在 1900 年时，有半数的白领工会会员属于劳联，另一半则属于其他独立工会。也是从那时起，劳联成员在白领中的比例逐步增大，到 1935 年，已占所有白领工会会员的 2/3。到 1948 年时，在所有有组织的白领雇员中，62% 属于劳联，22% 属于独立工会，16% 属于产联。②

简而言之，如果说美国劳工在这一场上百年的有组织运动中有得到什么重要的教训的话，那就是在任何情况下，劳工都不能引起大中产阶级对私有财产作为一种安全的基本制度的恐惧。劳工需要公众舆论的支持，也就是农村和

---

① 米尔斯：《白领》，第 340 页。
② 同上书，第 352 页。

城市的中产阶级的支持,这样才能通过立法和工会主义来减少在雇主不受限制地行使财产权利时受到的虐待。在俄国革命之后的混乱岁月里,龚帕斯和他的继任者一再谴责共产主义,似乎至少在一定程度上是由于意识到美国劳工运动的环境很容易变成敌对的环境。①

总的来说,龚帕斯的工会主义是一种偏保守的劳工哲学。尽管劳联在成立初期也曾是一个激进的有战斗性的工人组织,但后来它已逐渐接受这样一种观点:美国的劳工运动只有通过拒绝激进主义和让美国人相信劳工不会对现有秩序构成威胁才能保护自己的利益。②

塞利格·珀尔曼(Selig Perlman)指出,劳联来之不易的成功,一方面是由于其领导人对外部环境的理解,另一方面是由于美国工人的心理。美国人对财产的保守态度被认为是工会活动的基本前提,劳工的力量在很大程度上取决于至少来自中产阶级的被动支持。在这个过程中,有组织的劳工本身成为中产阶级,与其说是成功的温和讽刺,不如说是一个未表达的大前提的实现。③ 正如原祖杰所指

---

① Selig Perlman, *A Theory of Labor Movement*, New York: A. M. Kelley, 1966, pp. 160-161.
② Simeon Larson, "Opposition to AFL Foreign Policy-A Labor Mission to Russia, 1927," *The Historian*, Vol. 43, No. 3, May., 1981, p. 361.
③ Moses Rischin, "From Gompers to Hillman: Labor Goes Middle Class," *The Antioch Review*, Vol. 13, No. 2, Summer, 1953, p. 193.

出的那样，美国熟练工人较之于产业工人有一个明显的优势，那就是他们在内战前后就已经形成行业性的工会组织，而龚帕斯所建立的劳工联合会正是依靠这些分布在各州的不同行业的工会组织建立起来的，因此不可避免地带有行业工会的烙印。总之，劳联这样的行业工会在熟练工人中之所以受到欢迎，是因为它抓住了后者的中产阶级情结，也为其中产阶级梦想重新燃起希望。[①]

四、承载美国梦的小企业家

（一）小企业家的兴起和发展

企业在工业化前的美国遍地都是，从欧洲人最早定居到 19 世纪 40 年代，基本上所有的生意都是小企业在做，可以说，小公司主宰了所有工业化前的经济体。而没有一个庞大的长期工薪阶层和地位相对较高的商人阶层，也让美国与众不同。大多数自愿来到殖民地的人都是为了改善自己的经济状况，大多数美国人都是，或者可以合理地预期是自由职业者。大多数农民拥有自己的土地，很少有行业协会或政府限制他们从事某种手艺或职业。殖民地的建

[①] 原祖杰：《试析 19 世纪美国劳工运动中的"例外论"》，《世界历史》2019 年第 6 期，第 63 页。

立主要是出于商业原因,是全球经济的一部分。因此,美国人在商业上以需要和倾向为导向。① 在殖民地时期和建国初期,85%的美国人务农,大多数人认为农业是一种生意,以追求盈余而不是维持生计为目标,而且显然是着眼于区域和国际市场而开展生产的。农场的规模各不相同,但 100 英亩是当时比较准确的平均面积。其中的 15 英亩到 35 英亩种植庄稼,其余的则是林地、牧场、休耕地和留给后代的土地储备。在种植和收获之间,生活节奏很慢,所以大多数农民以兼职工人、工匠或店主来补充收入。②

在美国,小型企业以独立的工匠和商人的形式出现在城市地区,如鞋匠、裁缝、银匠和制帽匠。在农村地区,典型的小企业是乡村杂货店,这也常常是当地农场居民唯一现成的物资和信贷来源。不过,殖民地时期的经济严重依赖英国,《航海条例》(*The Navigation Acts*)禁止美国人与英国商人以外的任何人直接贸易,《钢铁法案》(*Iron Act*)和《帽子法案》(*Hat Act*)等各种其他措施禁止美国人生产任何可以在英国生产的产品。因此,殖民地时期美国人的大多数发明都与农业有关。在美国独立以后,发明

---

① Thomas S. Dicke, "The Small Business Tradition," *OAH Magazine of History*, Vol. 11, No. 1, Business History, Fall, 1996, p. 11.

② John J. McCusker and Russell R. Menard, *The Economy of British America, 1607-1789*, Chapel Hill and London: University of North Carolina Press, 1985, pp. 295-308.

家和企业家开始把越来越多的精力投入工业化生产。成功的小企业家开始积累国内储蓄,并从英国走私早期工业技术以建立第一批轻工业。1785年,奥利弗·埃文斯(Oliver Evans)在特拉华州建造了一家全自动面粉厂。五年后,塞缪尔·斯莱特(Samuel Slater)在罗得岛建立了美国第一家工厂,彻底改变了美国棉织品生产的局面。伊莱·惠特尼(Eli Whitney)的轧棉机(图3.15)促进了棉花种植的普及,从而为斯莱特这样的纺织厂提供了大量的原材料。①由此,商业精神和商业技能在年轻的发展中国家慢慢传播开来。所以正是这些小企业在最初吸引了必不可少的外国投资,刺激了更大的资本形成和增长。②

图3.15 惠特尼的轧棉机

复制品制作于1793年

---

① Charles W. Carey, Jr., *American Inventors, Entrepreneurs, and Business Visionaries*, New York: Facts on File, 2002, pp. xiii-xiv.
② Steven Solomon, *Small Business USA: the Role of Small Companies in Sparking America's Economic Transformation*, New York: Crown Publishers, 1986, p. 17.

不过，这时美国的企业和农场一般都很小，由个人或家庭成员经营。这些经营者不仅包括铁匠、桶匠和店主，还包括大多数农民。农民不仅养家糊口，还种植经济作物、推销牲畜、出售鸡蛋和牛奶。虽然有时商人会在很远的地方找到供应商或客户，但他们大部分的业务都是在本地进行的，他们会以物易物或用时间交换并提供个人信贷，很少有商人在日常业务中使用银行。[①]

一个14岁到21岁的年轻人可以到一个工匠那里当学徒，学习一门手艺后他就可以开始自己的生意了。经典的例子是本杰明·富兰克林（Benjamin Franklin），他从一个印刷工人的学徒成长为著名的出版商。虽然大多数小商人只能过着温饱的生活，但也有一些人能够富有到可以在职业生涯的最后阶段从事土地投机的程度。妇女一般不被鼓励外出工作，然而，也有像莎拉·肯布尔·奈特（Sarah Kemble Knight，图3.16）这样的寡妇被允许经营小酒馆、客栈和寄宿公寓来维持生计。

像农场和商店一样，制造企业中的大多数继续以家族企业的形式经营，在他们自己的作坊里做生意的工匠们为殖民者提供了各种各样的手工艺品。工匠约占殖民时期所

---

① Andy Serwer, David Allison, Peter Liebhold, Nancy Davis, Kathleen G. Franz, *American Enterprise: A History of Business in America*, Washington: Smithsonian Books, 2015, p.16.

有白人工人的10%，包括制桶匠、裁缝、鞋匠、木匠、锡匠和银匠。许多工匠拥有自己的工具和商店，自己维护原材料和在制品的库存并处理账目。简而言之，他们是小企业家。最成功

图 3.16 一位夫人骑马旅行

《骑士夫人的旅行日记》漫画
(*The Journal of Madam Knight*, 1704)

的人通常会拥有几英亩农田，许多人还拥有几头牲畜。就像乡村小店一样，大多数小店都是单人经营，但也有少数是合伙经营。① 大多数职业的进入和退出都相当容易，而且大多数人倾向于在他们的一生中从事不止一种职业，因为一家企业往往存活的时间很短暂。总的来说，在这个体系中，机会并不平等却很多，但在大多数商业关系中，机会都大致相等。②

在整个北美殖民地，几乎每个欧洲裔美国人乃至一些非欧洲裔美国人，都公开宣称自己来此的动机是希望在新世界得到提升。学徒和契约工尤其如此，他们签订了工作合同，在很多情况下就像真正的奴隶一样，以固定的劳动

---

① Mansel G. Blackford, *A History of Small Business in America*, Chapel Hill and London: The University of North Carolina Press, 2003, p. 24.

② Dicke, "The Small Business Tradition," p. 12.

期限换取通行费。特别是在早期，这些暴发户在合同结束后会得到现金或物资作为报酬，以便在新世界的土地上独立起步。这个起点可能会带来财富，但财富并不是新世界衡量地位上升的唯一标准。经济上的自给自足，一个安全而受人尊敬的职业，有工作外进行政治活动的时间——这些都是衡量向上流动性的标准。[1] 这种后来被称为"美国梦"的意识的核心理念是通过努力工作和决心，任何人都可以在美国拥有一个成功的企业，也就是说努力工作的企业家总是会成功。创业活动能改善经济和社会地位，这几乎成为美国人根深蒂固的信念。[2]

尽管单个小企业的经济实力一般不那么抢眼，但总体而言，小企业也是一股强大的经济力量，它是19世纪美国经济长期发展的主导力量，占美国所有企业的90%以上，雇用了近一半劳动力，创造了超过三分之一的美国国民生产总值。小企业推动了服务业的历史性崛起，标志着资本主义发展进入了一个新阶段。纵观美国历史，小企业从未停止商业创新，它作为一种经济理想激励着美国人，并成为数百万人实现美国梦的工具。到20世纪80年代时，小企业约占当时美国国民生产总值的五分之二，为私营部门

---

[1] Jim Cullen, *The American Dream: A Short History of an Idea that Shaped a Nation*, London: Oxford University Press, 2004, p. 61.

[2] Zulema Valdez, *Entrepreneurs and the Search for the American Dream*, New York and London: Routledge, 2016, p. 50.

一半的劳动力提供了就业机会,在国民生产总值中所占的份额约为1.3万亿美元。① 更重要的是,自殖民时代以来,美国人一直将小企业视为提供社会流动性、经济机会和个人自由的平等力量。② 在美国,小企业既是一种社会机构,也是一种经济机构。美国人喜欢小企业,因为小企业改变了生活方式。

如同广义上的美国梦,这种美好生活存在于一系列的变化中。最常见的形式是商业上的成功。钢铁巨头安德鲁·卡内基(Andrew Carnegie)就是这种典型代表(图3.17):

图3.17 安德鲁·卡内基出生的小屋

作为美国梦的代表,卡内基出生于苏格兰的一个普通织工家庭,于1848年随父母移民美国,后来一度成为美国首富,并积极投身慈善事业。

来自安德鲁·卡内基出生地博物馆

---

① Solomon, *Small Business USA*, pp. 1-2.
② Dicke, "The Small Business Tradition", p. 11.

穷人家的孩子凭借勇气和创造力,创建了超越想象的全国性商业帝国。但也有其他的形式,例如:通过教育实现转型的故事,或一些资源有限的人在艺术、体育或其他人类渴望的领域取得成功的故事。"美国梦"的力量在于一种集体所有权意识:任何人都可以获得成功。普遍解放的主张经常被美国梦的支持者重申,尽管有时它也会被严厉谴责为人民的麻醉剂。①

不过,由于缺乏正规的教育,熟练工人升入管理层的情况似乎不那么频繁。当这些人换工作时,他们通常是由于经济机会,如更高的工资;或经济需要,如由于无法控制的原因失去旧职位。在某些情况下,人们跳槽主要是为了在他们认为有长期前景的行业的某个特定方面获得经验。举个例子:在第一次世界大战前,当金属冲压行业扩张的时候,一个在机床工厂工作的熟练的工具制造工离开了他原本的工作,进入了金属冲压行业。他在几份不同的工作中学习了这一操作的特点后,在一家小型金属冲压厂当上了领班,后来又当上了主管。而其他的熟练工人,则是在学会了手艺后,集中精力提高技术,他们中的一些人凭借高超技术成为车间领班。这些跳槽的人中,大多数在决定利用技术知识进入独立企业之前都做过一到两份工作。大多数熟练工人在 30 岁到 45 岁之间能够创立自己的公司,

---

① Cullen, *The American Dream*, p. 60.

这个群体中的大多数企业家继续做他们曾为雇员时所做的同样类型的工作。到那时，他们已经掌握了自己的行业，在某些情况下，还获得了有限的管理经验。①

不过，也不能认为这种阶层间的变动是理所当然的。早在18世纪80年代，城市师傅就无视他们对学徒的道德和教育义务，即使他们仍会提供食物和住所。这些城市师傅们雇用年轻的学徒，完全不会传授他们技艺的细微差别和微妙之处，只是把学徒当作廉价劳动力的来源。对他们来说，学徒通常是不稳定的，因此只传授基本的职业知识就不会害怕学徒离开。学徒的外逃，加上1780年至1810年间首次涌入城市的农村移民，改变了熟练工与师傅的比例。到18世纪90年代末，波士顿的熟练工人数是师傅的三到六倍，而在大西洋中部的城市，这一比例可能更大。

如果务工人员发现他们的行业拥挤不堪，成为业主的希望渺茫，他们至少可以从他们坚持不懈的工作习惯和购物习惯中得到一些安慰。② 在1814年以后，资本主义发展的动力打破了家庭和市场之间的旧联系。对利润的追求驱使北方商人更深入地进军生产领域，出现了把劳动力当作商品购买的群体，以及把自己的劳动力卖给出价最高的人的群体。

---

① James H. Soltow, "Origins of Small Business Metal Fabricators and Machinery Makers in New England, 1890-1957," *Transactions of the American Philosophical Society*, Vol. 55, No. 10, 1965, p. 14.

② Laurie, *Artisans into Workers*, p. 36.

1814年后的半个世纪的经济转型,最终以建立工厂制度为基础的工业革命告终;与此同时,它在社区中引发了不断上升的社会冲突,并在1860年的大罢工中达到了顶峰。这中间首当其冲的,就是在制造业结构中"师傅"消亡了,随着工业化的推进,这种过程在欧洲和美国到处发生。由于失去了与市场的直接联系并放弃了基本原材料的所有权,在1800年,林恩的200位以制鞋为主业的工匠停止了经营,也不再有新一代来接替他们。"师傅"这个词过时了,被普遍使用的"熟练工"所取代。①

相比之下,那些拥有店铺的工匠情况要好得多。他们拥有更充足的财产,占据了俯瞰行业未来发展的战略高地。对店主来说,雇三四十人来做鞋可不是一件小事。周复一周,月复一月,店主扩大了资本,打破了提高产量的传统限制。其中一个限制就是师傅。他持有的财产是用来贷款购买原材料或支付熟练工工资的抵押,由于每个人都在等待别人付款,信贷就变得至关重要。因为无法获得大量的信贷,师傅的生产受到了极大的限制。②

然而对北方来说,传统的师傅绝不算过时。城市的发展为这些小企业主提供了生存的机会,因为城市社区是不

---

① Alan Dawley, *Class and Community: The Industrial Revolution in Lynn*, Cambridge: Harvard University Press, 2000, p. 25.
② Dawley, *Class and Community*, p. 26.

完整的，它会需要面包房、肉铺和锡匠。事实上，北方更需要大量的小工厂而不是少数的大工厂，可能南方也是如此。1850年，城市中有一半到四分之三的屠夫、面包师、铁匠，多达五分之一的裁缝、鞋匠和木工在约有五名雇员的企业里工作。① 只是，这些小企业往往存活时间较短，根据19世纪40年代马萨诸塞州波士顿（Boston）和伍斯特（Worcester）的一份调查表明，这些小企业失败率一直很高。例如，1845年在伍斯特经营的56家零售企业中，五分之一在5年内停止了经营，五分之二在10年内停止了经营，五分之三在15年内停止了经营。②

随着工厂系统及机器制造业的发展，工业生产不断扩大，人们对许多特定行业多次尝试垄断控制，曾经主导经济因素的小生产者已经退居幕后。现代技术及大规模生产和大规模分配方法的出现使经济日益集中。不过，集中过程的数量效应远不如它给小企业结构带来的质量变化重要。小企业继续为数百万企业主提供生计，但这些企业主的社会地位正在发生深远的变化。经济决策、主动性和活力的中心正从众多的小企业转移到数量相对较少的大单位，从而影响了传统上由小商人行使的企业家职能。在越来越深

---

① Laurie, *Artisans into Workers*, p. 44.
② Kurt Mayer, "Small Business as a Social Institution," *Social Research*, Vol. 14, No. 3, September, 1947, p. 339.

的程度上,这些职能正被小商人所放弃并转移到占主导地位的大单位上,小企业的行动自由度变小了。虽然大企业的影响因行业、情况而异,但总的来说,小企业的独立性正在下降。①

随着工匠师傅的逐渐衰落和小企业主的不断崛起,后者在普通工人之间的认同也日益受到挑战,工人开始意识到他们与小企业主的利益产生了矛盾,必须要在工人运动中减少小企业主的影响。例如,1835年费城爆发了美国第一次全市性的总罢工(图3.18)。这次罢工是由曾经在

图3.18 争取10小时工作制的宣传画

由费城工匠之家木匠协会的范·舒克创作于1835年

---

① Mayer, "Small Business as a Social Institution," pp. 341-343.

1825年和1832年两度为争取10小时工作制罢工的波士顿木工们所推动的。前两次罢工都失败了,是因为面对雇主们的联合势力,又因为工会中有很多小雇主抑制住了工人的斗争性,工人队伍被分散了力量。接受这次教训以后,木工、泥瓦工和石工们在1835年举行的争取10小时工作制的罢工中,夺回了掌握在小雇主们手里的罢工领导权。①

与此同时,雇主们也开始形成了自己的组织,以应对日益发展的工人运动。早在19世纪60年代以前,美国就存在着工厂老板组织的反对工会的各种协会,但那些协会都是地方性的、分散的,没有彼此联合起来。进入19世纪60年代以后,随着形势的发展,老板们为了反对工人的联合行动,成立了许多反工会组织,而且在地方上联合起来采取统一行动。1863年,俄亥俄州福尔区工厂老板们组成的铸造业与机器制造业协会宣告成立。此外,波士顿的铅管工业、马萨诸塞的铁钉制造业、圣路易的服装业、布鲁克林的机械工业都成立了厂主联合会。在一些地区和城市还出现了更高级的各行业老板的联合组织,个别行业甚至成立了全国性的厂主协会。例如,美国全国制钢和冶铁协会就是这样的组织。厂主协会的主要目的就是破坏工会运动,以便加强老板对工人的控制和剥削。加入协会的老板利用他们的联合力量向各州议会和政府施加影响,要求通

---

① 方纳:《美国工人运动史》,第185页。

过和颁布反对工会和反对罢工的法令。在内战时期,联邦政府和军队以及州政府都曾以禁止破坏战争为借口,制定了一系列反对工会和反对罢工的法令,来扼杀工人运动。①

迫于压力,这些小企业家们也做出些让步。对那种遗留下来的家长制来说,严格的市场经济是致命的。那些熟悉家长式管理的小企业家们放弃个人管理,转而追求私人福利和对公民机构引人注目的投资。他们赠给资深员工手表和奖章,以感谢他们的忠诚服务;在公司晚宴上向退休人员表示敬意,并为员工去游乐场和海滨游玩支付费用。还有一些人赠出不多的礼物以补偿工厂的强硬态度,借此希望在社区中获得更多好处。捐赠内容包括图书馆(图3.19)、音乐厅,甚至可能包括公园及广场的长椅和喷泉。②

图 3.19 芝加哥纽伯里图书馆

由芝加哥商人沃尔特·纽伯里捐赠,于 1887 年建成。
由克罗斯比·巴恩斯拍摄于 1904—1913 年间

---

① 张友伦、陆镜生:《美国工人运动史》,第 248—249 页。
② Laurie, *Artisans into Workers*, pp. 121-122.

到 19 世纪中后期，随着水力、蒸汽及后来电力方面的创新促进了工业化进程，诸如纺织厂、矿山和运输公司等大型企业发展了起来。这些新组织的建立和运作需要大量的资金，这种需求产生了新的商业组织形式，如信托和控股公司。它们的作用不断扩大的关键在于，新的法律法规限制了投资者和股东在公司倒闭时应承担的责任。越来越多的美国人不再购买本地手工制作的物品，而是选择大量高效生产的衣服、工具、枪支、农用设备和车辆。随着工业的蓬勃发展，这些物品的数量越来越多，为了把它们卖给公众，新的广告和营销形式也随之发展起来。在这一时期，虽然大多数美国人仍在农场或小企业工作，但大公司的发展与州和联邦政府的监管已经开始主导经济发展。①

从 19 世纪中期开始，在采用新技术生产和分配商品规模经济的领域出现了许多大企业。首先是在铁路领域，然后是在一些工业领域，大企业开始发展起来并逐渐在这些经济领域占据主导地位。到 1914 年，三分之一的美国产业工人在员工人数达 500 人或 500 人以上规模的公司工作，另外三分之一就职于员工人数在 100 人至 500 人规模的公司。② 到 1902 年，大多数美国人，甚至大多数工人已经接

---

① Andy Serwer, David Allison, Peter Liebhold, Nancy Davis, Kathleen G. Franz, *American Enterprise*, p. 17.

② Mansel G. Blackford, *The Business History Review*, Vol. 65, No. 1, Small Business and Its Rivals, Spring, 1991, p. 5.

受了大企业在他们生活中存在的事实,许多人欢迎大企业带来的大量商品,美国人迅速成为消费者和生产者。与大企业生活在一起的第二代美国人,越来越接受大公司成为他们社会经济景观的一部分。

大型工业公司的兴起是企业历史上的一个分水岭,当然,也是资本主义历史上的一个分水岭。在一个又一个工业领域——农业机械、办公机械、烟草、汽车、石油和钢铁——许多小公司被挤出市场,少数大公司占据了主导地位。在某一行业的某些产品线中,供应受到更严格的控制。通过19世纪90年代末与20世纪20年代、20世纪60年代末和20世纪80年代的并购浪潮,工业资产集中在更少、更大的公司手中,大规模生产竞争所需的大量资本成为来自底层新竞争者最大的障碍。[①]

大企业在19世纪后半叶的兴起是市场扩张、工业化和工厂制度持续蔓延的最重要的结果之一。从内战到20世纪20年代这段时期,以小企业家为代表的老中产阶级的故事主题主要是适应新的工业秩序。到19世纪晚期,他们那种古老而熟悉的生活方式日渐式微,而另一种明确的生活方式日渐盛行。从很多方面来说,那是最好的时代,也是最坏的时代。总的来说,这一时期人民生活水平迅速提高,更低价格的新产品充斥市场,民众收入迅速增加。

---

① Solomon, *Small Business USA*, p. 18.

此外,铁路和石油等全新行业的出现,带来了数百种新的、令人满意的谋生方式。然而,生活水平和收入的增长是不稳定和不均衡的。经济在繁荣和萧条之间交替,财富和收入的差距急剧扩大。许多旧的职业被淘汰,工作条件也从舒适逐渐变得不人道。这些看似无穷无尽的变化让许多(或许是大多数)美国人对新秩序的重要部分感到不安,令人不安的领域之一涉及小企业的命运。许多人认为小商人有安全的避风港,而他们最终会被赶出现场,通常被视为一种危险。不仅仅是对小商人,如果企业所有权是经济自由和社会流动的主要来源,是维护政治平等的必要条件,那么任何威胁到小企业未来的事情都可能有损个人的人格,并对共和国构成危险。

除了对失去个人自由的恐惧还有一种模糊的感觉,即大型、非个人的官僚机构的崛起正在改变日常生活的规模,从一个对人类来说舒适的规模变成一个更适合新的巨型企业的规模,这是这个时代的基础。① 事实上,到进步时代时(指 1890 年至 1920 年),越来越多的美国人认为小企业是过时的、低效的,是一种正在消失的企业形式,它们让位于更大的公司被认为是一种自然的进化运动。尽管如此,美国人还是对小企业的命运,以及它们的衰落带给美国社会的影响表示担忧。随着大公司排挤小企业,对经济独立

---

① Dicke, "The Small Business Tradition,"pp. 12-14.

和经济自由的担忧日趋加深,大多数美国人自 19 世纪 90 年代以来对大公司的矛盾态度一直持续到今天。①

因此可以看到,对现有条件最强烈的抱怨不是来自完全贫困之人,而是来自这些境况正在改善的群体,只因其改善速度尚不足以跟上迅速增长的期望值。国民生产总值在 1869 年到 1901 年间从 9.11 亿美元上升到 371 亿美元,人均收入在此期间翻了三倍,然而这一繁荣的浪潮远没有 1865 年到 1914 年的两次大恐慌(图 3.20)后的长期萧条那么明显。根据约翰·蒂普尔(John Tipple)的说法,当

图 3.20 1874 年纽约汤普金斯广场骚乱

数千名失业平民在示威活动后与纽约市警察局发生冲突。
马特·摩根创作并发表于《弗兰克·莱斯利画报》,1874 年

---

① Blackford, *A History of Small Business in America*, p. 48.

夸大的期望未能实现时,成千上万的美国人就屈服于自己的错觉。在将神话视为现实之后,他们得出结论,认为美国政治经济的整个结构正在崩溃,于是他们加入愤怒地寻找破坏者的行列。① 19世纪末的平民主义运动只是遏制大规模商业扩张的政治尝试中的一小部分,它试图保护小公司及其所代表的生活方式不受大企业经济效率的影响。②

(二)小企业的特殊地位

如果说小企业对美国的经济发展至关重要,那么对美国文化来说,小企业或许更为重要。与其他国家的文化相比,美国的文化已经发展成为一种商业文化。早在1837年,弗朗西斯·格伦德(Francis J. Grund)就观察到:"商业是美国人的灵魂:追求它……是人类幸福的源泉。"③ 大多数美国人对商业的热爱集中在小企业上,从托马斯·杰斐逊时代到现在,许多美国人都认为小企业的老板是美国生活方式最好的缩影。尽管美国人信奉大企业的卓越效率和生产力,但他们仍然崇敬小企业主。正如历史学家罗

---

① Elisha P. Douglass, *The Coming of Age of American Business: Three Centuries of Enterprise, 1600-1900*, Chapel Hill: University of North Carolina Press, 1971, p. 521.
② Thomas S. Dicke, "The Small Business Tradition," p. 14.
③ Mansel G. Blackford and K. Austin Kerr, *Business Enterprise in American History*, Boston: Houghton Mifflin, 1986, p. 1.

兰·伯特霍夫（Rowland Berthoff）所观察到的,对许多人来说,小企业象征着自力更生,通过它们的持续存在,小企业似乎提供了一个具有"向上流动、充满活力的企业家精神"的机会。①

自亚里士多德以来的政治理论家多把中产阶级视为社会稳定的源泉。一些人认为,小企业家的机会在减少,而小企业家是老中产阶级的核心群体之一。他们的论点是,随着机会的减少,小企业家倾向于怀抱原教旨主义的愿望,希望回到一个不那么复杂的经济体系并体验对民主制度的觉醒。② 托克维尔正是出于这种传统而写道:

> 如果一种社会状态能够建立起来,人人都有所保留而对别人几乎没有索取,那么对世界和平就会大有裨益。③

托克维尔通过这些话,介绍了他对小财产拥有者这一独立阶级稳定性影响的概念。托克维尔的假设得到了许多

---

① Blackford and Kerr, *Business Enterprise in American History*, p. 8.
② David Rogers and Ivar E. Berg Jr. , "Occupation and Ideology: The Case of the Small Businessman," *Human Organization*, Vol. 20, No. 3, Fall, 1961, p. 103.
③ Alexis de Tocqueville, *Democracy in America*, *Vol. 2*, New York: Vintage Books, 1945, p. 266.

社会理论家的认同,即小企业阶层的经济机会——进入、生存、扩张和"独立"的机会的存在是维持自由民主社会秩序的先决条件之一。当小企业的机会减少时,这种传统的争论还在继续,然而这个古老的中产阶级和他们的现代同行,再也不能在国家的一切权力和世界上所有的大地主和金融巨头面前昂首挺胸了。①

美国诞生于以农业和小企业为主导的前工业化世界,并在美国人争论和定义其国家身份时一直保持着这种状态。小企业主,尤其是农民,成了美国价值观和美德的主要象征之一。正是这些价值观和美德定义了美国,美国人认为自己是独立的、自力更生的、朴素。土地本身有助于培育这些特质,但大多数人认为,国家的经济运作和共和制度也做出了贡献。拥有丰富资源的土地提供了机会,成千上万个不断变化的小企业使经济权力分散并不断转移,从而保留了机会并提供了经济独立。最后,共和制度将自由从政府压迫中隔离出来。每一个因素都要求其他因素正常工作,共同产生了一种独特而令人向往的生活方式。虽然美国社会总体上是商业化的,但商业的主要目的不仅仅是赚钱,还是培养一种独立的生活方式。小企业家与传统价值观和美德的紧密联系一直持续到现在。在美国不再是一

---

① Gaetano Mosca, Hannah D. Kahn trans., *The Ruling Class*, New York and London:McGraw-Hill Book Company, Inc., 1939, p. 285.

个由农民和小企业家组成的国家很久之后,独立的小农场主和工匠是合众国的支柱这一概念仍然能引起共鸣。①

在大企业不断扩张的压力下,小企业不仅受到市场的约束,还面临被市场淘汰的危险;小企业家们也在被迫做出改变以寻求出路,他们逐渐倾向于更劳动密集型的业务,以及其他大企业缺乏竞争优势的领域。与此同时,小企业往往通过补充活动提高这些大规模生产行业的效率。随着经济的增长,零售商和批发商建立了网络,小型专业化服务公司逐渐成长起来。在存在生产瓶颈的地方,小企业(通常由尚未成为熟练蓝领工人的独立全能工匠经营)会找到有利可图的机会,开始生产能够消除瓶颈的产品。随着这个国家的劳动力从农场转移到工厂,小企业不断壮大,填补了经济中间地带,以确保经济有序转型。

这是 20 世纪小企业经济地位形成的时期。本质上,它们从事的是大企业不能或不希望从事的领域,利用的是大企业忽视或拒绝的资源。当大企业有能力或有意愿执行其中一项职能时,小企业要么因为遇到竞争对手转移到另一项业务,要么终止运营。有时小企业也会施加有效的竞争压力,它们所代表的资金通常涌入经济扩张领域,例如:推动许多服务行业的发展。但随着零售和服务行业的发展,大企业开始主导更多的市场,这时,小企业则转而要求政

---

① Dicke, "The Small Business Tradition,"p. 12.

府保护并再次寻求竞争的平衡。①

但从某种程度上来说,与大企业正式或非正式的联系对小企业也是有益的。大企业提供全国性广告、产品开发、培训学校和企业管理建议,这些帮助有助于小企业的市场地位达到新的稳定。这些小企业反过来与大企业竞争,又对大企业形成了刺激和约束,使二者之间形成一种相互激励的关系。② 到20世纪20年代,美国已经开始形成由大型企业和小型企业组成的二元经济。每家公司在不同的领域运作,服务不同的客户,满足不同的需求。小企业的地位很大程度上是与大企业相对立的,美国的经济发展通过大小经济实体之间不均衡的竞争平衡创造了机会。一般来说,大型商业组织的主要机会是制造业、采矿业和运输业。其他行业,如服务、零售和建筑,已经被具有实际所有权管理的小企业占据或更好地开发。③

正如托克维尔所解释的那样,小企业的存在将有助于形成一个稳固的中产阶级,由于他们的利益得到了很好的保障,使得他们从根本上支持美国的自由企业制度,并对实现自己的美国梦持乐观态度,对自己在生活水平、福利立法和政府对大企业的监管等问题上取得的进展也持乐观

---

① Solomon, *Small Business USA*, p. 19.
② David E. Lilienthal, *Big Business: A New Era*, New York: Harper & Brothers Publishers, 1953, p. 36.
③ Solomon, *Small Business*, p. 20.

态度。① 当人们在大企业失去工作时,他们通常会创立小型企业。这种情况在 20 世纪 30 年代初盛行,近年来可能再次变得重要。然而,美国和世界经济的结构性变化可能对小企业的进一步发展起到了更大的作用。美国经济从历来最重要的制造业转向更多由小企业主导的服务业,这可能是一个因素。此外,计算机技术的发展允许灵活的小型公司在越来越多的工业领域与大型公司竞争。②

事实上,此时小企业对美国商业体系和文化价值观发展的重要性已经延续到了政治领域。小企业经常在州和国家立法中拥有特殊待遇。美国颁布第一部反垄断法,即 1890 年的《谢尔曼法》(*Sherman Antitrust Act*)和后来 1914 年颁布的《克莱顿法》(*Clayton Act*),其出台的主要原因是美国人存在一种普遍的愿望,即保护小公司免受大公司"不公平"的对待,尽管大型企业在生产和向消费者分销商品方面通常效率更高。③ 20 世纪二三十年代,大型连锁商店业务扩展到美国各地。在与较小的店铺竞争时,这些连锁店经常受益于规模经济,能够以低于其较小竞争

---

① Dicke, "The Small Business Tradition," p. 15.
② Blackford, "Small Business in America: A Historiographic Survey," p. 7.
③ Thomas K. McCraw, *Prophets of Regulation: Charles Francis Adams, Louis D. Brandeis, James M. Landis, and Alfred E. Kahn*, Cambridge, Mass.: Belknap Press of Harvard University Press, 1984, pp. 138-139.

对手的价格销售商品。为了帮助小企业应对这种威胁，一些州通过了对连锁店征收重税的立法，国会颁布了1936年的《鲁宾逊-帕特曼法案》（*Robinson-Patman Act*）和1937年的《米勒-泰丁斯法案》（*Miller-Tydings Act*）以保护小型零售商免与大公司竞争。1953年，国会成立了小型企业管理局（图3.21），作为一个联邦机构，其目标是鼓励美国小企业的发展，还在1980年通过了《灵活管理法案》（*Regulatory Flexibility Act*）和其他措施，使小型企业免除了联邦政府在商业方面的许多监管。

图 3.21　美国小型企业管理局（1953）

一方面，小企业间接地履行着许多有益的职能：它承受着经济衰退和不确定时期的冲击，承担着美国经济中许多回报最少但必要的任务，同时吸收了经济中最高风险活动的大部分后果。但这也促使小企业走向其特有的低盈利和高死亡率的模式。不过，它们也为经济环境提供了缓冲，保护了大型企业的盈利能力和福祉，这些大型企业也是掌握美国财富主要来源的基础工业上层建筑。

许多小企业家扮演着这样的角色，因为大企业优越的经济实力迫使他们这样做。这突出了小型企业经济总体的另一个基本特征：尽管它在经济中是大企业的一股补充力量，但它是在一个令人不安的不平等的位置上运作的。它分散的权力使它屈从于大企业的权力，而大企业通常掌控着经济中利润最高的领域。虽然在许多活动中，小企业是最有效的商品或服务提供者，偶尔也会在尖端产业中进行创新，但小企业通常必须在最不具前景的机会中利用经济中最不可取的经济资源。[1]

就现代经济的重要性而言，大企业和小企业发挥着至关重要的互补作用。大型企业进行高效、大批量的生产和低成本的批量分销。毫无疑问，他们都是推动经济发展的引擎。而小企业填补了市场的空白，在创造就业和技术创新方面发挥着关键作用，并具有了适应市场快速变化所需的灵活性。[2] 但是另一方面，也不能过于夸大美国小企业家们的重要性。重大的经济进步通常局限于少数特权阶层，即那些能够获得大量经济和社会资源支持的白人中产阶级

---

[1] Solomon, *Small Business USA*, p. 4.
[2] Dicke, "The Small Business Tradition," p. 15

男性，以及少数具有高增长潜力的精英公司。毕竟，大多数创业小企业都失败了，而且大多数企业都没有创造就业机会。在所有新成立的企业中，大约有一半能活 5 年或更长时间，大约三分之一能存活 10 年或更长时间。①

小企业依赖大企业的控制和政策，就其经济"生存机会"而言，可能比小规模资本主义经济中的对手脆弱得多。至少，小企业在经营业务方面的独立性要小得多，例如，在广告、定价、选址、产品需求和库存等方面的决策。但更重要的是，如果小企业推行的政策与大企业的要求不一致，它们几乎没有讨价还价的能力。这时，如果一家小企业与大公司有正式的合同关系，前者就可能遭受各种方式的打压，大型零售商的亏本策略就是一个例子。②

事实上，与传统上认为美国企业家精神是"经济引擎"，"创造就业机会"能够扭转低迷或萧条的信念相反，在大多数情况下，美国的创业活动取得的成果比较温和。在美国，企业家精神为大多数企业家（主要是小企业家）提供了在一般劳动力市场上失业时或不充分就业时的另一种选择，或者可能是一些企业家放弃工资工作，转而自主创业所得到的非金钱福利，即自主权和独立感。因此，美

---

① Valdez, *Entrepreneurs and the Search for the American Dream*, p. 51.
② David Rogers and Ivar E. Berg Jr., "Occupation and Ideology: The Case of the Small Businessman," *Human Organization*, Vol. 20, No. 3(Fall, 1961), p. 105.

国企业与创造就业并没有密切联系,也很少能够在一次大衰退后引发经济复苏。①

虽然美国梦所代表的企业所有权和经济成功只对少数人是可能的,但与此同时,创业也为失业或市场不确定性,如基于种族、民族、性别和其他社会群体构成的剥削和歧视,以及由于种族主义或性别歧视而阻碍正式和非正式劳动力市场的流动提供了一个关键和可行的替代方案。②

五、 小结

19世纪是美国资本主义经济崛起和文化霸权建立的时代,也是美国历史上重要的转折时期。在工业化和城市化为美国带来巨大进步的同时,也产生了一系列的社会问题。

一方面,在社会贫富两极分化加剧、社会骚动和阶级冲突越来越激烈的情况下,工人阶级和资产阶级之间的矛盾日益尖锐,工人运动此起彼伏。

另一方面,工人阶级的内部分裂也是这一时期美国社会结构变化中一个值得关注的现象。通观美国工业化发展前后的历史,可以发现在劳动者阶层中一直存在着一群具

---

① Valdez, *Entrepreneurs and the Search for the American Dream*, p. 50.
② Valdez, *Entrepreneurs and the Search for the American Dream*, p. 53.

有拥有更高收益和地位的特殊群体。在早期，这一群体主要是工匠；而后在工业化的冲击下工匠又分化演变为小企业家、熟练工人以及产业工人。其中，前两者相对优势的地位使得他们形成了与产业工人截然不同的生活方式和价值观念。这对美国的劳工运动产生了深远的负面影响。正因为如此，在美国劳工运动研究中区分不同的劳工阶层，识别打着工人旗号的工人贵族，对于我们理解19世纪美国劳工运动的保守特征和社会主义运动未能兴起的根本原因有着重要的参考价值。

在制定一部新宪法的时候,我认为你应该记住妇女,比你的祖先们更慷慨地对待她们,支持她们。……如果妇女没有被给予特殊的注意和关心,我们将决定掀起反叛,而且不会把自己束缚在我们没有任何发言权和代表权的法律中
——阿比盖尔·亚当斯致丈夫约翰·亚当斯的信,1776

对于你所提出的古怪的法典,我只能一笑置之。……我们知道最好不要违抗我们男性的制度。
——约翰·亚当斯给妻子的回信,1776

第四章

美国中产阶级女性

一、导言

工业现代化转型给美国民众的生活带来了巨大变化，女性作为"最大的少数群体"，在社会转型时期也面临着新的挑战与困境。

从劳动生产的角度来看，社会对劳动力的需求促使女性开始走出家门，投身护士、教师、缝纫女工、售货员甚至白领等职业。但女性在自己赚得薪水的同时，也受困于男女同工不同酬的不平等问题。

从个人生活的角度来看，工业现代化的产品改变了女性的日常，尤其是城市女性。大批量生产的工业商品，一定程度上减轻了家庭主妇的家务劳动量，使她们拥有了更多的闲暇时间，也为她们提供了更丰富的休闲娱乐方式，甚至改变了女性的社会地位和形象。但在某种程度上，相对安逸的消费生活也加深了家庭对女性的禁锢。除了原本生活在城市的中产阶级女性,我们不应该忽视在社会转型时期还有大量从农村向城市迁移的女性。她们是城市化进程的重要参与者,她们的生活经历也是现代化转型的另一种体现。

从政治生活的角度来看,这一时期的许多女性也开始谋求政治权利与社会平等,她们参与政治运动、组建工会、争取妇女选举权。以中产阶级女性为主力的改革者们通过自身奋斗,在立法层面上有效促进了构建性别平等社会的目标。当然,改革与进步的道路是艰辛曲折的,一代又一代人至今仍然走在这条道路上。社会转型在生活上给美国女性带来的变化是毋庸置疑的,可女性的社会地位仍未发生根本性的改变。尽管部分女性一只脚迈出了家门,但她们实质上仍然被禁锢在家庭中。

总体而言,"女性最应该具有的是家庭属性"这一社会认知并未改变,甚至在如火如荼发展的商业资本主义社会中更加根深蒂固。如果能够清醒地认识这一"不变"的因素,我们也许可以更好地理解转型时期的各种"变化"。

二、 美国女性的传统地位

北美殖民地时期妇女的地位问题是美国妇女史学界极为关注的问题之一。近来的研究认为,妇女地位的获取和提升在美国社会中是稳健进步的,这一观点很具有误导性。

自殖民时期以来，妇女的地位和职能一直在波动，而且这一趋势并不总是在上升。不可否认，从法律、政治和物质角度来看，20世纪妇女在美国的地位比其殖民祖先的地位有了很大改善，但这些成就必须与她们作为受人尊敬的人的地位的恶化，她们从事有意义的经济活动的机会以及她们的精神幸福相平衡。换句话说，在过去，除了那些与抚养孩子有关的活动之外，美国妇女还从事许多对家庭生存来说绝对重要的活动，而且她们在家庭以外的工作机会也不那么受性别定型观念所限制。①

的确，早期的美国妇女明显受到法律、劳动、宗教、政治和文化体系制约，在种族、族裔和阶级方面存在差异。在这种体系之下，妇女服从于作为父亲、兄弟和丈夫的男性权威，受奴役和契约约束的妇女还受其主人支配。但这并不意味着女性无法对抗在等级、性别或种族方面的劣势。② 美国妇女在早期的殖民地生活中发挥了重要的作用，如早在"五月花号"（Mayflower）船上便出现了妇女的身影（图4.1），她们是母亲、妻子、女儿，也是清教徒和新大陆的开拓者。

---

① Joan Hoff Wilson and Elizabeth F Defeis, "Role of American Women: An Historical Overview," *India International Centre Quarterly*, Vol. 5, No. 3, July, 1978, p. 163.
② Terri L. Snyder, "Refiguring Women in Early American History," *The William and Mary Quarterly*, Vol. 69, No. 3, July, 2012, p. 421.

图 4.1　五月花号上第一位踏上普利茅斯的玛丽·奇尔顿

F. T. 梅里尔创作于 1884 年

由于在整个殖民时期妇女数量明显短缺,这种有利的性别比例提高了她们的地位。而在清教徒的世界观里,懒惰是罪,生活在不发达的国家,每个社区成员都必须履行经济职能。因此,为已婚或单身妇女提供工作不仅得到允许,而且被视为一项公民义务。清教徒镇议会期望单身女孩、寡妇和单身妇女自食其力,也会在很长一段时间里为贫穷的老年未婚妇女提供一小块土地,还不会对已婚妇女参与工作进行社会制裁。相反,人们期望妻子帮助她们的丈夫并在家里或外面做额外的工作,这得到了社会的认可。需要帮助的儿童,无论是女孩还是男孩都可成为契约工或学徒并被期望为争取抚养而工作。①

不过,在殖民地时期,男女至少在某些方面是平等的。在这一时期,土地的获得,尤其是人头权授予上,男女在形式上是平等的。"每个跨过大洋的男性、女性和儿童都能获得50英亩的土地。"② 在财产的继承权问题上,学者们争议较多,一般来讲北美女性拥有一定程度的财产继承权。虽然北美仍保留着传统的长子继承制,但丈夫去世后妻子和女儿同样可以继承一部分遗产:

> 妻子可以继承丈夫的部分财产,一个几度改嫁的妇女,往往变得十分富有,因为她可从每一任丈夫那里继承一笔财产。③

---

① Gerda Lerner, "The Lady and the Mill Girl: Changes in the Status of Women in the Age of Jackson," *Midcontinent American Studies Journal*, Vol. 10, No. 1, Spring, 1969, pp. 5-6.
② [美] 乔纳森·休斯、路易斯·P. 凯恩:《美国经济史》(第七版),邱晓燕、邢露等译,北京:北京大学出版社,2010年,第15页。
③ 刘绪怡、杨生茂主编:《美国通史——美国的奠基时代:1585—1775》,北京:人民出版社,2002年,第424页。

殖民地的常规法律惯例还会给予妇女其他特权。许多契据不仅是由妻子和丈夫签署的,而且还布满了诸如"我妻子完全自由同意"或"我妻子自由自愿同意"这样的条款。已婚妇女还保留着她们进入丈夫家庭后对嫁妆的控制权,法院会仔细调查丈夫可能会废除这一权利的任何交易。最后,在弗吉尼亚、纽约和马萨诸塞湾,妇女经常被要求支配丈夫的财产,这表明人们普遍相信殖民地妇女在经济管理方面的才能。他们意识到了自己妻子和女儿的经济实力,每个农民都很清楚,如果没有家庭中女性的积极配合,他是不会成功的。[1] 因此,在参与美洲殖民地社会经济发展的价值和程度上,男女之间在某种程度上是平等的。只是妇女的这种"平等"不是由法令赋予的,而是美国定居者所面临的在荒野中建立社会的艰巨任务所必需的。任何男人,任何女人,都不能免除这项繁重的工作。女人在经济生产和社会组织中与男人并列的中心地位赋予了她在社会中基本的、完整的角色,这与人类骨骼中"肋骨"的功能并非完全不同。虽然妇女履行着与男性平等的、相似的职能,但她们的地位仍然在男性"之外"。在殖民社会中,只有丈夫和父亲拥有独立而强大的地位。[2]

---

[1] Mary P. Ryan, *Womenhood in America, From Colonial Times to the Present*, New York: Franklin Watts, 1983, p. 26.

[2] Ryan, *Womenhood in America, From Colonial Times to the Present*, p. 20.

在讨论殖民时期的妇女时,我们必须把重点放在家庭上,因为家庭是她们主要生活的地方。在殖民地家庭的微观社会中,妇女既是社会福利工作者,也是社交者。城镇官员、教士和治安法官会把寡妇、孤儿、穷人,甚至罪犯送到体面的家庭接受照顾和改造,从而赋予许多殖民地妇女看守者的角色。在殖民地早期的生活中,妇女虽仍在家内扮演重要角色,但是其日常承担的事务颇为繁杂(图4.2)。作为女儿、妻子和母亲,白人女性被期望把主要精力投入家务和照顾孩子。

图 4.2 新英格兰厨房中正在纺织、育儿的妇女

H. W. 皮尔斯创作于 1876 年

在南部——

种植园主的妻子也分担很多职责。她们在照管孩子、奴隶和访客的同时,负责监督布料生产以及食物的加工与准备。①

在北部殖民地——

尽管传统上妇女地位卑微,但是她们在家庭和居民区内建立了自己的世界。年长的妇女为年轻女子做出行为示范,帮助穷人,并巧妙地影响着掌握正式权威的男人。②

此外,妇女们还接受道德方面的指导、家务方面的训练,以及被教导如何在上流社会中获得社会福利。③ 城市妇女并没有像乡村妇女那般孤立无援:她们和朋友很亲近,可以每天都去拜访;她们有诸多事由需要在教堂完成,因

---

① [美]加里·纳什、朱莉·罗伊·杰弗里主编:《美国人民:创建一个国家和一种社会》(第七版),张茗译,北京:清华大学出版社,2015年,第75页。
② 纳什、杰弗里主编:《美国人民》,第73页。
③ Julia Cherry Spruill, *Women's Life and Work in the Southern Colonies*, New York: W. W. Norton & Company, 1972, p. 232.

此她们在宗教事务上比农村的姐妹更积极；她们有更多的机会接受教育，因为她们的学校位于殖民地城市或附近。她们所受的教育大部分是基础的阅读、写作和算术，也许还会有一些针线活或音乐训练。妇女一旦知道如何阅读，她们就有报纸和书籍听任支配。此外，因为她们的家务劳动比农村同龄人少，便有更多的时间利用这些城市环境里的所有便利设施。①

在独立战争时期，妇女以各种方式为争取战争胜利做出贡献。1765年她们成立了"自由之女"（Daughters of Liberty）组织，这一团体反抗《印花税法案》和《汤森法案》（*Townshend Acts*）。在北美独立战争期间，这些妇女将自己的行为视作为了自由而战斗。她们号召抵制英货，鼓励殖民地妇女自己织布，不用英国棉布。同时，殖民地妇女提倡不喝英国茶，她们把当地树叶制成替代性饮料。还有一些妇女在战争期间从事洗衣、护理等行业的工作，甚至有些妇女直接参与了战争。在美国革命期间，《独立宣言》发表，并公开宣称"人人生而平等"，这看似给了妇女获得和男子同样权利的机会，但是——

  《独立宣言》的发起人一致认为"公民"的含义是

---

① Carol Ruth Berkin and Mary Beth Norton, *Women of America, A History*, Boston: Houghton Mifflin Co., 1979, p. 39.

有限度的。依照他们的观点,妇女、奴隶、无产男子以及儿童、精神病患者等没有独立能力和理性判断能力为大众谋利益。①

因此妇女虽然是公民,但是不能参与公共事务。之后的十条《权利法案》(United States Bill of Rights)也并未赋予妇女与男子同等的权利,已婚妇女的财产权得不到承认,广大妇女没有选举权。妇女在此时也并未改变从属于男性的地位,虽然她们在北美殖民地的开拓和建设中发挥了重要的作用,但是其角色仍然是传统女性角色,主要活动于家庭和私人领域。

旧大陆所带来的传统的男尊女卑思想自然在殖民地中传播,妇女只能在有限的领域内活动并发挥自己的作用。经济、法律和社会地位只说明了部分情况。殖民地社会作为一个整体是分等级的,社会地位取决于人的地位。妇女在排位模式中没有发挥决定性作用,她们通过自己家庭中的男子或已婚男子在社会中占据自己的地位。换句话说,她们只是作为女儿和妻子而不是作为个人参与等级制度。同样,她们的职业大体上只是辅助性的,目的是增加家庭收入、改善丈夫的生意,或在守寡的情况下继续经营(自

---

① [美]萨拉·M. 埃文斯:《为自由而生——美国妇女历史》,杨俊峰译,沈阳:辽宁人民出版社,1995年,第55页。

食其力的"老处女"当然是例外)。殖民社会的基本假设是,妇女应处于从属地位。定居者把这一假设从欧洲带来,反映在他们的法律观念、将妇女排除在政治生活之外的意愿以及歧视性行为上。值得注意的是,在环境、边境条件和有利的性别比例的影响下,妇女的这种自卑感不断受到挑战和改变。①

殖民地妇女的社会责任无疑在她们的个性上留下了深远的印记。虽然妇女在这个小共同体的中心地位使得隐私和独处成为奢侈和不可能,但它也消除了孤独、幽闭恐惧症和与社会基本运作相隔绝的情况。在社会领域和经济领域,17世纪的妇女享有对社区生活的全面参与。然而,尽管女性具有基本的角色和功能,但其社会地位和在社区中的权力与威望都来自并低于其家庭的父权制家长。殖民地的作家和传教士反复强调女性对配偶的服从誓言:她应该"恭敬地服从"她的配偶,并且不得不在所有事情上服从她上级的判断。②

三、 工业化浪潮中的新式中产阶级女性

19世纪的经济发展对各社会经济阶层的妇女产生了不

---

① Lerner, "The Lady and the Mill Girl: Changes in the Status of Women in the Age of Jackson, "p. 6.

② Ryan, *Womenhood in America, From Colonial Times to the Present*, p. 35.

同的影响。18世纪末，随着纺织、纺纱、制皂等行业开始被工厂系统所取代，家庭内部的经济功能开始下降。这一因素增加了妇女对丈夫提供的生活必需品的依赖，而较低的工厂工资既无助于女工独立，也无助于其家庭繁荣。

轧棉机的引入将奴隶制强加于南方经济，进一步强化了黑人妇女的奴隶地位。19世纪初出现的工业繁荣，鼓励了白手起家的中产阶级男子在变得更加富有的同时，获得更多的奢侈品。工业的繁荣让有闲阶层的炫耀性消费需求迅速增长，中上层妇女是第一批通过她们的丈夫经历这种消费的群体。富有的男人让自己的女人待在家里的趋势起了双重作用：既让男子可以通过女人展示他们的财产，同时又保护并孤立他们的女眷，使她们远离工作和生活。这种趋势随着19世纪的发展而加剧。随着工业化的发展，没有工作的妇女发现自己从整日的家务劳动中解脱了出来，但由于文化习俗以及法律和政治上的限制，她不愿将自己从妻子和母亲的角色扩展到完整的公共生活中去。①

工业化的一个重要结果就是不同阶层的妇女在生活方式上的差异越来越大。当梳理、纺纱和纺织等女性职业从家中转移到工厂时，较贫穷的妇女继续从事传统工作，成为工业工人。中上层阶级的妇女则可以利用她们新获得的

---

① Wilson and Defeis, "Role of American Women: An Historical Overview," p.167.

时间从事休闲活动:她们成了淑女。其中一小部分人,选择通过高等教育为自己的职业生涯做准备。随着阶级差别的加剧,对妇女的社会态度变得两极化。"淑女"的形象成为公认的理想女性气质,所有女性都会朝着这个目标努力。在这种价值观的表述中,下层妇女被忽视了。①

在城市化和工业化的东北部,中产阶级妇女的生活经历几乎在各个方面都与下层妇女不同。但是,她们有一个共同点,即她们都被剥夺了权利,被孤立在重要的权力中心之外。不过,妇女的政治地位并没有实质性地恶化。除了极少数例外,在殖民时期,妇女既没有投票权,也不能竞选公职。然而在杰克逊时代,选举权扩展到越来越多的白人男性群体上,取消了对财产的限制,越来越多的移民获得了选举权,这使得这些新获得选举权的选民和被剥夺公民权的女性之间的差距更加明显。很自然,受过教育的和富有的妇女更强烈地感受到这种剥夺。她们自己的职业期望因教育机会的扩大而受到鼓励;她们在 19 世纪 30 年代改革运动中增强了对自身能力和权力潜力的意识;贯穿杰克逊时代的向上流动和大胆创业的总体精神具有感染性。

但在 19 世纪 40 年代末,一种强烈的挫折感笼罩着这些受过教育、具有高度热情的女性。她们日益高涨的期望遭遇挫折,希望破灭;她们痛苦地意识到地位相对下降甚

---

① Lerner, "The Lady and the Mill Girl," p.11.

至丧失。这种挫折感使她们采取了行动,这是妇女权利运动兴起的主要因素之一。① 一方面,对于下层妇女来说,工业化带来的变化实际上是有利的,提供了收入和晋升机会,也提供了有限的加入有组织劳动队伍的机会。总体而言,她们倾向于与男性一起为经济发展而奋斗并越来越关注经济收益和保护性的劳工立法。另一方面,中上层妇女对实际和想象中的地位剥夺做出反应,增强好战情绪并成立妇女权利组织。她们所说的妇女权利尤其指的是法律和财产权,这一时期也为理解后来妇女组织的制度形态提供了线索。

这些活动将由中产阶级女性领导,她们的自我形象、生活经历和意识形态在很大程度上受到了早期过渡期的塑造和影响。中产阶级女性关心的问题,财产权、选举权和道德提升,将主导女权运动。而从这种中产阶级女性所关心的问题出发,也发展出许多服务于职业女性需求的组织。②

(一) 白领职业与女性

尽管在19世纪早期,中产阶级还是新生事物,但在美国内战结束后的几十年里,他们开始经历一场重要的变革,

---

① Norton Mezvinsky, "An Idea of Female Superiority," *Journal of the Central Mississippi Valley American Studies Association*, Vol. 2, No. 1, Spring, 1961, pp. 17-26.
② Lerner, "The Lady and the Mill Girl, "pp. 13-14.

这是由中产阶级工作性质的变化促成的。

在内战前夕，大多数企业仍然是小型的家庭经营企业。企业主通常与客户有私人联系，很多业务是面对面处理的，不需要冗长的通信或复杂的记录。那些需要办事员协助的企业家通常可以有一两个办事员——多是亲戚或渴望合伙的年轻人。① 然而，在19世纪80年代中期，美国商业的面貌开始发生戏剧性的变化。美国烟草公司（American Tobacco）和标准石油公司（Standard Oil）等"综合性、多部门企业"的创建，需要商业方法上的革命，老板和几个信得过的职员再也不足以管理公司了。这些面向全国市场经营的成长中的公司需要大量的办公室职员、经理和销售人员，随着这些公司雇佣人员逐渐填满他们的办公室，越来越多的美国中产阶级在白领官僚机构中经历了带薪工作。②

同时，由于生产量的增长，对市场的强化开发吸引了更多的工人到贸易、推销、广告等分配行业中。当广泛而复杂的市场形成，而寻找和开拓更大市场的需要又变得十分迫切时，那些搬运、贮存、宣传、推销商品，以及为此筹措资金的人便结成了一个巨大的企业和职业的网络。③

---

① Alfred D. Chandler, Jr. , *Strategy and Structure: Chapters in the History of the American Industrial Enterprise*, Cambridge: The M. I. T. Press, 1962, p. 19.
② Chandler, *Strategy and Structure*, pp. 24-36.
③ Mills, *White Collar*, p. 67.

可以说，白领职业的增加在组织上的原因是大型企业和政府不断扩大，以及现代社会结构所导致的发展趋势。科层制的稳步成长，对管理和专业雇员以及各式各样的办公室人员——招待员、工头、办公室主任——的需求都很大。在经济总体当中，各种职员的比例增加了：从1870年的1%—2%上升到了1940年全部工资薪金劳动者的10%—11%。①

19世纪末20世纪初，美国经济结构的转变以及由此带来的白领工作的兴起，成为中产阶级女性进入劳动市场的最主要原因。从1890年开始，企业生产的规模化趋势不断加强，大批量经过加工生产的食品和一些发明创造，在一定程度上减轻了家庭主妇的负担，诸如铝锅、火柴、拉链、瓶盖等一些实用的、家庭必备物品的批量生产，减轻了家务劳动的烦琐性；而照相机、电视、留声机、汽车的发明，则提供了更自由、更充实的生活前景。② 1870年至1930年期间，家庭经济学变得专业化；建筑师、建筑商和改革者重新设计了房子；中产阶级家庭购买了越来越多的家庭便利设施。③ 妇女也越来越渴望舒适的生活，追求物质利益。在消费社会之中，妇女成为消费的一大主力，她

---

① Mills, *White Collar*, pp. 68-69.
② 张聪：《十九世纪末二十世纪初美国中产阶级妇女走向社会的动因和问题》，《美国研究》1993年第3期，第134页。
③ Judith A. McGaw, "Women and the History of American Technology," *Signs*, Vol. 7, No. 4, Summer, 1982, p. 813.

们开始走出家庭并在社会中扮演更重要的角色。于是，其中一些女性在19世纪80年代开始寻找有薪工作，她们既不贫穷也不疲惫，她们渴望从事大多数妇女无法从事的工作。作为典型的工薪族，她们既自食其力，也为家庭提供支持。对这些出身富裕家庭的女性来说，由于家庭任务日益减少，要求她们待在家里的家庭准则逐渐不合时宜，她们之中加入职场的人数不断增加。①

经济的变化并不局限于农业和家庭生产被工厂制造所取代，文书和服务职业的增加也为妇女提供了越来越多的工作机会。女性职业的历史都指向意识形态在构建零售、文员和家务工作中的作用，由来已久的女性角色提供服务的必要性使，女性在家庭中的地位自然延伸到文员、秘书、女佣甚至性工作者等行业。② 在这一时期女性就业的职位中，文职工作是其中的典型。从1880年开始的这一时期见证了对文书劳动力需求的迅速增长。这种需求的增长与文书劳动作为投入的产品需求的增长有关，也与制度的变化增加了对记录保存的需求以及办公产品的技术创新导致文

---

① Alice Kessler-Harris, *Out to Work: A History of Wage-Earning Women in the United States*, New York: Oxford University Press, 1982, p. 113.

② Lois Rita Helmbold and Ann Schofield, "Women's Labor History, 1790-1945," *Reviews in American History*, Vol. 17, No. 4, December, 1989, p. 503.

书产出成本的下降有关。办公室中最显著的技术进步是打字机（图 4.3），但还有无数其他的创新降低了文书输出的单位成本，改变了文书工作的组织和执行方式。① 在打字机第一次应用于商业之后的 20 年里，出现了一波新的办公机器发明浪潮，这似乎与科学管理技术的传播有关。米尔斯观察到，"在 1921 年之前的六七年里，每年至少有一百台新的办公机器上市"②。

图 4.3 使用打字机的女性（1900）

除了技术变革之外，还有其他因素促成了文职人员就业的增长。大量使用文书劳动的行业增长速度高于平均水平，所有行业的办事员工作的比例都大幅增加，这在很大程度上是由于企业和政府之间关系的变化。大型的、多工厂的、垂直整合的公司发展了组织结构，其运作依赖于对

---

① Elyce J. Rotella, "Women's Labor Force Participation and the Growth of Clerical Employment in the United States, 1870-1930," *The Journal of Economic History*, Vol. 39, No. 1, The Tasks of Economic History, March, 1979, p. 333.

② Mills, *White Collar*, p. 193.

空前数量的信息的搜集、传递和分析。① 这些技术进步不仅扩大了对文书劳动的需求,还改变了工作流程,以增加对不同种类劳动力的需求。办公室生产的新技术改变了文书工作所需技能的性质,在现代机械化办公室发展之前,文书工作者所需要的技能是个别公司所特有的,许多文书工作是附有管理职能的工作阶梯的入门点。当技能是公司特有的,公司会非常关心工人的流失并会寻求雇用有一定工作年限的文书工人。而随着文书工作机械化和程序化的增加,对文书工作人员的技能要求变得更加坚定和普遍。这使得雇主可以雇用年轻、受过教育的女性来从事这些工作,她们期望有很高的流动率,并且希望得到环境干净、地位高的工作。商业教育的迅速发展极大地促进了这一变化,在日益增长的文职人员队伍中,性别构成发生了变化。②

随着办公室规模和复杂性的增加,对文员的需求也与日俱增。由于没有足够的合格男性来满足需求,所以越来越多的雇主转向了女性,她们可以被支付更少的薪水,这并非不重要。起初,雇主们不愿意雇用女性,通常是担心她们会在工作场所产生"分散注意力"的影响。③ 但是随

---

① Chandler, *Strategy and Structure*, pp. 145-153.
② Elyce J. Rotella, "Women's Labor Force Participation and the Growth of Clerical Employment in the United States, 1870-1930, "p. 333.
③ Kim England and Kate Boyer, *Journal of Social History*, Vol. 43, No. 2, Winter, 2009, p. 311.

着办公室工作的持续快速扩张以及对文书工作的巨大需求，这个最初由男性主导的职业很快成为所有工作中性别隔离程度最高的职业之一，女性不仅在数量上占主导地位，而且成功地把"妇女的工作"这一标签贴在了文职工作上。一些女性杂志将文职工作描绘成中产阶级女性的"工作"，同时也是出身于工人阶级家庭的女孩可以达到的目标。[1] 年轻的、未婚的、本土白人妇女在整个时期的女性劳动力中占主导地位，而女性文书几乎完全来自这一群体。[2]

1870年，只有略高于1%的美国非农业工人受雇于文书工作，大多数文书工作是在小办公室里由戴着绿眼罩的黑衣人手工抄写文件并录入账簿。仅仅六十年后，文书劳动力已经增长到所有非农业雇员的近十分之一。典型的文员是一个年轻的女性，她操作打字机或其他商业机器，在一个大的、多部门的办公室中完成综合性的办事员操作。

1870—1930年这一时期，文职人员的就业人数迅速增长，而且办公室职员的性别构成发生了显著变化。女性在文书工作中的比例从1870年的2.5%上升到1930年的52.5%。在1880—1890年和1910—1920年这二十年中，女性在文书就业中的比例增长极其迅速，这一显著变化引

---

[1] Kim England and Kate Boyer, *Journal of Social History*, Vol. 43, No. 2, Winter, 2009, p. 307.

[2] Elyce J. Rotella, "Women's Labor Force Participation and the Growth of Clerical Employment in the United States, 1870-1930," p. 331.

人注目。① 机械化和程序化减少了大多数的办公室工作特定技能，新的一般技能培训可以在学生承担费用的学校进行。随着打字员工作岗位的增加，以及从事文书工作的女性人数以令人难以置信的速度增加，商业学校纷纷开设新课程作为回应。

大多数学校招收女性学生，女性入学率从1871年的4％上升到1880年的10％。在随后的一段时间里，赞成妇女学习商科的理论依据在学校的课程大纲中占据了更多的空间，这些课程大纲主要集中于抄写或速记等课程，所以被认为适合女性。商业学校的入学率，特别是抄写课程的入学率反映了这一发展。在整个学校中，女性入学率从1880年的10％上升到1900年的36％。在19世纪90年代，女性约占所有注册参加普通商业课程学生的23％。在同一时期的簿记课程中，女性平均占总人数的60％以上，而簿记课程本身的注册人数从所有课程总人数的12％增长到36％。② 与其他女性相比，来自土生土长的白人家庭的女性更有可能从事文书工作。同时，文员的总体年龄也要年

---

① Elyce J. Rotella, "The Transformation of the American Office: Changes in Employment and Technology," *The Journal of Economic History*, Vol. 41, No. 1, The Tasks of Economic History, March, 1981, p. 51.
② Janice Weiss, "Educating for Clerical Work: The Nineteenth-Century Private Commercial School," *Journal of Social History*, Vol. 14, No. 3, Spring, 1981, p. 413.

轻得多，女性文员的年龄基本在 25 岁以下。1900 年美国人口普查数据显示，61% 的文书工作者年龄在 25 岁以下，而在 25 岁以下的非农业女工则是 50%。①

从事文书工作的雇主偏爱特定类型的女性员工，不仅仅是因为她们的成本比男性低，有色人种女性寻找文书工作的悲惨经历就证明了这一点。第一批女性文员的雇主们知道，受过教育的白人女性构成了一支独特的劳动力大军。例如，这类妇女的潜在供应量很大，这不仅是因为妇女比男子更有可能拥有高中文凭，而且还因为受到普遍的性别陈规定型观念和期望的限制，她们的就业机会范围非常有限。受过大学教育、寻求"体面的"有偿工作的女性，可以成为学校教师、家庭教师或加入新的专业化领域，如护理和社会工作。虽然接受过大学教育并不总是一个要求，但在这一时期，这成为女性工作合法化并拥有职业地位的一种方式。②

在这一时期，妇女在文职就业中的作用扩大了。尽管预期妇女的流动率很高，但雇主仍愿意雇用妇女从事在职培训要求较低的工作。雇用女性从事文员工作可以让雇主更容易地按照等级制度对办公室员工进行改造，而在传统

---

① Kim England and Kate Boyer, "Women's Work: The Feminization and Shifting Meanings of Clerical Work, "p. 314.
② England and Boyer, "Women's Work", p. 315.

等级制度中，文员工作可以是通往更高职位的垫脚石，但妇女并不是这种制度的一部分。因此，即使女性看不到晋升的前景，她们也不太可能感到不满。如此，哪怕女性员工通常在几年内会因为结婚而离职，这一事实也是可以接受的，在某种程度上甚至是可取的。文员通常会随着工龄的增加而获得更高的工资，所以更高的人员流动率对雇主来说是有利可图的。[1]

由于妇女的工资一般比男子的低，预期妇女将完全在具有最低的公司特定技能成分的工作中占主导地位。诸如打字、归档等最机械和最常规的工作似乎就是如此，而这些工作也确实很快就被女性接管了。（图4.4）当男性从事

图 4.4　正在归档文件的女性员工

由西奥多·霍里恰克拍摄，约 1920—1950 年

---

[1] Janice Weiss, "Educating for Clerical Work: The Nineteenth-Century Private Commercial School," p. 416.

这些工作时，他们通常是在接受更高职位的培训。① 妇女往往集中在最机械化和例行化的文职次级职业。随着时间的推移，越来越多的技术进步在办公室里实施，这类工作大大增加了。

家庭经济的衰退加上教育水平的提高，增加了年轻的、未婚的、在本土出生的、受教育程度相对较高的白人女性劳动力的供应。这些妇女愿意并能够接受有薪的工作，但她们中的许多人属于或渴望属于上流社会阶层，在这些阶层中，妇女在工厂或家庭中就业被认为是不可接受的选择。在文职对妇女开放之前，教师实际上是有抱负的中产阶级并且受过教育的妇女唯一可以从事的职业。② 约翰·埃伦赖希（John Ehrenreich）认为进步时代的出现与受薪且受过教育的专业人士和经理的"新中产阶级"的崛起交织在一起，这也为将文员和销售人员纳入这一阶级提供了空间。但他也指出——

> 随着20世纪的推移，文书和销售工作转变为大众职业，更适合归类为"工人阶级"而不是"中产阶级"。但在世纪之交，他们至少仍然认为自己是中产阶

---

① Rotella, "The Transformation of the American Office," p. 56.
② Elyce J. Rotella, "Women's Labor Force Participation and the Growth of Clerical Employment in the United States, 1870-1930," p. 332.

级的一部分。①

在20世纪早期,办公室工作被认为是白领工作,随之而来的便是其阶级含义,这是文书工作与其他对女性开放的工作的区别之一。19世纪后期,由于受到新工作的吸引,大量以前没有就业的妇女开始寻找工作。她们都是土生土长的本地人家的女孩,她们一直拒绝在工厂里和移民妇女一起工作。对她们来说,办公室工作只会给其带来最小的尊严损失并提供获得体面收入的机会。虽然这比从事类似工作的男性工资要低,但与从事类似工作的其他女性相比还是较为可观。②

尽管文书工作的工资只是男性专业工作的一小部分,而且工作本身也日益程序化,但公司还是花费了相当大的精力将文书工作定位为中产阶级的职业。同样的,女性自己也将文职工作说成是受人尊敬的、有尊严的工作,尤其是与其他有偿工作相比。办事员将自己与大多数其他女工区分开来,并且自认为优于她们,尤其是优于那些在工厂和家政工作的女工。办公室工作被随意标记为"中产阶级"的另一个原因是雇主为他们的员工提供了各种休闲活动,

---

① John H. Ehrenreich, *The Altruistic Imagination: A History of Social Work and Social Policy in the United States,* Ithaca: Cornell University Press, 1985, p. 29.

② Kessler-Harris, *Out to Work*, p. 148.

例如冬季滑雪旅行、年终舞会，以及高尔夫、网球和羽毛球等体育活动，满足了中产阶级对休闲的期望。①

与这一时期妇女从事的大多数其他形式的工作相比，文书工作具有更高的社会地位。与家庭工作或工厂工作不同，它是脑力工作而不是体力工作，工作时间较短，工作环境安全、干净（图 4.5）。不仅工作环境很吸引人，文员工作的公众形象也很吸引人，在办公室工作有一定程度的高级感。事实上，成为一名打字员或速记员，或更普遍的"商业女孩"是令人兴奋的新城市女性的象征：成熟独立的职业女孩，享受着远离父母监视的相对自由，在繁华的市中心工作，经常出入闪亮的摩天大楼，甚至是男女混合的工作场所。②文书工作作为有尊严和文雅的工作，对于来自"体面"的白人家庭的年轻女性来说是理想的和"合适"的。

图 4.5　在办公室封装信件的女性员工

由伍德森·L. 克雷格拍摄于 1909 年

---

① England and Boyer, "Women's Work," pp. 316-317.
② Estelle B. Freedman, "The New Woman: Changing Views of Women in the 1920s," *The Journal of American History*, Vol. 61, No. 2, September, 1974, pp. 372-393.

正如辛迪·阿伦（Cindy Aron）在她对1862年至1890年美国公务员的研究中指出——

> 这些女性中的绝大多数人从事专业人员、白领、小企业家或联邦公务员的工作。她们中不到五分之一人的父亲从事体力劳动，而这些人几乎都是熟练的工匠，如木匠、石匠或雕刻师。①

此外，医学和护理行业也是中产阶级女性活跃的领域。19世纪80年代到90年代，著名的医学院开始接收女生，班级里的女生人数通常超过10%。截至1894年，66.4%的女医学生就读于正规医学院。女医生数量开始大幅增长，1880年，女医生不足2500人，到1910年，全国至少有9000名女医生。② 同时，不少下层中产阶级家庭出身的女性从事护理工作。20世纪初，护理工作发展为具有专业水准的职业。准护士通常需要得到护理学校的认证，而不能简单地边学习边工作。到1920年时，有1700所学校提供

---

① Cindy Sondik Aron, *Ladies and Gentlemen of the Civil Service: Middle-Class Workers in Victorian America*, New York and Oxford: Oxford University Press, 1987, p. 42.

② Mary Roth Walsh, *Doctors Wanted: No Women Need Apply: Sexual Barriers in the Medical Profession, 1835-1975*, New Haven: Yale University Press, 1977, pp. 190-193.

护士培训,共培养出超过14.4万名毕业生(图4.6)。还有一些中产阶级女性在大学毕业后选择社会服务工作,因为它比教学更具吸引力,同时比护理和商业更负盛名。1915年一项针对毕业生的调查报告显示,社会工作成为大多数学生的第二选择,因为社会工作与大学生的课外生活有着清晰的关联,能让他们从大学生活中自然过渡出来。①

图 4.6 费城医院护理学院的第一批毕业生(1886)

来自琼·E·林诺档案和特别收藏档案馆

总之,对于广大中上层妇女来说,工业化和城市化为她们提供了大显身手的广阔天地。特别是廉价方便的各种家用设施的发明,使她们从烦琐的家务劳动中解脱出来。

---

① 洪君:《美国社会转型期中产阶级女性就业动因与特征(1870—1920)》,《历史教学问题》2018年第4期,第97—98页。

由于她们受过教育，因此她们往往从事教师、白领职员等工作，也有相当一部分人投身社会改革运动。

（二）工业生产中的女性

18世纪以来，随着美国经济中商业部门的增长，以及随之而来的劳动分工的复杂化，预示着妇女各种新的经济可能性。一方面，它为她们的技能开辟了新的渠道，这可能会培养她们的进取心、占有欲和自我完善意识。另一方面，商业经济消解了家庭层面上生产和交换之间的整体联系，可能使男性和女性经济活动之间的鸿沟扩大。作为唯一完全合法的财产所有人，丈夫在商业投资方面有领先优势。如果他们在农场、商店、船运公司、种植园和工厂取得成功，他们就能购买那些曾经使他们欠女性经济伙伴很多债的产品和服务。

女性之间以及两性之间的不平等可能会被夸大，因为更有特权、更有才华或更贪婪的人从他们的同伴那里夺走了更多的土地和商业财富。因此，到18世纪后期，美国妇女，或通过她们自己的事业，或由于她们丈夫的地位，走了无数条不同的道路，进入被称为"较好""中等"和"低等"的初级阶级。[1]

---

[1] Ryan, *Womenhood in America, From Colonial Times to the Present*, pp.73-74.

随着工业化进程发展,越来越多的女性开始受雇于工厂。纺织业就是女性加入最多的行业之一(图4.7),据统计,1845年,美国纺织业有55 828名男性工人和75 710名女性工人,女工占比超过了男工。① 除纺织业外,在制衣业、制鞋业和制帽业中,女性工人的数量也明显多于男性。② 尽管女性雇员的数量庞大,但女性雇主却几乎没有,大多数女工仍然被限制在纺织、成衣、制鞋、制帽等轻工

图 4.7 纺织工厂的女工们

由刘易斯·威克斯·海恩拍摄于 1908 年

---

① Gerda Lerner: *The Female Experience: An American Documentary*, Indianapolis: Bobbs-Merrill Educational Publishing, 1977, p. 273.
② 孙晨旭:《早期工业化进程中的美国妇女》,王晓德编:《世界近现代史研究(第三辑)》,北京:中国社会科学出版社,2006年,第293页。

业和部分服务型行业中。① 即使是从事专业性要求较高的职业，女性也大多选择成为教师和护士，而其工作性质仍然可以被视为是家庭任务的延展——教育和看护。到1970年，美国77％的教师都是女性（图4.8），这类从业者至今仍然有着明显性别比例差异。社会学家将女性主导某一职业的现象称为"职业的妇女化"（Feminization），而主导权力的男性在某一职业中的脱离必然会导致该职业地位下降。②

图4.8 小学女教师与学生

由刘易斯·威克斯·海恩拍摄于1909年

---

① 孙晨旭：《早期工业化进程中的美国妇女》，王晓德编：《世界近现代史研究（第三辑）》，第302页。
② [美]洛伊斯·班纳：《现代美国妇女》，侯文蕙译，北京：东方出版社，1987年，第8页。

与此同时，工厂逐渐取代了家庭作坊，成为家庭消费商品的主要生产者。能够产生巨大财富的工业经济直到南北战争之后才完全出现。然而，随着工厂制度的发展，居住在城镇和城市的妇女开始依赖丈夫的收入来购买工厂生产的产品。妇女在家庭中工作的减少与其他经济机会的关闭同时发生，离家外出找工作的女性，其挣钱的方式受到限制，只能从事少数几种低薪工作：家政服务、教学、缝纫、工厂操作。[1]

在萧条时期，缺乏有组织的社会服务促使越来越多的妇女进入劳动力市场。起初，工厂内部男女工作的区别变得模糊。根据当地的需要，男子和妇女被分配机器作业。但是，随着越来越多的妇女进入行业，而向她们开放的职业数量有限，由此加剧了她们之间的竞争，从而降低了工资标准。一般说来，此时的妇女认为她们的工作是临时性的，不愿投资学徒培训，因为她们期望结婚和照顾家庭。所以，她们仍然是没有受过训练的临时工，而且按照惯例，她们很快就会被降职到工资最低、技能最低的工作中。工作时间长、工作量过度和工作条件差，成为妇女在近一个世纪工业生产中的真实写照。[2]（图4.9）

---

[1] Carol Hymowitz and Michaele Weissman, *A History of Women in America*, New York: Bantam Books, 1981, p. 65.

[2] Edith Abbot, *Women in Industry: A Study in American Economic History*, D. Appleton and Company, 1915, pp. 63-86.

图 4.9　与男性一起工作的女性工人（约 1909）

对于这一时期外出打工的女性而言,家庭的重要性还是排在首位的,这一点可以从女工的出身来源看出。她们大部分是来自农村中等收入水平家庭的单身年轻女性,农村家庭维持生计的基本方式是务农。中等收入家庭不那么需要女性参与务农,外出打工不是为了维持生计,而是为了补贴家用、减轻负担。与之相对的,富裕的家庭不需要妇女外出工作提供经济支持,并且看重"上层阶级"的身份和名望,希望女性维持传统的贤妻良母形象。而在贫困的家庭中,女性是家庭内部不可缺失的劳动力,需要全身心投入务农和家务劳动。因此只有当女性的个人经济利益与家庭经济利益不冲突时,外出打工的可能性才会更大。①

美国女性在工业化转型时期参与社会生产的原因,可以从以下几个方面思考:

第一,对于整个社会而言,在工业化发展早期,技术尚未成熟,需要从传统劳动业领域吸收大量劳动力来提高产量。农业在这一时期仍然是最重要的生产方式,人们普遍认为务农最需要的是体能强壮的男性,所以男性劳动力倾向于留在农业。相对而言,机器参与生产的制造业淡化了劳动力的性别概念,因此女性便在此时填补了工业生产所需的劳动力空缺。

第二,对于雇主而言,让原本稳定在农业生产的男性转向工业,需要花费高额的工资成本,而女性所做的家务活并没有被社会视作不可或缺的劳动,她们作为劳动力是廉价的,资本家们在劳动力短缺的时候乐于雇用女工,因为可以付给她们比男性更少的工资。

第三,从女性自身出发:部分人有实现经济独立的目标;城市可以为她们提供更加优越的居住环境、工作机会

---

① 孙晨旭:《早期工业化进程中的美国妇女》,第295—296页。

和学习机会；外出打工也能在一定程度上减轻家庭的经济负担。①

从事工业生产带来的经济独立使妇女萌发了权利意识并提出平等诉求，而掌握经济权利是妇女获得独立的物质基础和首要前提。② 部分女性实现了一定程度上的经济独立，但这并不代表她们获得了和男性一样的经济地位。尽管许多工作对体力并没有要求，但是受到传统性别观念的影响，女性仍然不会得到技术含量较高的工作。许多男性反对工厂雇用女工，因为他们担心女性进入工厂会威胁到所在行业的男性气质。工业部门内部存在着性别分工的现象，同一个工厂中，作为非熟练工人，女工只能做那些技术含量低的工作，需要技巧的工作则由男性熟练工人负责。尽管没有成文规定，但在公司和工厂中男性往往担任着所有的监督职位，女性只负责基础的机器维护工作。而男女工资水平的不同，正是由按性别进行的劳动分工造成的。1836 年，男性的日工资在 0.85 美元到 2.00 美元之间，而女性的计件工资各不相同，她们的工资与她们所负责机器的产量成正比，日均收入在 0.40 美元到 0.80 美元之间。③

---

① 孙晨旭：《早期工业化进程中的美国妇女》，第 297—301 页。
② 同上书，第 302 页。
③ Thomas Dublin, *Women at Work: The Transformation of Work and Community in Lowell, Massachusetts, 1826-1860*, New York: Columbia University Press, 1993, pp. 64-66.

工业化进程中这些不平等对待女性的现象,促使她们更加关注女性权利问题,也在一定程度上为她们接下来争取女性权利的运动起了推动作用。

四、变化中的生活方式

(一) 城市消费社会中的女性

现代工业化进程极大程度地提高了美国社会的生产力,诞生了一个流淌着牛奶和蜜的、物质极度丰盛的消费社会。人们不仅被新产品包围,也逐渐创造、推广并接受了各种新的商业模式和消费方式。为了适应前所未有的现代商业社会和追求经济效益,百货商场在人们的理想规划中诞生并且蓬勃发展。

百货商场作为美国各阶级城市女性日常生活中的重要部分,让女性的日常生活变得更加自由和丰富,也使社会对女性的生活自由度变得更加宽容。然而女性享受到的这种解放具有双重影响:一方面,购物作为新的娱乐方式,让女性的日常生活水平有所提高;另一方面,由消费者身份带来的一系列连锁反应一定程度上反而阻碍了女性在政治生活上的前进。

1. 瞄准女性的百货商场

有着世界上最古老的百货商场之一之称的美国梅西百

货（Macy's），在 1858 年由罗兰·赫西·梅西（Rowland Hussey Macy）创立于纽约。尽管当时梅西先生对于自己的商业事业并没有十拿九稳的把握，但他还是在第六大道（Sixth Avenue）开设了商店。一家商店只卖一类商品的专卖店是当时的风尚，梅西的商店早期也只进行高端商品的售卖。他的商店扩张得很快，五年之后他不得不为了适应生意的壮大又一次扩张店面，并且在拓展的空间里设置了女帽部门。①

当梅西的商店不再局限于某一类商品的售卖时，作为百货商场的"梅西百货"就正式诞生了。以梅西百货为典型的百货商场是零售商店的一种，它最基本的特点是销售不同种类的商品，以商品类别为标准设立了各个部门，这一点使百货商场区别于零售单一商品的专卖店。此外，作为现代大型工商企业之一，百货商场也拥有和其他工商企业相同的特点，即层级化的管理（图 4.10）使得现代工商企业这只"看得见的手"，在调节经济活动和分配市场资源方面已经取代了市场这只"看不见的手"。②

---

① Edward Hungerford, *Romance of A Great Store*, New York: Robert M. McBride & Company, 1922, p. 12.
② 现代大型工商企业的特点包括：层级制管理的协调比市场的协调更能带来较高生产力，从而取代了传统小公司；层级制本身成为持久性、权力和持续增长的源泉；经理这一职业变得更加专业化，企业的所有权与管理权渐渐分开等。[美]小艾尔弗雷德·D.钱德勒：《看得见的手——美国企业的管理革命》，第 6—12 页。

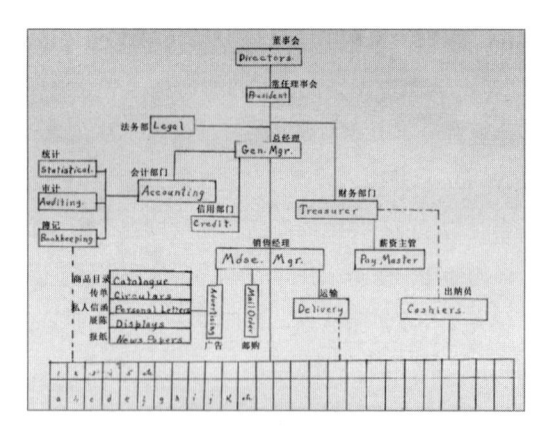

图 4.10　百货商场的层级化管理示意图（1911）

19世纪中后期，欧洲、美国以及日本都开始了第二次工业革命，其中以美国与德国的表现最为突出。第二次工业革命中的美国与德国在世界范围内扮演着领头羊的角色，以急速增长的生产力为特征。在这样的背景下，很快便出现了供大于求的情形，对于零售业商人而言，最重要的已经不再是提高商品价格获得更多利益，而是尽快将囤积的商品卖出。用钱德勒的观点来说，库存周转是评定百货商场绩效的基本标准，库存周转快，百货商场就能实现薄利多销，从而获得最大利益。① 于是商品种类齐全、数量丰富并且价格亲民的百货商场应运而生。②

---

① 钱德勒：《看得见的手》，第264页。
② 连玲玲：《从零售革命到消费革命：以近代上海百货公司为中心》，《历史研究》2008年第5期，第76—94页。

百货商场拥有层级分明的组织结构,内部分工明确;规模非常巨大,大到几乎可以满足人们所有的需求,拥有各阶层、各类人需要的各种商品;提供了一种做任何事都能更加快捷、简单、便宜的服务。① 根据前文提及的资本循环理论,百货商场要想获取更多利润,其手段不会是抬高价格,而是开展各种各样的促销活动,薄利多销。

进入20世纪后,整个零售业都意识到了女性顾客的重要性。一份20世纪20年代的统计数据显示,尽管妇女只占全美人口的一半,但在全美的零售中,女性却占了绝大部分购买量。女性甚至被称为其家庭的"采购专员",这个比喻表明家用采购几乎全权由女性负责。广告行业杂志通常将85%的消费估计为女性消费,几乎所有人都估计女性在消费人群中所占的比例至少有80%。② 为了吸引顾客,也就是刺激消费,百货商场在商品配置、建筑装潢等物质层面和广告宣传、服务质量等文化层面不断调整改进,而这些改进的受众都是以女性顾客为核心的。

为了吸引女性顾客,百货商场从建筑装潢就开始迎合她们。百货商店的空间足够大,将许多不同种类的货物分

---

① W. B. Philips, *How Department Stores Are Carried On*, New York: Dodd Mead & Company, 1901, p. 7.

② Roland Marchand, *Advertising the American Dream: Making Way for Modernity*, 1920-1940, Berkeley: University of California Press, 1985, p. 66.

成不同部门放在同一屋檐下,这之外仍然有许多空间来配置那些豪华但有着民居风格的家具,比如地毯、躺椅、沙发、私人更衣室。这样一来,百货商场就像是传统女性领域——家庭——的延伸。百货商场的经营者意识到,环境越像家,女性越可能停留更久。[1]

在职员设置上,百货商场中配备了保安人员以保护女性消费者在其中购物不受外界侵扰;接待顾客的售货员往往是女性,这样就避免了有着传统观念的体面女性因购物不得不和陌生男子交流的尴尬。这些措施都是在向女性顾客保证,在高雅且如家庭般的环境中购物是安全的,并不会损害她们的声誉。

百货商场为顾客设置了许多人性化便利设施,比如邮局、电话亭、戏剧购票厅、艺术作品展览室等,甚至专门为女性顾客设置了托儿所、宠物托管、美发沙龙、可以接待女性的餐厅及酒吧(图 4.11)。商场以各种手段刺激女性的购物欲望,这样一来,外出购物这一行为很快便超越了其原本的实用性功能,而变成了女性新的休闲娱乐方式。[2]

---

[1] Jessica Ellen Sewell, *Women and the Everyday City, Public Space in San Francisco, 1890-1915*, Minneapolis: University of Minnesota Press, 2011, p. xxi.

[2] Jessica Ellen Sewell, *Women and the Everyday City, Public Space in San Francisco, 1890-1915*, p. 30.

图 4.11　梅西百货的餐厅（1880）

另外，以梅西百货为例，创始时代的梅西百货之所以能够在同行竞争中屹立不倒，除了梅西先生的远见之外，也离不开为商场吸引了无数女性顾客的玛格丽特·格切尔（Margaret Getchell）。格切尔就像是法国小说《妇女乐园》中的主人公黛尼斯一样，凭借自己的才智和努力，在百货商场中从普通员工慢慢晋升为高层管理者。

在梅西百货创始的时代，即便是自由之邦美国，让女性担任高层管理职务也是极其不寻常的事。格切尔说服梅西先生，通过在信笺上和价格标签上使用自己的商标——一颗五角星——来将梅西百货与其他商店区别开来。她能发现新潮流并提出新的销售商品，如珠宝、足银制品、礼品和钟表，这些商品类别后来都成了梅西百货的独立部门。由她负责的家居用品部门,变得特别受女性购物者的欢迎。

梅西先生的女帽部门和格切尔的珠宝部门是专门设立给女性消费者的。此外,家庭用品、儿童用品也是女性顾客会感兴趣的。1877年费城的马克斯兄弟百货商场(Marks Bros)就在他们的广告册上刊登了新成立的"儿童手套部门"信息。[①] 其受众是女性,更具体一点就是已婚女性。不仅仅是刊登儿童手套部门的广告反映出这本宣传册的受众是女性,事实上这整本宣传册的内容都是休闲恬静的女性版画(图4.12)。这便是百货商场为吸引女性顾客所做的另一种尝试——广告。广告部门是百货商场里极其重要的部门,登广告产生的费用是百货商场最大也是最重要的开支之一。

百货商场的广告宣传册,以及商品邮购目录也能体现出女性顾客对百货商场的重要性。例如,梅西百货在19世纪末20世纪初的商品目录,绝大部分内容是女装,在尺寸测量指导页上女性的版面和插图更大、内容页更多,并且顺序在男性之前[②],洛德泰勒(Lord & Taylor)百货商场的1918年周年庆活动打折信息手册中(图4.13),女性用

---

① *Album of Engravings*, Philadelphia, Pa.: Marks Brothers, 1877.
② *R. H. Macy & Co's Catalogue for 1877-1888*, New York: R. H. Macy, 1888.

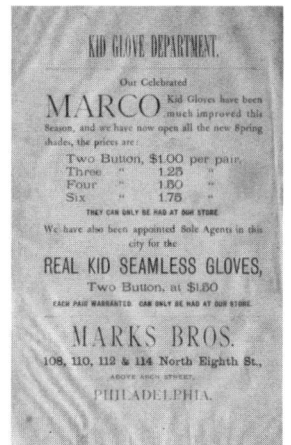

图 4.12 马克斯兄弟百货商场的广告册（1877）

图 4.13 洛德泰勒百货商场活动手册（1918）

品占了绝大部分页码且种类丰富齐全。这些女性用品介绍页的插图上全是衣着华丽的女性。商店周年庆活动推出的特别商品,也是连衣裙、女士套装等女性用品。此外,床品、灯具等家具日用品,虽然是家庭共用,但插图中仍然只有女性的身影。① 这也反映出当时社会对女性的定位就是家庭主妇,"家"是绝对的女性领域。

橱窗陈列是广告的另一手段。所有的百货商场都有足够的橱窗空间,训练有素的员工不断改变橱窗的陈列,使它们变得更有吸引力。比如前文提到的梅西百货的格切尔,为了吸引人们进入商店,她设计了许多有趣的橱窗陈设,比如给两只猫穿上衣服,并且训练它们睡在双胞胎摇篮里作为橱窗展示。② 百货商场所做的这些可以说是创新的举措,真切地对当时美国城市女性的日常生活带来了影响。

2. 百货商场给女性生活带来的变化

女性的职能范围一直以来都是"家庭",在百货商场这样的大型零售商店兴起之前,采购通常是仆人的工作。如前文所说,一名受人尊敬的女性应该避免单独出现在公共场所,如果无法避免地要在公共领域的街道上抛头露面,也应该衣着简朴庄重且不能在街道上多做停留。

---

① *Ninety Second Anniversary Sale:Celebrating the Founding of the Lord & Taylor Store in* 1826, New York:Lord & Taylor,1918.
② Hungerford,*Romance of a Great Store*, p. 12.

然而，瞄准了女性消费者的百货商场或多或少地改变了这种状态。他们绞尽脑汁设计的橱窗展陈和广告贴画，的确足以让在街上的女性停下脚步观看。女性作为橱窗购物者的出现改变了街道公共领域的礼仪规范，使她们能够礼貌地在街上停下脚步，让人们和她们发生眼神接触。到1891年，本来对街上礼仪要求严格的礼仪专家安妮·怀特（Annie White）也逐渐认可了这种橱窗购物造成的停留。①尽管不能与他人发生眼神接触的告诫依然存在，但对于盯着显然吸引了女性目光的橱窗看并且驻足，渐渐成了一种可以被社会接受的行为。事实上，橱窗购物在被礼仪手册接受之前就已经非常普遍了。对于许多女性，尤其是对于那些无法负担得起玻璃橱窗里的商品的女性来说，这是一种流行的休闲娱乐形式（图4.14）。②

从女性在公共领域的着装和举止来看，尽管礼仪书籍仍然建议女性在公共场合应该着装简朴、举止低调，但事实上这已经很难令人信服。19世纪的礼仪手册在提到女性在公共场合的道德举止时并未举出反例；但在后来的礼仪手册中，一些严格恪守旧礼仪的专家抱怨那时存在的普遍

---

① Florence Hartley, *The Ladies' Book of Etiquette, and Manual of Politeness*, Boston: G. W. Cottrell Publisher, 1860, p. 36.
② Nan Enstad, *Ladies of Labor, Girls of Adventure: Working Women, Popular Culture, and Labor Politics at the Turn of the Twentieth Century*, New York: Columbia University Press, 1999.

图 4.14　20 世纪初百货商场陈列手帕的橱窗（1910）

现象。在 1901 年的一本礼仪书中作者抱怨说，原来给女性的"穿着低调"的建议，似乎变成了"衣着光鲜以引人注目"。[①] 这反映出比起 19 世纪，百货商场兴起之后，在琳琅满目的促销商品和各种新的消费理念的影响下，女性开始抛弃传统观念，从降低自己的存在感转变为从外表上展示自己的个性。除了打扮得光鲜亮丽和进行橱窗购物，百货商场的兴盛还从休闲娱乐、餐饮活动等方面改变了女性的日常生活。比较典型的例子就是，随着百货商场的兴起，

---

① Kingsland, *The Book of Good Manners*, p. 320.

女性得以在公共场合饮酒。1890年,马歇尔·菲尔德(Marshall Field)在他的商店中开设了一间附属于皮草部门的茶室。那里提供的套餐除了普通的鸡肉沙拉和鸡肉派之外,还包括玫瑰潘趣酒,这是一种混合了玫瑰香精和香草冰激凌的饮料并饰有玫瑰,非常浪漫且贴合女性喜好。

当其他企业家也开始认识到满足市中心女性购物者可以带来可观收益时,专门提供给女士的菜单和酒水单就在零售业中频繁出现了。其他各家百货商场纷纷效仿,不到五年,餐厅就成了市中心百货商场的标准配套设施。餐厅或者酒吧会为女性提供葡萄酒、香槟和各种混合饮料。许多独立的咖啡馆、糖果店和餐馆为独自前来的女性提供了私人包间。尽管初衷还是为了盈利,但社会对女性在公共场合饮酒的态度逐渐放开,这事实上也是城市公共领域和公共文化对女性寻欢者的容纳。用埃米莉·A. 雷穆斯(Emily A. Remus)的话来说:

> 感官上的满足、个人品位的满足,以及从自我约束中解脱出来,女性饮酒者的兴起标志着消费社会扩张的城市景观和道德氛围的形成。[1]

---

[1] Emily A. Remus, "Tippling Ladies and The Making of Consumer Culture: Gender and Public Space in 'Fin-de-Siècle' Chicago," *The Journal of American History*, Vol. 101, No. 3, December, 2014, pp. 751-777.

除了给作为消费者的女性日常生活带来改变，百货商场作为一个庞大的公司，其本身也为女性提供了许多就业机会。有少数女性可以担任有等级的职务，但几乎所有重要的职务仍然只能由男性担任。除了极少数的女性能够获得文职工作，这些就业机会大部分还是由售货员这种职位组成的。1916年的一份数据显示，俄亥俄州克利夫兰最大的五家百货商场雇用了大约5800人，分布在不同的部门中，而在这5800人中，大约70%是女性（图4.15）。①

图 4.15 亚拉巴马州某百货公司的雇员

由刘易斯·威克斯·海恩拍摄于1914年

---

① Iris Prouty O'Leary, *Department Store Occupations*, Cleveland: The Survey Committee of The Cleveland Foundation, 1916, p. 15.

百货商场女性售货员的数量并不少，在 20 世纪初她们就已经被视为一个单独的社会群体，成为学者和社会的关注对象，在 20 世纪初就已经有专门针对百货商场女售货员的研究了。① 这种关注从为了保证百货商场这个庞然大物中的每个员工能够发挥其最大效率出发，因为对于百货商场经营者来说，了解售员，不仅涉及新雇员的选择，而且涉及对老雇员健康和兴趣的保护，因此这与商店的内部安排、工作时间和季节、工资范围和晋升机会密切相关。这些条件不仅对就业妇女具有直接的重要性，而且对她们的雇主也具有重要的商业意义。雇主认识到了这一共同利益，因此会考虑整体工作条件。而这些条件作为雇佣关系的一部分，也会受到整个社会的关注。

第二次工业革命后，发展迅速的美国工业提供了大量的工人岗位，由于其中许多岗位并没有对体力有太高要求，女性得以加入社会工作；家用的衣物、食物等物品，从前需要女性以家庭为单位自产自销，而工业化后逐渐出现了大量工业产品供人们消费，减轻了女性的家务负担，也使得部分女性有机会展开社会工作。尽管女性很难获得文书工作，但仍然有许多职业可以选择。一份 1916 年的各行业女性雇员收入排行显示，售货员这个职业排在仅次于文书

---

① Elizabeth Beardsley Rutler, *Saleswomen in Mercantile Stores, Baltimore, 1909*, New York: Charities Publication Committee, 1912.

工作者和女装厂工人之后的第三位。在当时,这样的收入可以算是相对而言比较体面的了,不过如果只靠这份收入实现经济独立还是比较困难的。

从售货员的角度出发,顾客阶级、职业、年龄层次不同,购物态度也不同。售货员当中,很大一部分实际上是有教养的女性。这些女性通常接受过足够的教育和培养,足以使她们与顾客友好相处,她们受雇于那些或多或少吸引了贵族顾客的商店。在顾客挑选商品的时候,她们可以提供基于自身良好品位的建议,因此也会从顾客和雇主那里得到真正的尊重和认可。①

百货商店提供的这些就业机会使女性在受到社会关注的同时,又能获得一定的收入补贴家用,而且还有机会获得来自上层阶级的顾客和雇主的肯定,因此在很大程度上改善了女性的职业生活,进一步促使女性走出家庭、参与社会生活。不过,尽管女性售货员这个职业在女性所能找到的工作中已经相当不错,一定程度上能够使她们在经济上稍微宽松一些,但这并不意味着她们已经完全实现了经济独立。1912年一份对巴尔的摩地区女性售货员的调查显示,81%的女性售货员工资水平低于当地最低生活水平,因此这样的改变仍然是有限的。②

---

① Rutler, *Saleswomen in Mercantile Stores, Baltimore, 1909*, pp. 147-148.
② Rutler, *Saleswomen in Mercantile Stores, Baltimore, 1909*, p. 118.

百货商场的兴起和发展使女性的日常生活更加丰富多彩，让女性在公共场合中能够享受和男性同等的服务，这样的变化对消除性别偏见、扩大女性权利起了积极作用，这是毋庸置疑并且值得肯定的。然而，这种消费主义影响下的权利扩大，并非女性主动争取的结果，更像是被动接受的结果。尽管从结果上来看女性的生活质量和社会接受度有所提高，但这与女权主义者充满政治意味的主动出击完全不同，甚至可以说在消费主义的影响下，这种变化一定程度上对女性生活中的政治性产生了负面影响。

3. 公共领域的消亡

百货商场是一个消费商品齐全、服务设施完善的购物场所，同时也是城市中心的巨大公共空间。人们在这个公共空间里扮演着老板、管理者、雇员、顾客等角色，这个公共空间本身有其独立的一套运作方式。城市市民们在一个百货商场中进行休闲、娱乐、消费、交流活动，并且诞生出其特有的文化生活现象，这似乎与于尔根·哈贝马斯①（Jürgen Habermas）所提出的"公共领域"（public sphere）有些关联。哈贝马斯所说的"公共领域"是指除了政治权力之外，公民们自由讨论公共事务和政治生活的

---

① 于尔根·哈贝马斯（Jürgen Habermas），德国当代著名政治哲学家、社会哲学家。著有《公共领域的结构转型——论资产阶级社会的类型》等作品。哈贝马斯提出了沟通理性、知识旨趣、公共领域等理论。

空间，这个空间介于国家政府和社会生活之间，国家政府不会干涉这个空间中人们的谈话内容。"公共领域"不仅仅是交流的实体空间，也包括作为文章载体的报纸等大众读物。[①] 这里的"公共领域"是一个政治性概念，强调的是市民在精神上的、发挥自身政治主体性的交流。

此外，哈贝马斯也指出了商业化和消费化的社会对政治性的"公共领域"的危害。家庭方面，由于生产扩大，家庭日益脱离了社会劳动的关系，家庭中的每一名成员都越来越社会化；从建筑的层面来看，19世纪中后期以来，原本封闭的私人领域住宅逐渐兴起了花园与篱笆，而原本是公共领域的商业中心却变得家庭化、私人化，这样一来，私人领域和公共领域的界限就消解了；从大众心理上来讲，进行政治问题思考要求人们首先摆脱基本的生活需要，拥有无须进行生产的闲暇，而生产扩大带来的消费主义使得人们将购物变成了一种私人的娱乐休闲方式，也就是说人们在从事生产工作之余的娱乐是消费活动仍是参与进了生产消费循环，并没有摆脱基本生活需要，因此不能称这样的生活是具有政治性的。

19世纪中后期以来，具有批判意识和政治性的文学杂志被大众传媒所取代，而这些大众传媒牺牲了其政治与公

---

① [德]哈贝马斯：《公共领域的结构转型》，曹卫东等译，上海：学林出版社，1999年。

共事务内容去迎合教育水平较低的消费者群体的娱乐休闲需要，文学上的公共领域也消失了。让·波德里亚（Jean Baudrillard）对这样的转型持批判态度。他批判公共领域的消亡，实际上就是在批判当时社会氛围的"去政治化"，认为这是政治生活的倒退。

的确，在消费主义浪潮下，市民生活的政治性被消解了。而女性作为最大的消费者群体，其生活的政治性无疑受到了很大影响。对此，波德里亚在《消费社会》一书中有所提及。在生产扩大、商品需要促销的背景下，商家必须绞尽脑汁开发市场，利用人们的自恋心理进行营销，尤其针对女性。日用品、化妆品广告宣传中塑造的符号化完美女性形象，潜移默化地向女性消费者兜售欲望，美其名曰"身体的解放"。

女性身体的解放是一种自恋式解放，身体的美丽对于女性而言成为宗教式的绝对命令。企业主们由此对潜在的市场有了充分预感，美丽成为资本的一种形式。因为她与自己的关系是由大众传媒所构造的符号来表达和维持的，是这些范例成为真正的消费品，因此对于身体的消费是一种自我消费、自我讨好。随着女性身体一步步解放，女性也越来越被混同于自己的身体，用今天的话来说就是物质化女性。女性本身拥有的东西不能使她们感到自信，"身体的解放"从一开始就是为资本主义的产品促销服务的，它所依据的并不是女性主体的自主目标，而是一种娱乐及享乐主义效益的标准化原则。①

20世纪之前的女权主义团体费尽心血想让妇女自主化、个体化,从而获得和男性同样的个人权利,但20世纪以来的"现代女性"的个体主义倾向却反而阻碍了真正的平权。波德里亚还提到,女性对身体的这种自我讨好的自恋是消费,追根溯源也只是为了让自己成为被争夺对象而进入男性竞争中。要成为那种符号化的完美女性形象,才会为男性所竞争。② 的确,20世纪的美国女性没有用她们获得的受教育机会追求事业从而改变社会地位,而是通过上大学包装自己,让自己更加贴近那个完美符号,同时通过频繁的男女接触给自己物色丈夫。另外,当时社会掀起了一股"性解放"风潮。在这股浪潮下,女性被认为和男子一样有情有欲并有权利享受性快感。性解放使女性在日常生活中的行为方式与男性更加接近了,但这种同步仅仅局限于抽烟、喝酒、婚前性行为和婚外情,女性将"性解放"用来满足基本的动物欲望并没有真的拥有政治主体性,反而因为得到了表面上的"解放"而放弃了对政治权利的进一步追求。③

---

① [法]让·波德里亚:《消费社会》,刘成富、全志钢译,南京:南京大学出版社,2000年,第140—142页。
② 同上书,第149—150页。
③ 王政:《女性的崛起:当代美国的女权运动》,北京:当代中国出版社,1995年,第31—33页。

尽管女性获得了许多生活上的自由，她们还是没能走出家庭。就算是在当时可以算作白领阶层的女性售货员，也没有比家庭主妇拥有更多的政治主体性。赖特·米尔斯认为在20世纪美国的政治和经济当中，社会的每一个方面都遭到了分化或者破坏，而与此同时，在美国市民的那些新生活模式里，又缺乏新的道德准则和法律上的合理依据。也就是说，这样的生活是无计划的，白领职业者的不安有着深刻的社会根源：对现存秩序的不信任，使他们无论是作为个体，还是作为在政治上具有重要意义的群体，都无法从道义方面对自身的利益加以保护。① 事实上，许多工作中的职业女性们也只是盼着能够早日找一位丈夫，然后回归家庭，这样的状态显然是没有政治性可言的。

因此，在认识消费社会的兴起给女性生活带来的变化时，除了肯定它带给女性日常生活质量的提升、自由度的提高这些积极作用之外，也应该注意到它带来的对生活去政治化的消极影响。

（二）从农村走向城市的女性

1. 不够令人满意的现代化农村

在工业化和现代化的巨变中，我们不仅要关心原本的城市中产阶级，也应该关注那些从农村走向城市的人，因

---

① 米尔斯：《白领》，第9—10页。

为农业是人类文明的基石。在前工业社会，人们主要从事农业生产活动，农民之间存在着农场主与农工的雇佣关系。除了进行田里的劳作，一些农妇也会受雇于相对富裕的农场主，帮他们处理家务活里比较繁重的部分。① 甚至，在一些农村家庭中，男性留在家中务农，成年女性则会外出打工。② 即便是在雇佣劳动中，女性也往往不会脱离传统的家庭领域（图 4.16），这种现象同样存在于工业化时期。

图 4.16　家庭女佣

由威廉·麦格雷戈·帕克斯顿拍摄于 1900 年

---

① Lerner, *The Female Experience*, p. 260.
② 孙晨旭：《早期工业化进程中的美国妇女》，第 294—295 页。

19世纪末20世纪初,美国正经历着一场巨变——向一个工业化和城市化的社会迈进。整个经济体系发生了根本性的改变,人们对随之而来的一系列问题的关注与日俱增。

在农村地区,有两个问题尤为突出:对农业生产能否跟上城市化需求的担忧,以及农村人口外流的前因后果。美国农村正在不断刷新自己的样貌,人们的担忧不无道理。调查显示,1900年至1910年间,美国从农村迁往城市的移民有352.7万,其中,至少有295万人来自地广人稀的田野而非城乡接合的地区。[1] 任何时候、任何地区,当人们观察到农村人口如此大规模的流失,第一反应似乎都是焦虑:农村没有人了,谁来生产农产品;青壮劳动力都往城市逃,农村还怎么发展?世纪之交的美国人也不例外。许多热心的慈善人士有兴趣为改善农村生活做贡献,但并不了解农村的实际情况,他们往往对年轻人将住所从农村转移到城市的现象感到不满。如果这些年轻人还似乎具备改善农村生活条件所需的能力和主动性,热心肠的人就更加焦虑了。

的确,20世纪的美国城市都积极关注改善生活条件。

---

[1] John M. Gillette and George R. Davies, "Measure of Rural Migration and Other Factors of Urban Increase in the United States," *Publications of the American Statistical Association*, Vol. 14, No. 111, September, 1915, pp. 642-653.

多年来，城市一直在努力提供令人满意的住房、学校、教堂、街道、医院、娱乐、卫生设施和其他必要的现代化措施。在一些农村地区，现代化也取得了辉煌的成果，他们已经具备了一些现代化技术和设施，通过使用改进的机械、种子、活牲畜和种植方法，农业生产有了实质性的增长。在生活方面，农村的邮局、商店、女装店等曾经分散的小机构正在被合并成单一的大型商贸中心，一位熟悉所有新农村组织形式的北达科他州农村妇女表示：

> 一个能在平坦的道路上开车的农场妇女，距离好邻居只有四分之三英里，距离一个装备齐全的贸易城镇只有五英里。①

这样的她并不比许多城市妇女更与世隔绝，不会完全隐蔽或被世界遗忘。现代化成果丰富的农村地区，农民甚至也可以参加讲座、聆听音乐会、观赏戏剧。

然而，现代化的艺术和制度并没有如此迅速地引入所有农民的家庭和农村的社区生活。特别是距离城镇较远的地方，城市的一些便利设施很难经济有效地在地广人稀的

---

① Julie N. Zimmerman and Olaf F. Larson, *Opening Windows Onto Hidden Lives: Women, Country Life, and Early Rural Sociological Research*, University Park: Penn State University Press, 2010, pp. 166-167.

农村进行大范围建设。尽管技术的广泛传播让很多农民富裕了起来,但由于偏远农村的现代化设施还不够完善,许多农民,尤其是年轻人都倾向于迁移到城市。

2. 走向城市的农村女孩

20世纪初,南方妇女教育联盟(Southern Woman's Educational Alliance)的主席奥里·莱瑟姆·哈彻(Orie Latham Hatcher)与多个组织和学校一起完成了一项对255名城市里的农村移民女孩的研究。女孩们主要来自弗吉尼亚、卡罗来纳、佐治亚和田纳西等地区,一些女孩在这项最终公开的研究中留下了数据之外的东西——她们的名字和故事。我们也因此能够从中窥见她们的生活。

内莉·塔利亚费罗(Nelly Taliaferro)来自弗吉尼亚一个条件不错的农村家庭。她的父母都在旧式学院学习过拉丁文、法文和代数。内莉的母亲在结婚之前曾靠着自己在旧式学院的知识教过六年书,这位有文化修养的农村女性还对政治非常感兴趣,尽管她并未与当时的女权主义者结盟,但她总是告诉丈夫该如何投票。九岁以前的内莉都由母亲在家给她上课,后来她在邻镇的高中完成了学业。内莉喜欢阅读,她不喜欢女性杂志而喜欢并经常阅读《国家地理》《星期六晚邮报》《青年伙伴》和《美国杂志》。也许是受到阅读内容影响,内莉始终有一颗无法平息的旅行之心。从17岁开始,内莉就多次离家前往城市。20岁出头的她在探访城市时,已经有相当丰富的"城里人"的生活经验了。她曾在加利福尼亚徒步旅行,做过餐厅服务员、珠宝店店员、商店售货员、电话公司服务部门员工(图 4.17)等工作,也回乡下教过书。她曾在商业学校学习,差点成为打字员,还参加过公务员考试(civil service examination)。在接受访问期间,内莉正在申请加入一个马戏团并试图和访问她的工作人员谈判——她想通过贷款获得上大学的经济支持。当被问到为什么会离开农村来城市打拼时,内莉表示,尽管有来自父亲的经济支持,她仍然需要更多钱。更重要的是,她想要见识更多东西、体验更多事情。①

图 4.17 一位女性电话接线员

由 J. F. 安德森拍摄于 1922 年

---

① O. Latham Hatcher, *Rural Girls in the City for Work: A Study Made for the Southern Woman's Educational Alliance*, Richmond: Garrett & Massie, Inc., 1930, pp. 3-10, 48-49.

也许内莉不是女孩们之中经济条件最好、工资最高的，但她大概是农村移民女性中最开心的人之一。可惜在哈彻的这本报告书之外，内莉似乎没有留下更多印记。在那以后，她的生命历程也就无从知晓了。这个农村女孩可以说是幸运的，因为离开农村来到城市是她自己的选择，但并非所有女孩都有内莉的优渥条件和满腔的冒险热情。

尽管都是从农村走向城市的移民，女孩们的个体差异非常大。比起内莉，茱莉娅·富兰克林（Julia Franklin）似乎更能代表大部分家境贫寒的农村女孩。茱莉娅一家曾经有50英亩土地，一半用来种棉花，一半种玉米。她家没有汽车，也没有其他资产和股票。她5岁时进入学校，12岁时就停止了求学之路，在此期间上了四所学校，但只上到五年级。她时常变换学校，并且都是不太正规的学校。茱莉娅不喜欢冒险，读的书仅限于廉价小说，没有读过什么杂志或报纸。茱莉娅的父亲在她15岁时去世，随后她们一家便一同搬往城市。搬去城里后，茱莉娅一直在袜业工厂上班，她的薪水大部分都拿去补贴家用了。她说自己在城市里感到格格不入，并表示如果能够在乡下找到谋生的方法，同时能照顾自己的母亲，她一定会回去。茱莉娅觉得女孩在乡下可以自由自在，但在城市里她什么都不是。①像茱莉娅这种无论如何都更加倾心于田园生活的农村女性，

---

① Hatcher, *Rural Girls in the City for Work*, pp. 10-14.

也不在少数。许多没有动过移居城市念头的女性，或者那些最终又回到了农村的女性就是这样想的。

密歇根州一个农场家庭的经历就是一个例子，这个家庭的女儿对城市生活非常不满，"我们现在住在城市里，"她写道，"但本质上我们是农民，无论如何，我们很快就会回到农场"。① 这一家的母亲快45岁了，有五个健康的孩子。她几乎一生都在农场干活。他们搬到这座城市还不到一年，但他们认为自己已经尝试过农场和城市生活，还是想要回到坚果壳一般的农场里。②

内莉对城市的评价很积极，茱莉娅却想一头钻回农村，在这两种截然不同的态度之外，也有女孩如同一位看破一切的哲学家，对城市与农村生活没有什么特别的偏好。黛拉·汤普森（Della Thompson）和姐姐一起来到城市，但在被问到是否建议其他农村女孩来城市的时候，黛拉表示，她认为城市不会把一个人变得更好或是更坏，只会把她原有的东西显露出来。很多女孩在城市里可能待不了两三个星期，但是回到农村也是会出问题的。③

3. 机遇与风险并存的处境

关于从农村移居城市的原因，虽然这些女孩们的家庭

---

① Zimmerman and Larson, *Opening Windows Onto Hidden Lives*, p. 152.
② Zimmerman and Larson, *Opening Windows Onto Hidden Lives*, p. 152.
③ Hatcher, *Rural Girls in the City for Work*, pp. 16-17.

背景各不相同，但令人吃惊的是，这些女孩们在求职或是坚持一份职业的时候，比起维持生计，她们更倾向于满足社交需求；比起多挣一些钱，她们也许更愿意待在可以和同事或者顾客友好交往的岗位上。① 有趣的是，除了女孩们主动选择城市的这些原因，还有一方面是城市对这些农村女孩的"召唤"。在哈彻的研究报告中，有些女孩的雇主和与她们接触过的社工表示，招收学生和劳务的广告，以及招聘信息对吸引农村女孩们进城非常有影响力。

寄宿学校和商业学校一样，在各种杂志上做广告并向高中生发放他们的宣传册。商业学校和工厂写信并派遣代理人到许多农村地区，只为探访潜在的学生或他们的家长。报纸广告被各种类型的工厂广泛使用，他们向那些有念头离开农村的女孩们做出诱人的承诺，并且让她们更容易迈出前往城市的脚步。② 在评估移居城市是否改善女孩们的生活时，研究者们得出结论：虽然每个人生活改善的程度可能大不相同，但总的来说移居城市不会使女孩们的生活水平下降，或是造成过多负面影响。③ 哈彻的研究单独访问了255名女孩，这是一个不小的数字，但仍然只是农村移民的极小部分。很多女孩是经过研究人员的观察后挑选

---

① Hatcher, *Rural Girls in the City for Work*, pp. 40-53.
② Hatcher, *Rural Girls in the City for Work*, pp. 57-58.
③ Hatcher, *Rural Girls in the City for Work*, pp. 83-84.

出来的。结合其他的材料来看,不得不说这么积极的结果可能受到了幸存者偏差的影响。

另一位学者戴维·B. 丹博(David B. Danbom)的研究以北达科他州的城市法戈(Fargo)为中心,描述了一幅截然不同的揪心景象:许多农村女孩来到法戈这座城市从事女佣行业,但她们的生活往往相当凄凉,雇主们常常冷漠、苛刻又专横,她们不仅要承受高强度工作和极低薪水带来的痛苦,还可能会受到人格侮辱。女孩们艰难地熬到每周四的女佣外出之夜,同为女佣的好友们短暂地享受购物、约会、跳舞或者看电影等娱乐活动。看似还算愉快,但许多女孩也就是在这样的情境下开始吸烟。此外,不可避免的是,一些女佣会在周五清晨出现于警方的记事本上,因醉酒、行为不检和非法使用房间"进行不道德行为"等指控而被捕。[1]

历史学家简·亨特(Jane Hunter)也曾在她的文章中提到,农村经济能为单身女性提供的支持手段很少,她们经常迁移到城市寻找裁缝和商店售货员的工作,而她们的职业之路很可能在短时间内从店员走向性工作者,风险也很高,这也导致了一些引发社会广泛关注的强奸案和谋杀案。[2]

---

[1] David B. Danbom, "Rural Girls in Fargo during the 1930s," *Agricultural History*, Vol. 76, No. 4, Autumn, 2002, pp. 663-664.

[2] Jane H. Hunter, *A Companion to American Cultural History*, Oxford: Blackwell Publishing Ltd, 2008, p. 329.

就像丹博所说的那样，因为乔安妮·迈耶罗维茨（Joanne Meyerowitz）和克里斯蒂娜·斯坦塞尔（Christine Stansell）等学者的研究，人们开始理解农村女性移民对19世纪和20世纪初城市人口爆炸性增长的重要性，特别是在纽约和芝加哥等主要中心城市。越来越明显的是，"城市"如同弗雷德里克·杰克逊·特纳研究中的"边疆"，它在为许多年轻男性提供机遇的同时也充斥着风险，而"城市"在年轻女性中也扮演着同样的角色。[①]

五、中产阶级妇女主导的女权运动

19世纪对于美国妇女来说，既是充满希望的世纪，又是遍布挫折的世纪。随着工业革命的开展，美国社会发生了巨大的变化，资本主义的机械化生产和专业化不断发展，亟须广阔的市场以及大量的自由劳动力。这些劳动力包括奴隶制下的广大黑人，以及部分农村和城市妇女。美国城市化的迅速推进、学校所提供的专业化教育也使更多妇女能进入城市工作，她们——特别是中产阶级妇女——更多地参与社会活动，发出自己的声音。在废奴运动以及黑人选举权获得的过程中，妇女选举权活动家逐渐成长了起来，妇女选举权运动也发展了起来。美国妇女争取权利的运动

---

① Danbom, "Rural Girls in Fargo during the 1930s," pp. 659-668.

随之发展,同时也面临着诸多阻碍。

(一) 美国妇女参与社会事务的初步尝试

美国妇女对包含政治权利在内的权利的渴望,由来已久。早在1647年,卡尔弗特领主的女遗嘱继承人玛格丽特·布兰特(Margaret Brent)"要求参加马里兰殖民地的政治议事会,该议会却以其要求超越女性界限为由不让她参加"①。在独立战争期间,部分受到资产阶级民主思想、启蒙运动影响的妇女对选举权产生了较为深刻的认识。阿比盖尔·亚当斯(Abigail Adams)是约翰·亚当斯(John Adams)的妻子,她曾在1776年给丈夫的一封信中写道:

> 在制定一部新宪法的时候,我认为你应该记住妇女,比你的祖先们更慷慨地对待她们,支持她们。……如果妇女没有被给予特殊的注意和关心,我们将决定掀起反叛,而且不会把自己束缚在我们没有任何发言权和代表权的法律中。②

---

① Mary P. Ryan, *Womanhood in America: From Colonial Times to the Present*, New York: Franklin Watts, 1983. p. 30. 转引自王恩铭:《20世纪美国妇女研究》,上海:上海外语教育出版社,2002年,第5页。

② Charles F. Adams, *Familiar Letters of John Adams and His Wife Abigail Adams during the Revolution*, New York: Hurd and Houghton, 1875, pp. 149-150.

但是，约翰·亚当斯对妻子的诉求感到不满，认为这一提议不合时宜，他在回复给妻子的信中提出："对于你所提出的古怪的法典，我只能一笑置之……我们知道最好不要违抗我们男性的制度。"①（图 4.18）

图 4.18　阿比盖尔·亚当斯和约翰·亚当斯

左图由马瑟·布朗创作于 1788 年；
右图由吉尔伯特·斯图尔特创作于 1810—1815 年

在争取妇女权利的萌芽时期，妇女的活动仍被局限在"女性界限"内。首先，缺乏良好的社会环境，传统经济模式和家庭角色分工的影响仍然非常强大；其次，尚未形成充分支持妇女权利的群众基础和舆论基础，大多数人包括

---

① "Abigail and John Adams Discuss 'Remembering the Ladies', 1776," in Mary Beth Norton and Ruth M. Alexander eds. , *Major Problems in American Women's History*, Boston and New York: Houghton Mifflin Company Press, 2003, p. 70.

妇女在内都对妇女选举权嗤之以鼻;再次,也还未形成系统的关于妇女权利运动的理论;最后,倡导妇女权利的妇女也是凤毛麟角,缺乏有经验的、强有力的领导人,缺乏系统的组织和长期的团体。争取妇女权利的运动在几十年里一直蛰伏着,终将伴随美国的工业化转型而以星星之火成燎原之势。

第一次工业革命的发展,为社会带来了巨大的变化,特别是对于中产阶级白人妇女来说,生活变得越来越富有和方便,她们也拥有更多的闲暇时间,部分女子学校的创立为其提供了受教育机会。同时,交通运输和通信的改善使得妇女之间的交流较之前更方便,"妇女的领域"这一概念更是将广大妇女,特别是中产阶级白人妇女聚集到一起。在相互交流的过程中,妇女们更是对共同关心的问题进行了探讨,相互支持和鼓励,形成了深深的"姐妹之情",这对于妇女团体的形成,以及初步争取妇女权利的群众基础的形成起了促进作用。

"在这一新的国家诞生的 25 年之后,美国的宗教重现了一个世纪前第一次'大觉醒运动'重新点燃精神的和教会之火的情形"[1],而在第二次"大觉醒运动"过程中,不少中产阶级妇女受到福音教义的影响,加入主要由男子组成的各种团体,也形成了一些主要由妇女组成的社会改革

---

[1] Baker, ed., *Religion in America*, p. 129.

团体。起初，这些团体只是出于宗教或者道德目的而行动，如参与了禁酒运动（The Temperance Movement），形成了妇女道德改革运动（Female Moral Reform），还大力促进废奴运动（The Antislavery Movement）的发展。禁酒运动起源于18世纪90年代——

> 是一场抵制消费酒精饮料的社会运动……该运动批评酗酒，促进完全地戒酒，或者利用它的政治影响给政府施加压力从而签署酒类法来管理酒水的获取或者甚至完全地禁止。

而在大约19世纪20年代，兴起了妇女参与的禁酒运动。由妇女组成的禁酒组织"是作为男子禁酒组织的分支机构的附属机构存在"。在妇女禁酒运动中，妇女积极地减少家庭中丈夫、儿子的酗酒行为，减少因酗酒而造成的家庭暴力，维护家庭和社会秩序。她们成为改革社会痼疾的一支积极、活跃的力量，有利于妇女参与公共事务（图4.19）。在这一运动中，妇女也收获到了一些对争取妇女选举权的支持，1875年"威拉德提出了'保护家园选票'口号，把禁酒与争取妇女选举权结合起来"①。

---

① 李颜伟：《知识分子与改革：美国进步主义运动新论》，北京：中国社会科学出版社，2010年，第373页。

图 4.19 禁酒运动期间在酒吧门口唱圣歌的妇女

由 S. B. 莫顿创作于 1874 年

开始于19世纪30年代的妇女道德改革运动,"其主要目的是取消双重道德标准,要求男子和妇女一样恪守贞洁"①。这影响到了男子的行为规范,更加肯定妇女在道德上的优越性,也促使她们行动起来拒绝危害妇女利益的行为——"1834年5月,为数不多的妇女在纽约市第三长老会教堂集会,创建了'反卖淫嫖娼、反其他形式放荡(大概指男性)'的全国性妇女组织。10年间,美国妇女道德改造社的分支机构发展到400多个。"② "妇运领袖苏

---

① 张华:《论美国妇女选举权运动》,广西师范大学硕士学位论文,2007年,第7页。
② 埃文斯:《为自由而生》,第77页。

珊·B. 安东尼和卢克丽霞·莫特都曾是道德改革社团中的成员。"①

19世纪二三十年代,美国兴起了要求在全国彻底废除奴隶制的废奴运动。1826年至1827年,美国出现了143个废除奴隶制的组织,它们在巴尔的摩集会并声讨罪恶的奴隶制。1833年,美国反奴隶制协会(American Anti-slavery Society)成立。在废奴运动的早期,同样出于道德目的以及宗教虔诚,不少妇女参与了废奴运动,要求清除社会的罪恶。1833年费城妇女反奴隶制协会成立,纽约、波士顿等地的妇女纷纷成立自己的协会。1837年,纽约召开了首届全国妇女反奴隶制大会。一些妇女在废奴运动中参加募捐活动,为废奴组织和废奴运动筹集经费。还有一些妇女参与"地下铁路"(Underground Railroad)组织,秘密帮助奴隶逃脱奴役、获得自由:"随着运动的发展,妇女开始自己组织废奴会议,参加请愿,甚至在公共场合发表演说。"②

在废除奴隶制过程中,妇女揭露奴隶制罪恶的文学创作也颇具影响力。其中,1852年哈丽雅特·比彻·斯托夫人(Harriet Beecher Stowe)出版了小说《汤姆叔叔的小屋》(*Uncle Tom's Cabin; or, Life Among the Lowly*),更是激荡起了整个社会对奴隶制的反思和争论。

---

① 王政:《女性的崛起》,第13页。
② 同上。

(二)进步主义时代的中产阶级女性

1. 巨变中的社会

内战结束后,随着美国工业化进程的加速,中产阶级日益成为美国社会的主体。此时的中产阶级既包括由"被实力雄厚的竞争者压倒和超越的小商人""老中产阶级——商业企业家和独立的专职人员",也包括"新兴中产阶级——技术员、领工资的专职人员、推销员和公务员"[①]。依照理查德·霍夫施塔特的说法,1870年至1910年间,美国总人口增长了2倍多,其中老中产阶级增加了2倍多,工人阶级和农场工人增加了3倍多,新型中产阶级则几乎增加了8倍——从75.6万人上升到560.9万人。[②] 同时,在内战结束以来的几十年时间里,中产阶级和受过高等教育的女性数量激增,从1870年的1.1万人上升到1890年的5.6万人,从事教师行业的女性从1870年的8.4万人上升到1900年的32.5万人。白人妇女从事的职业也获得了长足进步,她们首次在医疗业、新闻业、教育业和政府部门获得岗位。[③]

---

① [美]理查德·霍夫施塔特:《改革时代——美国的新崛起》,俞敏洪、包凡一译,石家庄:河北人民出版社,1989年,第181页。
② 霍夫施塔特:《改革时代》,第181页。
③ Beryl Satter, *Each Mind a Kingdom: American Women, Sexual Purity, and the New Thought Movement, 1875-1920*, Berkeley: University of California Press, 1999, p. 21.

工业化提高了许多美国人的生活水平，使得人们拥有了更多的休闲时光以及购买工业制成品的机会和能力。大量的移民女佣使得许多中产阶级妇女从烦琐的家务中摆脱出来，一些州开始授予已婚妇女财产权，增强了妇女的独立地位。①

工业化还冲击了美国妇女社会生活的其他方面和思想观念。总体而言，妇女因为参加劳动减少了在经济上对丈夫的依赖，独立性得到提高，所以她们在家庭中的地位和权利有所增强，因而冲击了家庭婚姻观念和家庭的稳固性，离婚率呈现上升趋势。从1890年的十万分之五十三上升到1900年的十万分之七十三，再到1916年的十万分之一百一十二。妇女首先提出离婚的人数日增。工业化时代，美国妇女在服饰上也有了新的追求，劳动妇女和爱好体育活动的女子追求服饰的实用和简便，渐渐改变了过去以高领、紧身、长裙为特征的旧服饰。与婚姻恋爱观相联系的是生育观，据统计，在白领阶层的妇女中生育率已有大幅下降。②

19世纪90年代，标志着城市工业生活方式超越传统的小社区成为美国社会的决定性特征。男男女女都在大型垂直整合公司所拥有的更大、更高、声音更响的工厂里工

---

① 赵辉兵：《美国中产阶级白人妇女与进步运动》，《商丘师范学院学报》2012年第2期，第96页。
② 杨生茂、刘绪贻主编：《美国通史》，第228页。

作。一个新的管理阶层试图控制原材料、制成品和工人的供求关系,并使工作过程合理化,用新的机器和技术把工作分解成更小的部分。管理阶层和富裕阶层的妻子和女儿们住在有电车可到达的新郊区,远离那些新近移民所抛弃的庞大、贫穷和疾病肆虐的社区。南部和西部的农家妇女眼睁睁地看着她们的丈夫因债务浪潮陷入绝望之中,虽投身于选举政治,而她们自己却被排除在选举政治之外。

在这种城市化、工业化且充满冲突的背景下,中产阶级的"新女性"和工人阶级的"工作女孩"出现了。她们每个人都享有一定程度的个性和自主权,这让许多同时代的人感到害怕。她们的互动引发了一种新的"家庭政治"和女性志愿者协会的发展。它给中产阶级带来了母性联邦的某些特性。但新女性和职业女孩的个性也标志着公共家庭生活的转变,以一种新的追求自主、快乐和消费的动力破坏了维多利亚文化。[1]

1890年左右出现的"新女性"(New Woman,图4.20)主要是由大学毕业生,以及其他中产阶级和富裕的年轻女性组成,这些人为社会带来一种新气象。她们是典型的美国人,是一种美国独有的群体。游泳、骑马、高尔夫、网球都增强了她们的体质和自信心。自行车的流行使她们从

---

[1] Sara M. Evans, *Born for Liberty: A History of Women in America*, New York: Free Press Paperbacks, 1997, p. 146.

图 4.20 新女性和她的自行车

由弗雷德里克·伯尔创作于 1895 年

紧身衣中解放出来,把裙子改短,或者让她们穿短裤,使她们可以自由自在地在乡间漫步,不用等爸爸的马。由于比她们的母亲接受了更多的正规教育,新女性坚持了她们的独立性。[①] 女企业主管、女记者、女医生和女律师等职业女性中有很多著名的成功故事;反观时装、教育、社会工作和护理,以及较低层次的企业管理工作,均已成为传

---

① Dorothy Schneider and Carl J. Schneider, *American Women in the Progressive Era, 1900-1920*, New York: Facts on File, 1993, p. 16.

统的"女性化"领域。到 20 世纪 20 年代,"新职业女性"(new professional woman)成为家喻户晓的生动形象。①

19 世纪末的中产阶级已婚妇女大多无所事事。首先,本土出生的妇女生育率大幅下降,育儿时间减少。其次,移民的涌入让中产阶级妇女可以雇到佣人。最后,技术给家政带来改变。工厂生产的产品取代了许多以前妇女在家生产的产品,她们直接购买现成的制成品。规模生产的成人和儿童的内衣和外衣,减少了中产阶级妇女花在缝纫上的时间。面包房制作的面包和蛋糕、罐头食品和其他加工食品,大量生产的肥皂和清洁药水——所有这些都成为美国中产阶级生活的必需品。同样重要的是,现代家用电器使家务不再枯燥乏味。许多中产阶级家庭引进了室内管道系统、供应冷热水、煤气,煤炉、煤气灯和后来的各种家电、集中供暖系统都减轻了中产阶级妇女的工作负担。尽管家政仍是一项需要花费大量时间和精力才能做好的工作,但大多数妇女现在每周可以抽出几个小时给自己。② 这使得数以百万计的妇女得以有机会以各种方式参加改革运动。

妇女参政论者要求进行投票以便改革政治结构。此外,妇女还试图以数百种方式改革美国,她们讨论的问题包括

---

① Alan Brinkley, *The Unfinished Nation: A Concise History of the American People*, Volume 2: *From 1865*, New York: McGraw-Hill, 1993, p. 638.

② Hymowitz and Weissman, *A History of Women in America*, pp. 220-221.

童工（图 4.21）、禁止酒精饮料和卖淫、改善监狱条件、为女孩和男孩提供体育教育、作为终结"罪恶"手段的性教育、纯净食品法规和食品加工厂的清理、建设公共下水道、反托拉斯法、税制改革、公用事业、消灭政治机器、对女孩和男孩进行职业培训、建立免费图书馆、修建公园和娱乐场所、公共交通等问题。因此，在 19 世纪和 20 世纪之交的美国，许多中产阶级妇女不仅仅是参与了进步运动，而且在进步运动中，妇女常常是创新者。①

图 4.21 抗议使用童工的妇女

拍摄于 1909 年 5 月 1 日纽约市的劳工游行期间

---

① 班纳：《现代美国妇女》，第 94 页。

此外，助长19世纪改革热情的是社会达尔文主义关于社会完美性的信念。社会达尔文主义者将社会描述为一个进化到更高境界的有机体。那些相信他们可以通过自己的活动来加快进化进程以改善社会的改革者，把他们的工作看作是走向人类社会完善的步骤。"种族的完美"是一个经常使用的短语。社会达尔文主义思想在改革运动中增加了妇女的威望，该理论认为女性比男性进化得更高。这一主张的证据在于，女性明显缺乏"低级"和"动物性"的性冲动和冲动。人们相信，当社会臻于完善时，男人和女人一样都会没有欲望。①

到了19世纪晚期，女性道德优越论已经成为美国公共和私人生活中不言自明的真理。本土的白人女性毫无疑问地接受了这样一个前提，即她们是更好的人——比男性更温和、更善良、更公正、更关心大众福利。

从承认妇女的优越品质到相信需要妇女来净化社会，仅有一步之遥。在19世纪末，土生土长的美国人认为这个国家面临着严重的问题。他们相信社会秩序的快速变化造成了道德败坏，使政府和企业变得腐败。根据许多最"进步"的思想，社会所需要的是妇女的道德和稳定的影响。女性利用腐败问题作为她们进入男性和权力世界的楔子。她们宣称，我们这些保持美国家庭纯净的人，需要净化整

---

① Hymowitz and Weissman, *A History of Women in America*, p. 219.

个世界。改革者所关心的大多数问题都是政治和经济问题，但她们对这些问题的看法几乎总是道德的。即使在20世纪头十年，当妇女们联合进步党，寻求立法治疗社会弊病时，她们也没有放弃自己的道德偏见。正如殖民地时期的清教徒试图使自己变得"善良"一样，19世纪晚期的改革者也试图向"社会"传授善良的品质。从长远来看，他们认为政治与道德密不可分。①

总之，参加工作和享受高等教育赋予了女性从事改革活动的能力，提高自身地位和改善女性群体命运为妇女从事改革运动提供了最强大的动力。而社会转型时期大量社会问题的存在和改革时代的到来则为妇女在历史上第一次广泛投身改革事业创造了机遇，女性由此迎来了妇女发展史上一个至关重要的时期。

2. 进步主义时代的妇女运动

现代美国城市、工业和官僚体系在1890年至1920年间日趋成熟。美国妇女通过大量新的志愿协会、机构和社会运动塑造了这种新秩序。妇女的集体力量在19世纪建立起来，在大力推动政治改革和妇女参政的过程中达到顶峰。

这期间，以白人和富人为主体的中产阶级妇女创造了一种新的女性政治。她们发展了新的价值观，建立了新的组织，并将她们联系在一起组成了一个新的集体、一个新

---

① Hymowitz and Weissman, *A History of Women in America*, pp. 218-219.

的群众运动。这些有组织的女性强调她们所认为的权力来源是政治化的团结,因此可以代表所有女性说话。她们能得出这个结论,是因为她们努力发起了一场由许多不同女性组成的运动,也因为她们认为像自己一样的白人、土生土长的富裕的新教徒是代表了真正"女性气质"的基本女性。有组织的妇女把"女性"理解为所有妇女都对道德家庭生活有共同的承诺,这个词只指白人和精英女性。作为有组织的妇女,她们最大的政治力量和脆弱性都来自她们为建立一场基于假设的女性纽带的运动而进行的斗争。①

在19世纪的最后几十年里,数以百万计的妇女走出家门,通过妇女俱乐部和地方公民协会的成员身份参加各种改革工作。尽管妇女俱乐部被诋毁为轻浮的团体——一位评论家称这些俱乐部为"妇女为了聚会而聚集在一起的团体"——但毫无疑问,她们在自己的社区里做了很多贡献。一个城镇或城市的纯净饮用水、改进的学校系统、孤儿院、奖学基金、图书馆或任性女孩之家的存在,往往都是由于俱乐部的努力。此外,俱乐部活动改变了中产阶级女性对自己的看法。②

---

① Gayle Gullett, *Becoming Citizens: The Emergence and Development of the California Women's Movement, 1880-1911*, Urbana and Chicago: University of Illinois Press, 2000, pp. 2-3.

② Carol Hymowitz and Michaele Weissman, *A History of Women in America*, p. 220.

妇女俱乐部运动的中产阶级选民表明,关于女性善行和公民行动的激进思想是如何在一个女性亚文化中根深蒂固的,包括一个非常大的、有影响力的美国女性群体。虽然不少俱乐部继续注重自我发展和文学活动,但越来越多的俱乐部为妇女儿童开展了各种慈善活动。

例如,1890年的布法罗联盟(Buffalo Union)提供了广泛的活动,从为家庭主妇举办的艺术讲座到为年轻职业妇女开设的打字、速记和簿记课程。他们还赞助了市中心的"午间休息"活动,妇女们可以在那里吃午饭,还有一个出售手工艺品的交换和烘焙店、一座图书馆和一所家政培训学校。在芝加哥,妇女俱乐部(Women's Club)为移民工人的改革活动提供了一个论坛和强有力的盟友,帮助成立了法律援助协会(Legal Aid Society)、公共艺术协会(Public Art Association)和妇女儿童保护机构(Protective Agency for Women and Children)。[1]

妇女俱乐部在"拯救儿童"的广泛议程上最为积极,包括童工法和母亲养老金等改革。她们的积极行动促使许多成员也加入其他组织,并公开宣布女性公民参与的重要性。[2] 工会和妇女俱乐部等团体都为妇女提供了新的公共

---

[1] Evans, *Born for Liberty*, p. 160.
[2] Barbara Miller Solomon, *In the Company of Educated Women: A History of Women and Higher Education in America*, New Haven: Yale University Press, 1985, pp. 119-121.

空间，她们可以在这里自由地试验新想法和行动。1900年至第一次世界大战期间，维多利亚时代的旧法典规定在不同的领域中实行严格的性别隔离。妇女运动达到了其政治权力的顶峰：为纯净食品制定了新的法律，为有工作的妇女和儿童制定了工资和工作时间的保护性立法，对监狱和法庭进行了改革，并在1912年成立了联邦儿童局。维多利亚时代以来，纯洁顺从的女性和仁慈的家长这一传统形象开始淡化僵硬的棱角。随着20世纪的到来，城市里的年轻男女在家庭、社区和种族社区的监督下频繁而容易地见面，女人和男人一样开始出现在公共场所，以快乐和消费为导向；舞厅、游乐园、剧院和电影吸引越来越多的美国人走出家门，参加公共活动。[1]

美国进步主义时期，妇女运动还有一个主要关注点则是选举权运动。对于大多数女性进步人士来说，选举权不是一个普通的问题，而是关键所在。在从前，男人一直是行动的中心，他们拥有政党、俱乐部和投票权（图4.22）。对于在19世纪的最后几十年接受了非凡教育的女性来说，她们认为自己是国家福祉的尽责守护者。对她们来说，投票是无力感的解毒剂。如果没有选举权，她们认为立法者和其他公职人员会继续把她们斥为外行和爱管闲事的人，认为她们干涉的事情超出了女性的职责范围。在她们看来，

---

[1] Evans, *Born for Liberty*, p.160.

图 4.22　19 世纪排队投票的男性美国公民

由 T. W. 伍德创作于 1867 年

妇女——至少是她们所在社会阶层和种族的妇女——已经成为社会变革的先锋。所以现在女性应该开始从边缘发起攻击,直面当代社会问题,用社会科学的工具调查这些问题,公布她们的发现,然后敦促官员采取行动。[①]

19 世纪,妇女选举权运动在州一级确实取得了一些进展:许多州在一些选举而不是所有选举中给予妇女投票权。例如,肯塔基州的立法者在 1838 年就授予寡妇和有财产的单身妇女在涉及学校税收的选举中投票的权利。许多州通过给予妇女在学校选举中投票的权利,给予她们部分投票权。

---

① Elisabeth Israels Perry, "Men Are from the Gilded Age, Women are from the Progressive Era," *The Journal of the Gilded Age and Progressive Era*, Vol. 1, No. 1, January, 2002, p. 35.

真正推动学校投票权的是南北战争后的几十年。立法者用一个独立领域的论点来证明这种部分扩大选举权的方式是合理的：身为母亲，妇女应能在影响儿童福利的选举中投票。①

怀俄明州在1869年给予妇女完全的选举权，随后犹他州在1870年给予妇女完全的选举权。尽管取得了这些早期的胜利，争取全面选举权的努力却停滞不前。在19世纪80年代，只有华盛顿州和蒙大拿州扩大了妇女的完全选举权。但是，犹他州在1887年根据《埃德蒙兹-塔克法案》（Edmunds-Tucker Act）又废除了妇女完全选举权，直到1895年才恢复。从1887年到1910年，华盛顿州多次授予和废除选举权。② 于是，从19世纪90年代开始，妇女参政论者为那些建立在启蒙运动个人权利传统基础上的人增加了新的论据。她们越来越多地利用妇女改革传统中政治化的家庭生活，不再主要关注妇女作为公民的平等权利，而是认为国家需要妇女正是因为她们的不同。

在此基础上，19世纪90年代，女性改革发展出了一种新的、复杂的国家角色的概念，特别是在应对大规模的城市饥饿、住房、卫生和教育问题时。安娜·加林·斯宾

---

① Alexander Keyssar, *The Right to Vote: The Contested History of Democracy in the United States*, New York: Basic Books, 2000, p. 150.
② Carolyn M. Moehling and Melissa A. Thomasson, "Votes for Women: An Economic Perspective on Women's Enfranchisement," *The Journal of Economic Perspectives*, Vol. 34, No. 2, Spring, 2020, p. 12.

塞（Anna Garlin Spencer）认为，只要国家只关心最外在和机械的社会利益，男人应该统治的假设是不可避免的、自然的和有益的；然而，一旦国家承担起任何形式的教育、慈善或于个人有益的工作，它就进入了独特的女性训练和力量的领域，因此需要妇女的服务。①

基于这些观点，选举权成为进步运动的重要组成部分。进步运动认为政府的女性化是一种改革手段，通过限制（男性）竞争和腐败，以及为国家提供新的培养角色来实现。妇女参政论者挑战了反对者的观点，反对者认为女性投票破坏了男性和女性的独立领域。到了19世纪90年代，妇女选举权带有新女性出现的印记，她们将政治化的家庭生活语言带入了更专业化的女性改革者世界。②（图4.23）

1890年，由于在扩大妇女投票权方面缺乏进展，全国妇女选举权协会（National Woman's Suffrage Association）和美国妇女选举权协会（American Woman's Suffrage Association）合并成立了全美妇女选举权协会（National American Woman Suffrage Association，简称NAWSA）。这个新组织对各州施加了更大的压力，要求授予妇女选举权。1890年至1920年间，全国妇女选举权协会参与了数

---

① Mari Jo Buhle and Paul Buhle, ed., *The Concise History of Woman Suffrage: Selections from the Classic Work of Stanton, Anthony, Gage, and Harper*, Urbana: University of Illinois Press, 1978, pp. 364-365.
② Evans, *Born for Liberty*, p. 153.

图 4.23　一名妇女参政论代表在众议院司法委员会面前宣读她的论点

弗兰克·莱斯利创作于 1871 年

百项促进妇女选举权的运动。[①]

在加州，从 19 世纪 90 年代起妇女们发起了一场致力于促进妇女工作的全州性运动，几乎是在那之后不久，她们就宣布获得选举权，从而展开了她们的第二次运动——争取公民身份的斗争。这两场运动是密切相关的。在美国，人们通常把公民理解为那些能够自立、独立思考和投票的人。随着有组织的妇女努力扩大妇女公民权的工作，她们，尤其是妻子们，开始认为自己有能力维持一种思想和精神上的自主生活，即使不一定是经济上的。此外，因为她们

---

① Eileen L. McDonagh and H. Douglas Price, "Woman Suffrage in the Progressive Era: Patterns of Opposition and Support in Referenda Voting, 1910-1918," *The American Political Science Review*, Vol. 79, No. 2, June, 1985, p. 416.

相信自己的工作证明了她们在政治、经济和公民生活中的能力，相信她们的公民身份赋予了她们要求政治、经济和公民权利的权利。① 1910年，华盛顿州授予妇女完全选举权，结束了选举权运动的低迷。1911年加利福尼亚州紧随其后，1912年亚利桑那州、堪萨斯州和俄勒冈州紧随其后。这也引起了妇女运动反对者的担忧，他们决定，必须把各州的各个社团统一成一个全国性的组织。在妇女运动于加州获胜几周后，他们成立了全国反对妇女选举权协会。②

1912年，加州有组织的妇女又向前迈出了一步，使她们的运动在政治上具有强大的影响力，同时又摆脱了党派纠葛。她们创建了加州妇女立法委员会，游说州立法机关采取有利于妇女利益的措施。州妇女俱乐部联合会是最大的州妇女组织，领导了委员会的组织工作并保持了主要的声音。俱乐部妇女和禁酒妇女之外，还有工会、职业妇女组织、党派妇女组织（民主党人、进步共和党人、社会主义者），以及以旧金山有色妇女非党派联盟为代表的非裔美国妇女。立法会由不同阶层组成，这清楚地证明有组织的妇女决心继续通过政治包容政策增加妇女的权利。③

---

① Gullett, *Becoming Citizens*, p. 5.
② Susan E. Marshall, *Splintered Sisterhood: Gender and Class in the Campaign Against Woman Suffrage*, Madison: University of Wisconsin Press, 1997, pp. 189-190.
③ Gullett, *Becoming Citizens*, p. 204.

1917 年，加州妇女又获得了赋予妇女担任陪审团成员的权利。加州的胜利标志着妇女选举权运动的一个转折点，它在一定程度上反映了运动组织结构的改善。选举权的支持者集中在小城镇和农村地区进行组织，因为她们知道在那里她们能得到更大的支持。她们还雇用了侦探和警卫来防止酒类利益集团破坏投票箱。虽然她们在城市地区遭到了强烈的挫败，但在妇女选举权决议的公投中，她们仍以总票数 3587 票的优势赢得了胜利，"在州内每个选区平均有一票的多数"[①]。

通过与其他社会运动联盟，妇女选举权组织借以扩大外部对她们事业的支持。这些联盟不仅在女性中，而且在男性中产生了更多对女性投票权的支持，他们可以利用自己的选票来引起决策者的关注。与内战后将选举权扩大到黑人男性、承诺为共和党增加新的选民不同，将选举权扩大到女性，并没有给任何一个主要政党带来明显的好处。而通过与其他社会运动结盟，妇女选举权组织便能够为赋予妇女选举权创造更大的选举压力。在政治竞争势均力敌和第三方威胁要打破两大政党之间的力量平衡的情况下，这一策略尤为有效。[②]

---

① Flexner, *Century of Struggle*, p. 249.
② Carolyn M. Moehling and Melissa A. Thomasson, "Votes for Women: An Economic Perspective on Women's Enfranchisement,"p. 13.

同时，妇女投票权运动在劳工和农业组织中找到了强有力的盟友。1870年，只有不到1300万的女性（占10岁以上女性的14.8%）在工作。到1900年，这一数字增加到2900万，占10岁或10岁以上女性的18.3%。随着劳动参与率的提高，妇女越来越多地参与劳工运动。一些独立的工会在1870年之前接纳了女性，而劳工骑士团从1881年开始允许女性加入。到19世纪90年代，较大的工会开始支持妇女投票权。①

妇女工会联盟成立于1903年，1909年至1910年，纽约和费城的女衬衫制造商发起了第一次重大的女工罢工。② 妇女投票权组织与劳工和农业利益集团的联盟，在一些州的斗争中发挥了特别重要的作用。例如，在伊利诺伊州，农民联盟在1891年为妇女进入学校投票铺平了道路，这是该州第一次成功的选举权改革。联盟在伊利诺伊州议会中赢得了3个席位，这使他们能够在立法上影响支持或反对两大政党的选票。③

第一次世界大战使政治格局发生了另一次转变。在卡丽·查普曼·卡特（Carrie Chapman Catt）的领导下，全美妇女选举权协会暂停了为妇女争取选举权的游说活动，

---

① Carolyn M. Moehling and Melissa A. Thomasson, "Votes for Women: An Economic Perspective on Women's Enfranchisement", p. 13.
② Flexner, *Century of Struggle*, p. 234.
③ Moehling and Thomasson, "Votes for Women", p. 13.

以支持战争。然而,由爱丽丝·保罗(Alice Paul)领导的"全国妇女党"(National Woman's Party,图 4.24)以在白宫示威的方式加强了对联邦修正案的支持(图 4.25)。保罗和许多妇女党的成员被逮捕和监禁。她们进行了绝食抗议,却被强制喂食,这让美国公众大为震惊。

在战争期间,妇女选举权运动的两大主要派别的不同做法,使妇女选举权受到公众的关注,同时也推动了妇女为国防做出贡献的浪潮。[①] 在这一时期,选举权运动成为妇女政治的支点,它成了一场拥有数百万成员的群众运动,获得了足够的社会支持并最终在 1920 年促成了美国宪法第十九修正案[②]的通过。

世纪之交的妇女运动为女性提供了参与社会的机会,女性得以从家庭走向公共领域,使得她们能够改变公民身份、政治、公共空间、女性身份和女性工作的意义,以证明自己和男性一样具备管理国家和社会事务的能力。在这一时期的进步主义运动中,中产阶级妇女也以自身力量作用于其中,她们组建妇女组织,争取自身权利,同时关心弱势群体,成为改革社会的重要力量。她们相信女性的身份,努力促进女性的利益;她们相信有意义的工作对每个

---

① Keyssar, *The Right to Vote*, pp. 172-173.
② 美国宪法第十九修正案规定:"合众国或任何一州不得因性别而否认或剥夺合众国公民的选举权。"

图 4.24　全国妇女党成员合影（1922）

左起第一位为爱丽丝·保罗

图 4.25　全国妇女党在白宫门前示威（1917）

妇女都很重要，她们努力使所有妇女的工作合法化并制度化。她们获得了权利，因为她们有能力把自己想象成女性，因为她们可以在这种愿景中看到一种赋予她们女性权利的手段。① 在经过艰苦的斗争之后，她们终于取得了妇女选举权运动的胜利。同时，她们还关注女工和童工，推动女工保护性立法、提高女工工资、改善其工作条件，督促童工法的通过，促使各州确立最低雇佣年龄；关怀社会底层女性、关注卖淫等现象，为女性性工作者寻找出路；推动城市改革，改善贫民居住环境和生活状况，既保护了贫民等弱势群体的利益，更重要的是为美国社会保障体系的建立打下了基础。

这些成果推动了进步主义运动所关注的社会公正问题的解决，缓和了美国工业化迅速发展带来的社会矛盾。而中产阶级女性在这一过程中重新认识了自己，以其女性独特的视角和力量对社会问题做出了反应，推动了进步主义运动的发展。

不过，这一时期的妇女运动也有着不小的局限性。事实证明，打破政治机器的任务是艰巨的，而且总的来说，其结果仍然是不成功的。妇女们依然面临着各种各样的障碍，比如她们自己因社会习俗和教养而产生的对粗暴和混乱（更不用说腐败）的政治机器的厌恶；男性政治家被迫

---

① Gullett, *Becoming Citizens*, p. 206.

接受妇女参政,但基于偏见他们建立了一个全新的防御体系,以抵抗女性对他们特权的侵犯;此外,每一个试图在养家和抚养孩子之外从事商业或任何一种工作的妇女都遇到了问题。然而,政治公民权对妇女和其他被任意剥夺政治公民权的群体一样,是迈向赢得人类尊严和承认她们也被赋予了理性的能力、判断的能力和承担社会责任的能力的重要一步。①

妇女组织试图接纳"几乎所有人"的做法也产生了问题。最大的也是最有声望的妇女俱乐部总联合会(General Federation of Women's Clubs,GFWC)的政策是吸引大批保守的中产家庭主妇,其领导人认为,会员人数会赋予 GFWC 权力和影响力。不幸的是,为了维持其庞大的成员规模——到 1910 年 GFWC 已有 100 万成员——高层被迫缓和其基本进步的社会计划。为了吸引保守的妇女,联合会本身开始变得保守并牺牲了它的一些创始原则。②

就像参与其他事业的女性绝大多数都是中上层阶级的女性一样,争取选举权运动是一场中产阶级的运动。工人阶级的女性更直接地受到经济不平等的压迫,而不是政治排斥,她们对这场象征性的、遥远的选举权运动几乎没有兴趣。事实上,大多数中产阶级妇女更倾向于支持禁酒令

---

① Flexner, *Century of Struggle*, p.326.
② Hymowitz and Weissman, *A History of Women in America*, p.222.

或慈善事业，而不是妇女选举权。妇女参政论者通常被一些特殊的因素政治化，如高等教育、专业地位或经历过的另一场改革。选举权运动不仅对中产阶级具有独特的吸引力，而且其论据也开始反映传统的中产阶级价值观。在进步主义时代，该运动采取了这种价值观以确认其合理性、增强其影响力并扩大其选民基础。内战后，妇女权利活动人士把注意力集中在投票上，社会问题很快就被抛到一边。到了19世纪90年代，对政治平等的要求让位给了拥有独特品质的女性通过投票为社会做出贡献的主张，争论的新倾向反映了吸引更广泛基础的必要性。在最后几年，妇女参政不再是19世纪50年代女权倡导者被称为"狂热的狂热者和空想家"的边缘运动，而是一个庞大的、合法的社会事业。到了进步时代，选举权运动已经成为中产阶级积极分子的国家保护伞。简而言之，当运动的支持者扩大时，它的目标缩小了，激进主义减少了。①

在运动期间，白人妇女参政论者拒绝非裔美国妇女参政论者的参与，并使用种族主义和本土主义的诽谤来推动"受过教育"的白人妇女获得选举权的事业。第十九修正案也未能为黑人妇女提供普选权，黑人妇女的投票权继续受到诸如人头税和识字测试等法律的种族限制，而著名的妇女投票权组织继续拒绝为黑人妇女争取投票权。1921年，

---

① Woloch, *Women and the American Experience*, p. 333.

爱丽斯·保罗拒绝让全国有色人种妇女俱乐部协会（National Association of Colored Women's Clubs）的主席玛丽·塔尔伯特（Mary Talbert，图4.26）在全国妇女党大会上发表关于黑人投票权的讲话。保罗为她的决定辩护，声称这是关于种族，而不是妇女权利。① 在这场运动的高潮时期，当激进分子被逮捕并被强行送进监狱时，政治参政论者并不支持她们。当她们赢得了选举权，普通女性却几乎没有使用它的意愿，在几代人被剥夺选举权之后，这一点倒也不奇怪。此外，妇女赢得选票时，人们对投票的普遍兴趣已下降到历史上的最低水平之一。选举权之后，"差异"女权主义者和"平等"女权主义者、女性主义者和社会正义运动者，因平等权利修正案而分裂。此外，与一些预测相反，并没有出现明确的"女性投票集团"。最后，男性拒绝女性进入他们的政治空间，不让她们进入陪审团和决策政党的职位，也很少支持

图4.26 玛丽·塔尔伯特（1902）

---

① Nancy F. Cott, "Feminist Politics in the 1920s: The National Woman's Party," *The Journal of American History,* Vol. 71, No. 1, June, 1984, pp. 50-54.

她们争取执政的努力。① 直到 1965 年《选举权法》通过，才可以说所有妇女都真正拥有了选举权。通观进步时代的美国中产阶级白人妇女运动，它具有很强的保守性与历史连续性，其表现之一是大多数美国中产阶级白人妇女并没有挑战当时流行的社会性别观念，大多数参加改革：

> 一方面继续为争取妇女就业、教育和政治领域中的平等而疾呼，另一方面也继续承认妇女对家庭负有特殊的责任，而且她们应具有公共生活灌输给她们的独有的道德精神和品质。但是妇女运动的重心却滑向了一种与当时流行的种族和族裔成见保持一致的女权主义一边。②

可以说，这场妇女运动所发挥的社会功能是十分保守的，其目的在于巩固并人性化美国资本主义制度。许多女性满足于进步时代所取得的成果，不喜欢激烈的社会变革，甚至担心一旦偏离了家庭这块私人领域，会失去其丈夫以及其他男性家庭成员的支持。③

---

① Elisabeth Israels Perry, "Men Are from the Gilded Age, Women are from the Progressive Era," *The Journal of the Gilded Age and Progressive Era*, Vol. 1, No. 1, January, 2002, p. 37.
② 方纳：《美国自由的故事》，第 202 页。
③ [美] 朱迪·史珂拉：《美国公民权：寻求接纳》，刘满贵译，上海：上海人民出版社，2006 年，第 14 页。

六、小结

当人们关注 19 世纪末 20 世纪初的美国女性时,不仅能看到工业化与城市化转型对她们带来的影响,也能认知到她们在社会转型中贡献出的力量。从被动接受新的生活方式,到主动争取政治权利,以中产阶级为主要力量的美国女性生机勃勃地活跃在这段历史中。总体而言,在这一时期,无论是她们的个人生活还是政治生活都得到了一些改善,这一点毋庸置疑。然而,城市化与商品经济在改善她们物质生活的同时也加固了"家庭"的围栏;投入社会生产的女性仍然以家庭为重心,同时还面临着以性别为标准的不公正待遇;争取政治权利的运动成果有限,并且妇女运动参与者内部也并非铁板一块。因此,人们在了解这一时期的女性时,绝不能忽视历史的复杂性。

今天,在大部分现代国家,法律赋予女性和男性同等的政治权利。从采集渔猎时代进入农耕时代,男女分工发生变化:在生理上普遍更强壮的男性成为主要农耕劳动力,也就是主要经济来源,男性的地位开始高于女性。而进入现代社会,随着生产机械化,男女在就业上的差异越来越小,然而许多地方还是有女性因为结婚、生育受到不公正的工作待遇。这是因为即便是在今天,女性都未能完全走出"家庭妇女"的这个刻板的社会形象。不同于主要生产方式变革那样的一劳永逸，属于文化思想范畴的社会印象，一旦形成，不容易随现实条件改变而变化。

实现两性平权可以说是21世纪"政治正确"的理念，然而目前似乎很难做到。只要存在以性别为标准不同的社会分工，男女的社会形象就会有所差异。从生理结构上来讲，两性之间的确存在差异。若要消除这些差异，除医学技术问题外，还必然将触碰基本的伦理问题。

当然，如今世界范围内的两性平权活动还远远没有走到消除差异的地步；女性还在要求同工同酬，甚至个别地区的女性还在争取基本的人权保障；而这些权利并未触碰伦理，正当且合情合理。制度化的现代国家，想要让两性平权更进一步，除了在文化舆论方面进行渲染，也许还需要从法律法规的制定、修订方面对两性权益进行有力保障。

结语

中产阶级的出现是现代生活的重要特征，无论中产阶层在文化作用上有何不同，从比较的角度来看，它已被广泛认为对政治稳定至关重要。① 马克思主义理论"把中产阶级主要看作是过渡性的阶级"，并尤其强调"贫困化是吸引自主手工艺者和小资本家进入产业工人阶级队伍的手段"。② 而美国中产阶级在很长一段时间里的发展轨迹，却与上述论断形成了一定程度上的反差。

美国中产阶级在 19 世纪末已出现了重大的结构性变化，以小商人、小农场主以及小企业家为代表的"老中产阶级"，越来越受到工业化、城市化和工业资本主义的影响。老中产阶级的生产资料在占有量方面不断萎缩，他们独立的生产和生活方式受到工业理性、利益导向和追求效

---

① Joseph Gerteis, "Political Alignment and the American Middle Class, 1974-1994," *Sociological Forum*, Vol. 13, No. 4, Dec., 1998, p. 640.
② Melanie Archer and Judith R. Blau, "Class Formation in Nineteenth-Century America: The Case of the Middle Class," pp. 19-20.

率化的思维和价值导向的影响。各种现代机构、行业组织和垄断企业的兴起，也改变了老中产阶级的传统生产生活，老中产阶级对现代组织机构以及政府的依赖性逐渐增强。在经济危机以及工业化转型的影响下，大量老中产阶级不仅在政治和文化地位上有所降低，而且难以单独面对经济风险，以致最终走向破产，不得不改变谋生方式，由此老中产阶级的数量也不断减少。

"新式中产阶级"白领职业群体的崛起，不仅扩大了美国中产阶级的人数，而且也进一步提升了美国中产阶级的整体素质、社会声望及社会影响。中产阶级对于选举的成功也很重要。与工人阶级选民相比，美国中产阶级选民更有可能参加投票，两大政党的政治竞选活动越来越多地以中产阶级为目标。而且，伴随工业化在20世纪的发展，特别是伴随20世纪下半叶后工业化时代的到来，美国中产阶级不仅没有结束其过渡性阶段和向贫困化的方向发展，相反，伴随社会流动性的增强，上层阶级和下层阶级，特别是下层阶级，却在不断向中产阶级靠拢，使中产阶级逐渐演变成为美国社会中最具稳定性的主流社会阶层。与此同时，在顺应社会转型和时代发展变化方面，美国中产阶级又在许多方面显示出极强的社会适应性，使中产阶级的价值观和生活方式逐渐发展成为美国社会的主流意识。[①] 因

---

① 石庆环：《20世纪美国中产阶级的结构变迁及其特征》，第94页。

此，考虑到1900年以来美国白领工人的数量增长和日益增长的文化地位，米尔斯将他们称为"20世纪存在的特征"的来源。①

从20世纪80年代开始，美国中产阶级又出现了一些新的变化，收入分配的日益不平等导致了美国中产阶级日渐萎缩。在20世纪40年代至70年代初，政府立法所规定的工会权力增长追求的是企业与工人分享垄断租金和利润。甚至在60年代初时，许多蓝领工会的工匠，比如水管工，平均工资和大学教授一样。

然而，到20世纪80年代之后，在里根总统的领导下，情况发生了巨大变化。随着里根解决空中交通管制员罢工（解雇了所有民用航空空中交通管制员），人们普遍认为工会和劳工需求是经济问题的罪魁祸首，因此大大削弱了劳动力的力量。但这很快得到了美国公司的补充，这些公司将美国工厂的劳动力外包给那些每小时劳动报酬低得多的外国工厂。这种外包运动在自由贸易的旗帜下得到了政府政策的合理化和支持。

到了21世纪的头十年，许多蓝领工厂的工作和低工资的白领工作已经从美国迁移到欠发达国家。② 于是，中产

---

① C. Wright Mills, *White Collar*, p. ix.
② Paul Davidson, "Income Inequality and Hollowing Out the Middle Class," *Journal of Post Keynesian Economics*, Vol. 36, No. 2, Winter, 2013-2014, pp. 381-382.

阶级在美国劳动力中所占的比例不断下降，因为这一时期产生的新工作更多处于收入结构的顶层或底部。这种趋势可能导致政治和社会动荡，产生一个双层社会，收入较低阶层的人的晋升机会减少，甚至遭受经济灾难，因为中产阶级的巨大购买力引擎失去了动力。[1]

与此同时，生产力增长与工资增长之间的差距也在不断拉大。据统计，2016年美国家庭收入中位数比2015年增长了5.2%，这是自2007年以来的首次显著增长。但是在经济复苏的早期阶段，大部分的财政收益都是由富人获得的，而且2015年的中位数56 500美元仍然比2007年的中位数低1.6%，比1999年的中位数低2.4%。[2] 收入已经从工资稳定地转移到利润上，从低收入者转移到高收入者身上。

医疗费用的迅速上升，给工人工资带来了相对下降的压力，也给雇主增加了负担。雇主支付的健康保险费用对于高薪和低收入者来说差不多，但是相较于高收入者，这些费用对低收入和中等收入者来说是更有力的补偿。越来越多的雇主发现，这些雇员无法负担医疗保险不断飙升的成本。越来越多的工人发现自己承担着不断上涨的医疗保健费用，或者被完全剥夺了雇主赞助的健康保险，16%的

---

[1] Neal H. Rosenthal, "The Shrinking Middle Class: Myth or Reality?," *Monthly Labor Review*, Vol. 108, No. 3 March, 1985), p. 3.

[2] Kevin Finneran, "Middle Class Muddle," *Issues in Science and Technology*, Vol. 33, No. 1, Fall, 2016, p. 40.

人口（4660万人）没有医疗保险。①

此外，房地产泡沫的破灭也会降低消费、增加中低收入家庭的经济不安全感，特别是对于退休前的工人来说，他们可能一直指望用房屋产权来保障退休后的收入。同样令人不安的是，许多低收入家庭被银行和抵押贷款机构引诱进入了住房所有权和次级抵押贷款市场，他们被承诺将会走上一条无风险的财富积累之路，以实现他们的美国梦。但是，不仅仅是那些在膨胀的市场高点购买的房主，还有那些贷款到期时面临每月按揭还款突然增加的人，都是处于危险之中的人。整个国家都面临着经济增长放缓、失业率上升的威胁，以及可能出现的经济衰退。②

总之，失业侵蚀了美国中产阶级的收入，而收入下降和债务增加又进一步挤压了中产阶级，同时，庞大的公共债务将使美国政府更难改善市场经济中的分配问题。③ 许多中产阶级面临着陷入贫困的巨大风险，他们负担不起子女上大学的费用，也不再期待下一代有更美好的未来。④

---

① Eileen Appelbaum, *Challenge*, Vol. 50, No. 3, May-June, 2007, p. 54.
② Eileen Appelbaum, "Strengthening America's Middle Class," p. 54.
③ Steven Pressman, "The Middle Class Throughout the World in the Mid-2000s," *Journal of Economic Issues*, Vol. 44, No. 1, March, 2010, p. 253.
④ Sarah Elwood, Victoria Lawson and Samuel Nowak, "Middle-Class Poverty Politics: Making Place, Making People," *Annals of the Association of American Geographers*, Vol. 105, No. 1, January, 2015, p. 124.

美国的中产阶级曾经是衡量经济机会和繁荣的标准，但如今，中产阶级的繁荣却只是一种幻想，而非现实，他们中的大多数人都在为保持偿债能力而苦苦挣扎。① 由此看来，美国中产阶级的未来前景似乎更加黯淡。

美国中产阶级的萎缩，恰恰印证了马克思主义关于资产阶级和工人阶级二元对立的观点。中产阶级不会简单地复原于传统的工人阶级，生产力已经发展至此，资本有机构成的当下状态决定了中产阶级回不到传统工人阶级的工作状态。但是，中产阶级仍然摆脱不了被资本剥削和被资产阶级压迫的命运。如果说传统工人阶级被剥削掉的是"体力化"的劳动所创造的价值，那么中产阶级被剥削掉的是"精神化"的劳动所间接产生的价值，两者在本质上都是受剥削者。因此，只要是资本主义的生产方式，中产阶级终将会进入对立的资产阶级和工人阶级中工人阶级的"躯壳"里。随着人类社会的进步，在资本主义社会中也许会有新的技术革命出现，中产阶级也因获得新形式的职业而再次"进化"并被冠以"新兴阶级"的称号。但是，所谓的"新兴阶级"也只不过是工人阶级这个"躯壳"里的新"灵魂"。②

---

① Leicht, *Postindustrial Peasants*, pp. 3-4.
② 陈家驹、陈弘:《二战后美国中产阶级的兴起机制和未来走向——基于马克思主义阶级分析框架》，《新经济》2019 年 11 月，第 59 页。

致谢

从 2021 年 3 月成立一个写作小组，到拿出初具雏形的书稿，时间已经过去了两个春秋。这期间，无数次的讨论、修改，让我们体验到历史学写作的艰辛，也体会到团队合作所呈现的包容与理解，还有被截止日期催促的紧张与恐惧。所幸从选题、各章安排，到实际写作、交稿、删改、校对、添加插图，各个环节都有条不紊地进行着。其中，孔祥宝撰写了绪论、第三章和结语，罗珊撰写了第一章，郭欢撰写了第二章，曹怡然与罗珊共同撰写了第四章。最后在大家的通力合作之下，将这本讲述中产阶级与美国社会转型的书籍付梓。

在此，首先非常感谢我们的导师原祖杰教授，对本书的立意和纲要提出了高屋建瓴的建议，也为本书的写作构建了一个现代化转型研究的学术语境，鼓励我们完成这样一次珍贵但又具有挑战性的学术训练和学术探索之旅。

其次，也非常感谢四川大学历史学院世界史专业的王禹老师、刘祥老师、王娟娟老师和许镇梅老师，他们负责指导的四川大学美国史工作坊为本书作者的写作过程,营造了积极向上兼具批判性精神的学术氛围。

再次,非常感谢本书所引用书籍、论文的作者和研究人员,正是有这些极具洞见和启发性的相关研究,我们才有可能站在前人的肩膀上研究老中产阶级向新中产阶级的转变,分析美国在现代化转型过程中的成败得失,从而为现代化转型研究做出一点贡献,在此一并致谢。

最后,非常感谢四川人民出版社的支持与信赖,也非常感谢本书的编辑赵静老师和徐波老师,还有本书的校对、排版、审稿老师。在他们耐心而专业的协调下,本书的样貌日渐趋于完善。

参考文献

一、中文论文

1. 蔡萌. 自然权利观念与美国早期的劳工运动. 历史教学，2018（6）.
2. 董瑜. 模糊不清的"共和主义"：费城工匠的诉求与美国早期资本主义的发展. 世界历史，2020（2）.
3. 韩飞. 转型时期美国中产阶级探微（1870－1910）. 邢台学院学报，2010（1）.
4. 黄兆群. 分赃乎？改革乎？——与王锦瑭、杨柏华同志商榷. 世界历史，1989（1）.
5. 胡国成. 公司的崛起与美国经济的发展（1850－1930）. 美国研究，1993（3）.
6. 江泓. 《五月花号公约》的由来及其影响. 历史教学，1984（5）.
7. 连玲玲. 从零售革命到消费革命：以近代上海百货公司为中心. 历史研究，2008（5）.
8. 李剑鸣. 美国政治文化史研究的兴起和发展. 历史研究，2020（2）.
9. 陆丹尼. 论北美殖民地时期妇女的地位. 世界历史，1991（2）.

10. 石庆环. 20世纪美国中产阶级的结构变迁及其特征. 辽宁大学学报（哲学社会科学版），2010（4）.

11. 石庆环. 19世纪末和20世纪初美国新式中产阶级形成时期的文官群体. 史学集刊，2011（1）.

12. 石庆环. 美国中产阶级的"政治异化"现象与文官"政治中立"原则. 辽宁大学学报（哲学社会科学版），2011（4）.

13. 石庆环. 20世纪美国黑人中产阶级的构成及其社会地位. 求是学刊，2012（4）.

14. 石庆环. 战后美国女性中产阶级地位变化解析（1960—1980）. 史学集刊，2015（2）.

15. 王春来. 转型、困惑与出路——美国"进步主义运动"略论. 华东师范大学学报，2003（5）.

16. 王锦瑭. 美国文官制的改革. 世界历史，1985（3）.

17. 王希. 美国公民权利的历史演变. 读书，2003（4）.

18. 王禹. 19世纪晚期美国农民对"乔治主义"的接受与扬弃. 四川大学学报（哲社版），2021（2）.

19. 肖华锋. 19世纪后半叶美国中产阶级的兴起. 文史哲，2001（5）.

20. 肖华锋. 论19世纪末20世纪初美国公司化运动. 江西师范大学学报，2002（1）.

21. 许镇梅. 19世纪末美国平民主义运动中的政党文化——基于南方农民联盟兴衰史的分析. 四川大学学报（哲社版），2021（2）.

22. 杨柏华. 略论西方国家文官制度和人事制度改革. 天津社会科学，1983（2）.

23. 杨静. 社会转型时期美国女性就业特征与影响（1870—1920）. 史学集刊，2012（4）.

24. 原祖杰. 从上帝选民到社区公民：新英格兰早期公民意识的形成. 中国社会科学，2012（1）.

25. 原祖杰. 试析19世纪美国劳工运动中的"例外论". 世界历史，2019（6）.

26. 原祖杰. 在工业化的阴影里：19世纪后期美国农民的困境与抗议. 北大史学，2010（12）.

27. 张聪. 十九世纪末二十世纪初美国中产阶级妇女走向社会的动因和问题. 美国研究，1993（3）.

28. 张少华. 汉密尔顿"工商立国"与杰斐逊"农业立国"之争. 历史研究，1994（6）.

29. 张红岭. 鲍德里亚的消费社会理论探要. 广西社会科学，2008（7）.

30. 张勇安. 美国妇女、妇女组织与洁净化政治——读《洁净食品、饮料和药品的改革斗士，1879－1914》. 美国研究，2008（1）.

31. 朱世达. 关于美国中产阶级的演变与思考. 美国研究，1994（4）.

32. 关晓燕. 19世纪末20世纪初期美国白人妇女就业刍议. 长春：东北师范大学，2008.

33. 景德龙. 19世纪末和20世纪初美国城乡中产阶级比较研究. 沈阳：辽宁大学，2015.

34. 李慧. 中产阶级与美国进步主义运动——19世纪后半叶至20世纪初. 兰州：兰州大学，2007.

35. 李亚兰. 试论十九世纪末二十世纪初美国的城市改革. 兰州：西北师范大学，2011.

36. 沈瑞英. 西方中产阶级与社会稳定研究. 上海：上海大学，2008.

37. 陶漫漫. 二战后美国黑人女性中产阶级的构成及其地位变化. 沈阳：辽宁大学，2013.

38. 王涵. 美国进步时代的政府治理:1890—1920. 上海:复旦大学,2009.

39. 徐靖. 教育成就与美国中产阶级的形成和变迁:理论与实证分析. 上海:华东师范大学,2009.

40. 叶莹. 19世纪末20世纪初美国白领阶层的形成. 长春:东北师范大学,2006.

二、 中文译著及著作

1. [德]于尔根·哈贝马斯. 公共领域的结构转型. 曹卫东等译. 上海:学林出版社,1999.

2. [法]亚历克西·德·托克维尔. 美国游记. 倪玉珍译. 上海:生活·读书·新知三联书店,2010.

3. [法]亚历克西·德·托克维尔. 论美国的民主. 董果良译. 北京:商务印书馆,1989.

4. [法]让·波德里亚. 消费社会. 刘成富,全志钢译. 南京:南京大学出版社,2000.

5. [美]埃里克·方纳. 第二次建国:内战与重建如何重铸了美国宪法. 于留振译. 北京:商务印书馆,2020.

6. [美]埃里克·方纳. 美国自由的故事. 王希译. 北京:商务印书馆,2002.

7. [美]艾伦·布林克利. 美国史(第13版). 陈志杰等译. 北京:北京大学出版社,2018.

8. [美]查尔斯·赖特·米尔斯. 白领——美国中产阶级. 杨小东等

译. 杭州：浙江大学出版社，1987.

9. ［美］方纳. 美国工人运动史：第一卷 从殖民地时期到劳联的成立. 黄雨石等译. 北京：生活·读书·新知三联书店，1956.

10. ［美］方纳. 美国工人运动史：第二卷 从美国劳联的成立到美国帝国主义的出现. 唯成译. 北京：生活·读书·新知三联书店，1963.

11. ［美］弗雷德里克·杰克逊·特纳. 美国边疆论. 董敏、胡晓凯译. 北京：中译出版社，2012.

12. ［美］加里·纳什，朱莉·罗伊·杰弗里主编. 美国人民：创建一个国家和一种社会. 张茗译. 第七版. 北京：清华大学出版社，2015.

13. ［美］科林·伍达德. 美利坚：一部北美地区文化史. 邓德东译. 北京：社会科学文献出版社，2021.

14. ［美］理查德·D. 罗德菲尔德等主编. 美国的农业与农村，安子平、陈淑华等译. 北京：农业出版社，1983.

15. ［美］理查德·霍夫斯达特. 改革时代——美国的新崛起. 俞敏洪、包凡一译. 石家庄：河北人民出版社，1989.

16. ［美］理查德·霍夫施塔特. 美国生活中的反智主义. 何博超译. 南京：译林出版社，2021.

17. ［美］罗伯·S. 特林德，海伦·梅里尔·林德. 米德尔敦：当代美国文化研究. 盛学文译. 北京：商务印书馆，1999.

18. ［美］洛伊斯·班纳. 现代美国妇女. 侯文蕙译. 北京：东方出版社，1987.

19. ［美］马丁·道尔. 大国与大河，刘小鸥译. 北京：北京大学出版社，2021.

20. ［美］乔纳森·休斯，路易斯·P. 凯恩. 美国经济史. 邱晓燕、邢露等译. 第七版. 北京：北京大学出版社，2010.

21. [美]萨拉·M. 埃文斯. 为自由而生——美国妇女历史. 杨俊峰译. 沈阳：辽宁人民出版社，1995.

22. [美]斯塔夫里阿诺斯. 全球通史：1500年以后的世界. 吴象婴、梁赤民译. 上海：上海社会科学院出版社，2000.

23. [美]威尔科姆·E. 沃什伯恩. 美国印第安人. 陆毅译. 北京：商务印书馆，1997.

24. [美]威廉·多姆霍夫. 当今谁统治美国. 郑须弥译. 北京：中国对外翻译出版社，1985.

25. [美]小艾尔弗雷德·D. 钱德勒. 看得见的手——美国企业的管理革命. 重武译. 北京：商务印书馆，1987.

26. [美]J. T. 施莱贝克尔，美国农业史（1607—1972年）——我们是怎样兴旺起来的. 高田等译. 北京：农业出版社，1981.

27. [美]史珂拉. 美国公民权：寻求接纳. 刘满贵译. 上海：上海人民出版社，2006.

28. 邓蜀生. 世代悲欢"美国梦"——美国的移民历程及种族矛盾（1607—2000）. 北京：中国社会科学出版社，2001.

29. 高春常. 文化的断裂——美国黑人问题与南方重建. 北京：社会科学出版社，2000.

30. 何顺果. 美国边疆史——西部开发模式研究. 北京：北京大学出版社，1992.

31. 黄安年. 美国的崛起：17—19世纪的美国. 北京：中国社会科学出版社，1992.

32. 梁茂信. 都市化时代：20世纪美国人口流动与城市社会问题. 长春：东北师范大学出版社，2002.

33. 梁茂信. 美国移民史新论. 北京：社会科学文献出版社，2019.

34. 梁茂信. 现代欧美移民与民族多元化研究. 北京：商务印书馆，2011.

35. 列宁. 列宁全集：第 27 卷. 北京：人民出版社，1958.

36. 李剑鸣. 大转折的年代——美国进步主义运动研究. 天津：天津教育出版社，1992.

37. 李剑鸣. 美国的奠基时代（1585－1775）. 北京：中国人民大学出版社，2011.

38. 李其荣. 移民与近代美国. 北京：中国华侨出版社，1991.

39. 刘绪贻，杨生茂主编. 美国通史：第 1 卷　美国的奠基时代（1585－1775）. 北京：人民出版社，2002.

40. 李颜伟. 知识分子与改革：美国进步主义运动新论. 北京：中国社会科学出版社，2010.

41. 马克思，恩格斯. 共产党宣言. 北京：人民出版社，1963.

42. 马克思，恩格斯. 马克思恩格斯全集：第 22 卷. 北京：人民出版社，1958.

43. 马克思，恩格斯. 马克思恩格斯全集：第 38 卷. 北京：人民出版社，1972.

44. 马克思，恩格斯. 马克思恩格斯选集：第 1 卷. 北京：人民出版社，1972.

45. 石庆环. 20 世纪美国文官制度与官僚政治. 长春：东北师范大学出版社，2003.

46. 王恩铭. 20 世纪美国妇女研究. 上海：上海外语教育出版社，2002.

47. 王希. 原则与妥协：美国宪法的精神与实践. 北京：北京大学出

版社，2014.

48. 王旭. 美国城市史. 北京：中国社会科学出版社，2000.

49. 王政. 女性的崛起：当代美国的女权运动. 北京：当代中国出版社，1995.

50. 张友伦，肖军，张聪. 美国社会的悖论——民主、平等与性别、种族歧视. 北京：中国社会科学出版社，1999.

51. 刘绪贻，杨生茂主编. 美国通史：第4卷 崛起和扩张的年代（1898—1929）. 北京：人民出版社，2002.

52. 原祖杰. 进步与公正：美国早期的共和实验及其在工业化时代遭遇的挑战. 北京：中国社会科学出版社，2020.

53. 张津瑞，林广. 地图上的美国史. 北京：东方出版社，2016.

54. 张友伦. 美国农业革命——独立战争至19世纪末. 天津：天津人民出版社，1983.

55. 张友伦. 美国西进运动探要. 北京：人民出版社，2005.

56. 张友伦，李剑鸣主编. 美国历史上的社会运动和政府改革. 天津：天津教育出版社，1992.

57. 周莉萍. 美国妇女与妇女运动（1920—1939）. 北京：中国社会科学出版社，2009.

三、英文专著

1. Adams, Henry. *The Education of Henry Adams, Webster's Spanish Thesaurus Edition*. San Diego：ICON Group International，2005.

2. Anderson, Shannon Latkin. *Immigration, Assimilation, and the*

Cultural Construction of American National Identity. New York: Taylor & Francis, 2016.

3. Aron, Cindy Sondik. *Ladies and Gentlemen of the Civil Service: Middle-Class Workers in Victorian America*. New York and Oxford: Oxford University Press, 1987.

4. Babson, Steve. *Building the Union: Skilled Workers and Anglo-Gaelic Immigrants in the Rise of the UAW*. New Brunswick: Rutgers University Press, 1991.

5. Baker, James T. *Religion in America: Primary Sources in U. S. History, Volume 1*. Belmont: Thomson Wadsworth Press, 2006.

6. Beard, Charles, A. & Mary R. Beard. *The Rise of American Civilization*. New York: The Macmillan Company, 1947.

7. Beckert, Sven. *Monied Metropolis: New York City and the Consolidation of the American Bourgeoisie, 1850-1896*. New York: Cambridge University Press, 2001.

8. Benson, Lee. *The Concept of Jacksonian Democracy: New York as a Test Case*. Princeton: Princeton University Press, 1961.

9. Berkin, Carol Ruth, and Mary Beth Norton. *Women of America, A History*. Boston: Houghton Mifflin Co., 1979.

10. Blackford, Mansel G. *A History of Small Business in America*. Chapel Hill and London: The University of North Carolina Press, 2003.

11. Blackford, Mansel G., and Kerr K. Austin. *Business Enterprise in American History*. Boston: Houghton Mifflin, 1986.

12. Bliven, Bruce. *The Wonderful Writing Machine*. New York: Random House, 1954.

13. Blumin, Stuart M. *The Emergence of the Middle Class: Social Experience in the American City, 1760-1900*. Cambridge and New York: Cambridge University Press, 1989.

14. Boorstin, Daniel J. *The Americans: The Colonial Experience*. New York: Random House, 1958.

15. Bowen, Catherine Drinker. *Miracle at Philadelphia: The Story of the Constitutional Convention, May to September 1787*. Boston: Little, Brown and Company, 1966.

16. Braverman, Harry. *Labor and Monopoly Capital: The Degradation of Work in the Twentieth Century*. New York: Monthly Review Press, 1974.

17. Bridenbaugh, Carl. *The Colonial Craftsman*. New York: Dover Publications, 2012.

18. Brinkley, Alan. *American History, 15th Edition*. New York: McGraw-Hill Education, 2015.

19. Brinkley, Alan. *The Unfinished Nation: A Concise History of the American People*, Volume 2: From 1865. New York: McGraw-Hill, 1993.

20. Broesamle, John J. *Reform and Reaction in Twentieth Century American Politics*. New York: Greenwood Press, 1990.

21. Buhle, Paul. *Taking Care of Business: Samuel Gompers, George Meany, Lane Kirkland, and the Tragedy of American Labor*. New York: Monthly Review Press, 1999.

22. Buhle, Mari Jo, and Paul Buhle, ed. *The Concise History of Woman Suffrage: Selections from the Classic Work of Stanton, Anthony, Gage, and Harper*. Urbana: University of Illinois Press, 1978.

23. Bushman, Richard Lyman. *The American Farmer in the Eighteenth*

Century: A Social and Cultural History. New Haven: Yale University Press, 2018.

24. Carey, Charles W., Jr. *American Inventors, Entrepreneurs, and Business Visionaries*. New York: Facts on File, 2002.

25. Cochran, Thomas C. *Business in American Life: A History*. New York: McGraw-Hill, 1972.

26. Cochrane, Willard W. *The Development of American Agriculture: A Historical Analysis*. Minneapolis: the University of Minnesota Press, 1979.

27. Crèvecoeur, J. Hector St. John de., and Albert E. Stone. *Letters from an American Farmer*. New York: Penguin Books, 1981.

28. Chandler, Alfred D., Jr. *Strategy and Structure: Chapters in the History of the American Industrial Enterprise*. Cambridge: The M.I.T. Press, 1962.

29. Chandler, Alfred D. Jr. *The Visible Hand: The Managerial Revolution in American Business*. Cambridge: Harvard University Press, 1977.

30. Danbom, David B. *Born in the Country: A History of Rural America, second edition.* Baltimore: The Johns Hopkins University Press, 2006.

31. Daniels, Roger. *Coming to America: A History of Immigration and Ethnicity in American Life*. New York: Haper Collins, 1990.

32. Dawley, Alan. *Class and Community: The Industrial Revolution in Lynn*. Cambridge, Massachusetts: Harvard University Press, 2000.

33. Derks, Scott. *Working Americans, 1880-1999: The Middle Class*.

Millerton, New York: Grey House Publishing, 2001.

34. Dublin, Thomas. *Women at Work: The Transformation of Work and Community in Lowell, Massachusetts, 1826-1860*. New York: Columbia University Press, 1993.

35. Dubofsky, Melvyn, and Dulles Foster Rhea. *Labor in America: A History*. Wheeling, Ill: Harlan Davidson, 1999.

36. Dubofsky, Melvyn. *Industrialism and the American Worker, 1865-1920*. Arlington Heights, Ill.: H. Davidson, 1985.

37. Edwards, Rebecca. *Angles in the Machinery: Gender in American Party Politics form the Civil War to the Progressive Era*. Oxford: Oxford University Press, 1997.

38. Ehrenreich, Barbara. *Fear of Falling: the Inner Life of the Middle Class*. New York: Pantheon Books, 1989.

39. Ehrenreich, John H. *The Altruistic Imagination: A History of Social Work and Social Policy in the United States.* Ithaca: Cornell University Press, 1985.

40. Engerman, Stanley L., and Robert E. Gallman, eds. *The Cambridge Economic History of the United States*, Volume 1: The Colonial Era. New York: Cambridge University Press, 1996.

41. Engerman, Stanley L., and Robert E. Gallman, eds. *The Cambridge Economic History of the United States*, Volume 2: The Long Nineteenth Century. Cambridge: Cambridge University Press, 2000.

42. Enstad, Nan. *Ladies of Labor, Girls of Adventure: Working Women, Popular Culture, and Labor Politics at the Turn of the Twentieth Century*. New York: Columbia University Press, 1999.

43. Evans, Sara M. *Born for Liberty: A History of Women in America*. New York: Free Press Paperbacks, 1997.

44. Faux, Jeff. *The Servant Economy Where America's Elite Is Sending the Middle Class*. Hoboken, New Jersey: John Wiley & Sons, Inc, 2012.

45. Flexner, Eleanor. *Century of Struggle: The Woman Rights Movement in the United States*. Cambridge, Massachusetts and London, London: The Belknap Press of Harvard University Press, 1975.

46. Foner, Eric. *Free Soil, Free Labor, Free Men: The Ideoloey of the Republican Party before the Civil War*. London, Oxford and New York: Oxford University Press, 1975.

47. Foner, Philip S. *Labor and the American Revolution*. Westport, Conn. : Greenwood Press, 1976.

48. Foner, Philip S. *History of the Labour Movement*, Vol. 3: The Policies and Practices of the American Federation of Labor, *1900-1909*. New York: International Publishers, 1964.

49. Forcey, Charles. *The Crossroads of Liberalism: Craly, Weyl, Lippmann, and the Progressive Era, 1900-1925*. New York: Oxford University Press, 1961.

50. Formisano, Ronald P. *The Birth of Mass Political Parties: Michigan, 1827-1861*. Princeton: Princeton University Press, 1971.

51. Gerth, H. H. , and C. Wright Mills ed. *From Max Weber: Essays in Sociology*. New York: Oxford University Press, 1946.

52. Gierde, Jon, ed. *Major Problems in American Immigration and Ethnic History*. Boston: Houghton Mifflin Company, 1998.

53. Gilbert, Dennis, and Joseph A. Kahl. *The American Class Structure:*

A New Synthesis. Chicago, Illinois: The Dorsey Press, 1987.

54. Grey, Robert. *The Aristocracy of Labour in Nineteenth Century Britain, c. 1850-1900*. London and Basingstoke: The Macmillan Press, 1981.

55. Gullett, Gayle. *Becoming Citizens: The Emergence and Development of the California Women's Movement, 1880-1911*. Urbana and Chicago: University of Illinois Press, 2000.

56. Gutman, Herbert George, and Ira Berlin. *Power & Culture: Essays on the American Working Class*. New York: Pantheon Books, 1987.

57. Gutman, Herbert George. *Work, Culture, and Society in Industrializing America: Essays in American Working-Class and Social History*. New York : Vintage Books, 1977.

官方小红书：尔文 Books

官方豆瓣：尔文 Books（豆瓣号：264526756）

官方微博：@ 尔文 Books

图书在版编目（CIP）数据

中产阶级与美国社会转型研究 / 孔祥宝等著. — 成都：四川人民出版社，2024.5
ISBN 978-7-220-13273-5

Ⅰ.①中… Ⅱ.①孔… Ⅲ.①中等资产阶级-影响-社会转型-研究-美国 Ⅳ.①D771.2

中国国家版本馆 CIP 数据核字（2023）第 100747 号

ZHONGCHAN JIEJI YU MEIGUO SHEHUI ZHUANXING YANJIU
中产阶级与美国社会转型研究
孔祥宝　等著

出 版 人	黄立新
策划组稿	赵　静
责任编辑	徐　波
营销编辑	荆　菁
装帧设计	张　科
内文设计	李秋烨
责任印制	周　奇
出版发行	四川人民出版社（成都三色路 238 号）
网　　址	http://www.scpph.com
E-mail	scrmcbs@sina.com
新浪微博	@四川人民出版社
微信公众号	四川人民出版社
发行部业务电话	（028）86361653　86361656
防盗版举报电话	（028）86361661
照　　排	四川胜翔数码印务设计有限公司
印　　刷	四川新财印务有限公司
成品尺寸	125mm×185mm
印　　张	13.25
字　　数	242 千
版　　次	2024 年 5 月第 1 版
印　　次	2024 年 5 月第 1 次印刷
书　　号	ISBN 978-7-220-13273-5
定　　价	78.00 元

■版权所有·侵权必究
本书若出现印装质量问题，请与我社发行部联系调换
电话：（028）86361653